한국 여자골프의 위대한 도전

# 맨발의 투혼에서
# 그랜드슬램까지

나남
nanam

한국 여자골프의 위대한 도전
**맨발의 투혼에서 그랜드슬램까지**

2013년 10월 15일 발행
2013년 10월 15일 1쇄
2014년 3월 15일 2쇄

지은이　　성호준
발행자　　趙相浩
발행처　　(주)나남
주소　　　413-756 경기도 파주시 회동길 193
전화　　　(031)955-4601(代)
FAX　　  (031)955-4555
등록　　　제1-71호(1979.5.12)
홈페이지　http://www.nanam.net
전자우편　post@nanam.net

ISBN 978-89-300-8720-9
ISBN 978-89-300-8655-4(세트)
책값은 뒤표지에 있습니다.

한국언론진흥재단의 지원으로 발간되었습니다.

한국 여자골프의 위대한 도전

# 맨발의 투혼에서
# 그랜드슬램까지

LPGA 투어
바이블

성호준 지음

나남
nanam

## 추천사

LPGA 투어 프로 세계랭킹 1위
박인비

크라프트 나비스코 챔피언십에서 우승하고 포피의 연못으로 점프할 때 그저 즐겁고 행복하기만 했다. 미션힐스 골프장의 시원한 연못 속에 몸을 담갔을 때 올해 여름이 이렇게 길고 뜨거울 줄은 몰랐다. 그런데 LPGA 챔피언십에서 우승하고, US오픈에서 은빛 트로피를 들면서 점점 태산 같은 골프의 무거움이 나를 누르기 시작했다. 그랜드슬램은 세인트 앤드루스의 오래되고 칙칙한 건물들만큼, 알프스 에비앙의 몽블랑만큼 무거웠다.

성격이 아주 활달한 편은 아니다. 세인트 앤드루스 올드 코스의 티잉그라운드에 섰을 때는 전세계가 나를 바라보고 있는 것 같아 고개를 들지 못할 것 같기도 했다. 세인트 앤드루스와 에비앙에서 생각만큼 좋은 활약을 하지 못했다. 성적이 좋지 않아 나를 응원해준 고국 팬들에게 미안하고 때론 창피하기도 했다.

그래도 선수로서 올해는 가장 행복한 해였다고 생각한다. 아무도 가보지 못한 길을 간 것 같아 자랑스럽다.

이 책은 나의 가장 행복했던 한순간을 기록해줬다. 미국엔 PGA 투어에 대한 책들은 상당히 많은데 LPGA 투어에 대한 책은 거의 없다. 이 책은 LPGA 투어를 가장 깊고, 가장 넓게 본 책이라고 나는 본다. LPGA 투어의 교과서라고 불러도 될 것 같다.

골프라는 스포츠에 대한 인사이트는 물론, 선수들의 마음속까지 보여주는 책이라고 생각된다. 사실 내가 몰랐던 LPGA 투어 정보도 많이 있었다.

단지 LPGA 투어에 한정되지 않고, 골프라는 어려운 스포츠에 한정되지 않고, 골프 이상의 인생을 이야기 하는 것 같아 골프팬들에게 권하고 싶다.

## 추천사

LPGA 투어 프로
최나연

    이 책, 골프만큼 재미있다. 투어 생활이 눈코 뜰 새 없이 바빠 시간 내기가 쉽지 않은데 책을 잡으니 술술 넘어가 몇 시간 만에 훌쩍 다 보고 말았다. 이 책을 보고 나도 많이 배웠다. 내가 벌써 LPGA 투어 6년 차인데 나도 모르는 LPGA의 이야기들이 이 책에 수두룩하다.

    메이저대회가 5개가 되어서 생기는 문제, 안니카 소렌스탐과 로레나 오초아가 은퇴한 속사정 등은 LPGA 선수들 중에도 아는 사람이 흔하지 않다. 베아트리체 레카리와 그의 캐디가 연인이라는 사실, 과거 LPGA에 레즈비언이 많이 있는데 한국선수들이 그들을 몰아냈다는 내용들도 흥미롭다.

    한국선수들에 대한 분석은 따뜻하면서도 날카롭다. 나를 비롯해 박인비, 신지애, 유소연, 김인경, 최운정, 이지영 선수 등이 어떤 과정을 통해 정상급 골퍼로 올라섰는지, 왜 슬럼프를 겪었는지 책을 통해 알 수 있다. 어떤 선수가 우승했을 때 신문에 나오는 비슷비슷한 성공스토리와는 깊이가 다른, 또 색다른 시각의 접근이 돋보인다.

    흔히 존Zone 이라고 하는 무아지경에서 경기할 때의 기분, 매치플레이의 전략 같은 것들은 주말 골퍼들의 라운드에서도 좋은 정보가 될 것 같다.

이 추천사를 쓰는 현재 나는 새로운 캐디를 찾고 있다. 이 책에는 선수와 캐디에 대한 풍부한 내용이 있더라. 이 책을 참고해서 캐디를 고를 작정이다.

알아야 보인다는 말이 있다. 2011년 하나은행 챔피언십 마지막 날 청야니는 13번 홀에서 옆홀로 질러 쳐 버디를 잡았다. 나는 대회 장인 스카이72 골프장 오션코스를 손바닥 보듯 잘 안다고 생각했지만 대회 기간 중에는 OB 말뚝을 뽑아 옆홀 쪽으로 쳐도 된다는 사실을 몰랐다. 만약 내가 그 사실을 알았다면 2011년 하나은행 챔피언십은 나의 3연속 우승으로 끝났을지도 모른다. 골프는 스윙 기술 이외에도 지혜와 지식이 필요하다는 것을 다시 느꼈다.

선수뿐만이 아니다. 골프팬들도 투어에 대해서 조금 더 안다면 훨씬 더 즐겁게 골프를 하고, 더 재미있게 골프 중계를 시청할 수 있으리라. 알면 알수록 골프는, LPGA 투어는 훨씬 더 재미있어진다. LPGA를 좋아하는 분들에게 일독을 권한다. 이 책을 읽고 나서 LPGA 중계를 보면 재미는 몇 배로 늘어날 것이다.

## 머리말

한국에서는 골프가 가장 좋은 술안주인 것 같다.

직장인들은 거나해지면 골프 얘기를 안주 삼아 소주 한 잔씩 들이켠다. 직업이 골프 기자라 그런지 술자리 옆 테이블에서 골프 얘기를 하면 들으려 하지 않아도 귀에 쏙쏙 들어올 때가 있다.

'술자리 골프 상식' 중에서 LPGA가 가장 많이 등장한다. 필자의 경험에 의하면 안주가 되는 횟수에서 박인비나 최나연, 유소연, 신지애 등 LPGA 투어 선수들이, KLPGA 스타 김자영, 김하늘이나 PGA 투어의 타이거 우즈, 로리 매길로이 등에 앞선다. 중계방송 시청률도 한국에선 LPGA 투어가 단연 최고다.

아마추어들의 엉성한 스윙 폼처럼 술자리 골프 상식 중에는 잘못 알려진 내용이 많다. 특히 한국에서 가장 인기 있는 LPGA에 대한 상식 중에 유달리 틀린 것들이 많다. 이유가 있다.

LPGA 투어에 대한 정보량이 부족하다. 현장에 나가 LPGA를 취재하는 한국 기자는 없다. 박세리의 맨발의 투혼 이후 잠시 골프 특파원이 있었지만 스포츠 신문사의 경영이 나빠지면서 철수했다. 미국 미디어도 LPGA 투어에 대한 기사를 많이 내지 않는다. 미국 선수들이 부진한데다, 기사 저작권 문제로 LPGA 투어와 갈등을 빚은 일이 있기 때문이다. 결국 한국에는 '누가 우승했다', 또 우승 선수와의 전화 인터뷰 정도밖에 나오지 않는다.

LPGA는 한국에서의 어마어마한 인기와는 달리 정보에서는 고립된 섬이 됐다. 새로운 뉴스가 공급되지 못해 한국의 직장인 술자리에서는 LPGA에 관한 오래된 얘기들이 입에서 입으로 전해지면서 첨삭되어 구전설화처럼 떠돌기도 한다.

반면 LPGA 투어는 르네상스를 맞고 있다. 특히 한국의 젊은 선수들은 투어에 생명력을 불어 넣었다. 올해 박인비의 그랜드슬램 도전 이외에도 지난해 US오픈 최종일 트리플보기를 하고도 우승을 한 최나연, 나비스코 챔피언십에서 30cm 우승 퍼트를 실수한 김인경, 킹스밀 챔피언십에서 신지애와 폴라 크리머가 벌인 9홀 연장 혈투 등은 골프사에 오래오래 남을 명장면들이다.

LPGA투어는 미국 투어가 아니라 글로벌 투어로 탈바꿈했다. 한국은 LPGA 투어 최대의 선수 공급원이고 최고의 시장이다. 한국인들이 전세계에서 LPGA 투어를 가장 많이 본다. 과거 '아시아 선수들이 투어를 죽인다'라는 말을 듣는 등 천덕꾸러기 취급을 받던 한국 선수들은 이제 투어의 당당한 주인이 됐다.

2012년 여름부터 1년간 한국언론진흥재단의 지원으로 미국 연수를 하는 동안 LPGA 투어 대회들을 돌아볼 수 있었다. LPGA 대회 현장에 나가 〈중앙일보〉에 기사도 쓰고 J골프 중계에 전화나 스카이프로 현장연결도 했다. 운 좋게도 연수하는 동안 LPGA 투어에서는 박인비의 그랜드슬램 도전을 비롯해, 역사적인 사건들이 많이 있었다. 기자가 취재한 대회에서 한국 선수들이 유달리 우승이 잦았던 것 같다.

박인비가 나비스코 포피의 연못으로 점프할 때, 신지애가 크리머와 연장 혈투를 벌이던 버지니아의 땅거미 속에서, 또 최나연의 올랜도 새 집들이에 초대되어 그의 소박한 화장대와 거울에 붙은 메모지들을 둘러보면서 마음먹었다. 이른 새벽부터 일어나 중계를 보는 한국의 열혈 시청자들을 위해 책을 써야겠다고.

이 책은 LPGA 투어 경기는 물론 그 속에서 뛰는 한국 선수들에 대한 이야기다. 더불어 골프라는 스포츠의 특성과 명암, 투어의 역사와 매커니즘을 담으려 했다. 선수들의 마음속도 보여주고 싶었다.

1년간의 연수를 허락하고 취재를 도와준 J골프 김동섭 대표, 〈중앙일보〉 김종혁 편집국장에게 감사한다. 〈중앙일보〉 워싱턴 특파원 박승희 선배와 한국언론재단의 유재식 상임이사도 취재에 많은 도움을 줬다.

박인비, 최나연, 최운정, 이지영 선수는 이 책의 주인공이다. 그들은 눈코 뜰 새 없이 바쁜 일정에도 불구하고 책을 위해 많은 시간을 투자해 줬다. 그들이 잡은 버디와 보기뿐 아니라 투어를 다니면서 느낀 자신들의 즐거움과 고통에 대해서도 솔직하게 마음을 열었다.

이지영 선수의 아버지인 이사원 씨, 최운정 선수의 부친이자 캐디인 최지연 씨도 투어에 대해 무한한 정보를 공급했다. LPGA 투어 커미셔너 마이크 완, 직원 변진형 씨에게도 감사한다.

2013년 9월
성호준

한국 여자골프의
위대한 도전

# 맨발의 투혼에서
# 그랜드슬램까지

추천사
박인비
최나연
5

머리말
9

### ˆ 1 ˜
### 리디아 연대기
#코퀴틀람
CN 캐나디언 여자오픈

14

### ˆ 2 ˜
### 킹스밀 혈투
#제임스타운
킹스밀 챔피언십

64

## 3
### 빅애플의 독립
#네이플스
CME 타이틀홀더스

116

## 4
### 플로리다의 오아시스
#올랜도

188

## 5
### 블랙버드
#칼스배드
기아 클래식

224

## 6
### 잃어버린 시간
#란초미라지
나비스코 챔피언십

286

## 7
### 러브 투어
#카폴레이
롯데 챔피언십

342

## 8
### 박인비의 그랜드슬램 도전과 좌절
#세인트 앤드루스
브리티시 여자오픈

396

### 에필로그
426

# 1
Coquitlam,
Canada

## 리디아 연대기

\# 코퀴틀람
CN 캐나디언 여자오픈

● 유소연의
　신들린 여름

　따스하면서도 선선한 날씨. 맑은 햇볕 아래 골프 클럽을 잡으면 그립이 손에 딱 안긴다. 클럽 표면에서 생명력이 물씬 느껴질 만큼 촉감이 좋다. 마르지도 않고, 축축하지도 않은 신선한 습기 덕분이다. 밴쿠버의 여름은 지상 최고의 날씨를 자랑한다. 페어웨이에 줄지어 선 아름드리 침엽수들이 북태평양의 산들바람에 태양볕을 흩날리고 있었다.
　2012년 LPGA 투어 캐나디안 오픈 대회가 열리는 밴쿠버의 위성도시 코퀴틀람. 이곳의 밴쿠버 컨트리클럽에서 본 하늘은 사파이어처럼 투명하고 골프장을 둘러싼 산은 녹음방초綠陰芳草의 무대였다. 연습라운드가 열린 8월 23일도 골프하기에 완벽한 날씨였다. 깊은 슬럼프에 빠져 있는 여제女帝 청야니를 제외하면 LPGA 선수들 모두가 창공을 날아갈 만큼 상쾌한 기분일 듯했다.
　그러나 대만 출신의 청야니 외에도 표정이 굳어있는 선수가 보였다. 한국의 유소연이었다. 연습 그린에서 유소연은 "진이 빠진다"면서 웃었다. 약간 허탈한 미소였다.
　대회를 앞두고 유소연은 가장 '잘나가는' 선수였다. 한국선수 중에서만 그런 것이 아니고 LPGA 투어 참가자 전체에서 가장 주목을 받았다. 8월 12일 끝난 LPGA 투어 제이미 파 클래식에서 유소연은 마지막 날 6연속 버디를 잡는 등 9언더파를 치는 신들린 듯한 경기를 하면서 우승을 차지했다. 그 다음 주 포틀랜드에서 열린 세이프웨이 클래식에서도 분위기가 좋았다. 대회가 열린 고스트 크릭 코스는 쉽

벤쿠버의 위성도시 코퀴틀람에 위치한 밴쿠버클럽의 전경

지 않았는데 유소연은 1, 2라운드 67타, 68타를 쳐 최종라운드 챔피언조에서 경기를 했다. 6라운드 연속 언더파를 친 파죽지세의 분위기라면 2연속 우승이 유력했다.

그러나 마지막 3라운드에서 71타를 치면서 기세가 꺾였다. 마지막 홀에서는 티샷을 물에 빠뜨리는 실수도 했다. 우승은 미야자토 미카에게 내줬다. 우승 경쟁을 하면 체력적으로는 물론 정신적으로 피가 마른다. 루키인 유소연으로서는 더욱 힘든 일이었을 것이다. 유소연은 "매일 9언더파씩 쳤으면 좋겠지만 그게 쉽지 않고, 두 경기 연속 집중력을 잃지 않은 것에 만족한다"고 말했다.

아쉬움은 남는다. 전설적인 골퍼 리 트레비노는 "골프대회에서 우승하기 가장 좋은 기회는 우승하고 난 직후에 온다"라고 했다. 우승을 차지한 직후, 자신감과 샷감각이 최고 상태일 때가 최고의 우승 기회라는 것이다. 실제 그렇게 연속 우승하는 경우가 허다하고 일부 선수는 그 기회를 잡아 연속 우승을 이어가면서 그 길로 최고 선수로 도약하는 경우가 흔하다. 골프뿐 아니다. 다른 종목에서도 한 번 연승가도를 달리면 어떤 상대를 만나도 쉽게 이긴다. 한 번의 승리가 일종의 티핑포인트의 촉매로 작용하면서 한 선수나 팀을 업그레이드 시키는 계기가 되는 것이다. 청야니도 2011년 초 연속 우승을 거두면서 정상급 선수에서 명실상부한 최고 선수가 됐다. 2013년 스테이시 루이스도 연속 우승을 하면서 랭킹 1위에 올랐다.

14년 전 박세리도 그랬다. 박세리는 1998년 7월 5일 US 여자오픈에서 우승했다. '맨발의 투혼'으로 아마추어선수 추아시리폰과 18홀 연장에 또 서든데스 연장을 벌여 이룬 쉽지 않은 우승이었다. 이 우승은 박세리라는 선수의 뇌에 자신감이라는 핵반응을 일으키는 기폭제가 됐다. 박세리는 그 다음 주에 열린 제이미 파 크로거 클래식에서 무려 23언더파라는 기록을 세우면서 챔피언이 됐다. 이 대회 2라운드에서 루키 박세리가 기록한 10언더파 61타는 아직도 그녀의 최저타 기록으로 남아 있다. 박세리는 다음 경기인 JAL 빅애플 클래식에서는 44위에 그쳤지만 그 다음 경기인 자이언트 이글 클래식에선 또 우승컵에 입을 맞췄다. 박세리는 1998년 7월 한 달간 열린 4경기 중 3경기에서 우승을 차지했다. 박세리는 드디어 안니카 소렌스탐, 카리 웹에 필적하는 LPGA 삼두마차가 됐다. 박세리는 "아무런 두려움이 없었고 무엇이든 할 수 있을 것 같았던 때"라고 당시를 회고했다.

2013년 박인비의 도약도 비슷하다. 박인비는 나비스코 챔피언십에서 우승한 후 자신감을 얻어 2주 후 노스텍사스 슛아웃에서 챔피언이 됐고, 6월에 들어서는 LPGA 챔피언십, 월마트 챔피언십, US오픈에서 3연속 우승하면서 그랜드슬램의 기틀을 닦았다.

유소연은 2006 도하 아시안게임에서 청야니에게 대승을 거두며 2관왕에 오른 선수다. 샷 능력으로 치면 유소연도 LPGA 투어 정상급이다. 유소연이 여세를 몰아 세이프웨이 클래식에서 우승했다면 신인왕이 아니라 투어 최고 엘리트의 위치에 올랐을 가능성도 있다.

루키로서 우승 후 또 다른 우승 기회에서 상반된 결과를 낸 박세리와 유소연의 차이는 무엇일까. 전 대한건강정신의학과 의사회 회장인 이택중 박사는 이를 존Zone이라는 개념으로 설명한다.

2010년 일이다. 캐나다에서 한 클럽 프로가 조그마한 지역대회에 나가 후반 9홀에서 11언더파 25타를 친 일이 생겼다. 주인공인 제이미 쿠렐룩은 파 3홀, 파4홀에서는 모두 버디를 잡았고 2개의 파5홀에서는 모두 이글을 했다. 이 대회는 우승 상금이 6천 달러인 미니투어에 불과했지만, 어쨌든 공식 대회였다. 미니투어의 기록들이 다 집계되지는 않는다. 그래도 스코어카드를 정확히 기록해야 하는 공식 대회에서 9홀에 25타를 친 것은 전대미문이었다.

쿠렐룩의 전반 9홀 성적은 더블보기 하나와 보기를 포함해 이븐파였다. 그것이 그의 평소 실력이었을 것이다. 쿠렐룩은 후반 9개 홀에서 자신의 실력보다 훨씬 뛰어난 기적 같은 퍼포먼스를 보여준 것이다. 골프뿐 아니라 다른 스포츠에서도 이런 기적은 종종 나온다. 아마추어 수준에서도 종종 볼 수 있다. 평균 타수 100타가 넘는 주말 골퍼가 몇 개 홀 동안 버디 하나를 곁들인 연속 파를 잡는 것 같은 일들이다.

이런 일들은 선수들이 흔히 얘기하는 대로 "컨디션이 좋았다"는 정도로는 설명할 수 없다. 이택중 박사는 "이른바 야구공이 수박만 하게 커 보이고, 아무리 먼 퍼트라도 반드시 들어갈 것 같은 확신이 생기며 실제 들어가는, 그 무엇이든 가능한 독특하고 꿈같은 무아지경 몰입의 시기가 존재하며 이를 '존'이라는 개념으로 표현한다"고 말했다. 이 박사는 또 "2008년 베이힐 인비테이셔널에서 타이거 우즈가 8m 우승 퍼트를 성공시킨 후 기쁨에 모자를 집어 던지며 어퍼컷 세리머니를 했는데 잠시 후 캐디 스티브 윌리엄스에게 '내 모자가 왜 저기에 있느냐'고 물었다"면서 "이처럼 목표에 집중해 다른 것은 기억도 할 수도 없는 시기가 존의 상태"라고 했다.

존은 헝가리 출신의 미국 심리학자 미하이 칙센트미하이(1934~) 교수가 구체화했다. '긍정심리학'의 전문가인 그는 예술가들이 작업 중 주위 소음 등과 완전히 분리된 상태의 무아지경 속에서 일을 하는 것을 발견해냈다. 칙센트미하이는 생산성과 창의력이 극도로 높은 이 몰입Flow의 시간을 다른 분야에도 적용하려 시도했다.

한국의 대표 골퍼 최경주는 2010년 마스터스 대회에서 섹스 스캔들 이후 첫 복귀 경기로 뜨거운 관심의 주인공이 된 타이거 우즈와 함께 4라운드 내내 경기하면서도 평소 이상의 실력을 보여줬다. 특히 우승 경쟁에 뛰어들면서 긴장감이 극에 달하던 4라운드 초반에 존에 들어간 것으로 보인다.

동반자인 우즈는 첫 티샷부터 큰 실수를 했다. 공은 크게 휘어 날아가 옆 홀 페어웨이에 떨어졌다. 이어 벙커에서 한 번에 빠져 나오지 못하는 등 어지러운 경기를 했다. 하지만 동시에 이러한 매우 어려운 상황에서 눈이 휘둥그레질 만한 멋진 리커버리샷으로 환호를 받기도 했다. 이런 오락가락하는 동반자와 함께 경기하면 자신까지 흔들리게 된다. 최경주는 그러나 오히려 타수를 줄여 나가 공동 선두에까지 올라갔다.

그런 몰입 속에 있는 시간은 길 수도, 짧을 수도 있다. 평생 타율이 2할6푼인, 공격력은 그저 그렇고 수비력 때문에 경기에 나가는 야구 선수가 특정 시즌에 4할에 육박하는 대기록을 남기는 경우가 있는가 하면 무명선수가 플레이오프 단기 시리즈 몇 경기에서 불꽃을 피워 MVP가 되는 일이 벌어진다.

타이거 우즈나 마이클 조던 등 위대한 선수들은 이 존에 더 자주, 그리고 더 오래 머무는 것으로 보인다. 최경주가 마스터스 4라운드에서 끝까지 존에 머물렀다면 우승이 가능했으리라고 그들은 본다. 칙센트미하이의 존 이론에 따르면 유소연은 존에 머물다 세이프웨이 클래식 마지막 라운드에서 이 무아지경에서 벗어난 것으로 보인다.

골프 심리학자인 토머스 퍼레로는 이 몰입경에 들어가기 위한 기반은 자신감이라고 했다. 긴장이 없고 다음 샷에 대한 긍정적인 기대가 있는 상태를 말하는데, 몇 개의 굿샷이 연속적으로 이어졌을 때 생긴다고 한다. 그러나 자신감은 신기루 같은 것이어서 금방 사라지는 경우가 많다. 이를 유지하는 것이 중요하다. 퍼레로는 "경기를 잘하고 있어도 자신에 대한 믿음이 없을 때는 걱정이 생기고 결과적으로 나쁜 샷이 나온다. 샷을 하기 앞서 다음 샷을 시각화해서 명확하게 그려 놓을 필요가 있다. 긍정적인 시각화는 자신감으로 이어진다"고 말했다. 가상의 바구니를 가지고 다니는 것도 좋은 방법이다. 걱정이 생길 때마다 몸에 달린 바구니에 걱정을 집어던지는 그림을 그리고 영원히 당신의 몸과 분리된다고 생각하라는 것이다. 최경주는 성경 구절을 들고 다니면서 쓸데없는 근심을 떨쳐버린다.

존에 머물기 위해서는 집중력도 중요하다. 일반적인 집중력과는 다른 개념이다. 최경주는 "어떤 선수들은 카메라 소리에 지나치게 민감하게 반응하고, 주위 갤러리는 물론 멀리서 지나가는 마차까지 세우고, 때론 기차가 지나갈 때까지 한참을 기다리기도 한다. 그러나 그런 사소한 잡념을 이길 수 있는, 주위환경과 하나가 될 수 있는 몰입이 필요하다"고 밝혔다.

마음과 자연, 마음과 몸이 하나가 되게 하라는 선禪철학의 잠언과 비슷한 얘기다. 퍼팅에 매우 뛰어났던 벤 크렌쇼는 "퍼팅이 잘되는 날엔 그린과 몸이 일치되는 것을 느낄 수 있었고, 홀 컵 속 흙냄새까지 맡을 수 있었다"고 했다. "집중력은 목적에 모든 것이 쏠려 있고 마음과 몸이 하모니를 이루는 우주가 되는 것"이라고 퍼레로는 설명한다. 몸으로 느끼는 것은 좋지만, 언어는 마음과 몸의 본능을 구체화해 방해요소가 된다고 한다.《젠Zen, 골프》를 쓴 조셉 페런트는 "'원숭이를 생각하지 마라'고 하면 원숭이를 생각할 수밖에 없다. '원숭이'는 인식할 수 있는 것이고 '하지 마'는 그냥 개념이기 때문"이라고 썼다.

라운드에서 상대와 경쟁을 벌이면서도 맑은 공기 등 즐거움을 찾아야 한다. 골프를 하다 보면 지나치게 스윙 동작을 분석하거나 스코어에 강박적으로 반응하기 쉽다. 그러면 존에서 쫓겨나올 수 있다고 심리학자들은 말한다. 서명을 할 때는 무의식적으로 한다. 만약 자신의 서명을 분석하고 그 분석 매뉴얼에 따르려고 의식하는 순간, 제대로 된 서명이 나오기 어려운 것과 같은 이치다.

아이러니컬하지만 침착함뿐만 아니라 적절한 흥분도 존을 구성하는 필수요소다. 스포츠는 경쟁이고 상대에 대한 공격에 뛰어나야 한다. 승리감 같은 흥분상태가 너무 적지도 않고 많지도 않게 몸속에 있어야 존의 상태에 머물 수 있다. 우즈의 어머니 쿨티다는 독실한 불교도임에도 불구하고 어려서부터 아들에게 "상대를 박살내라"고 가르쳤다. 건강한 형태의 자아도취 상태를 만들어 흥분을 유지하게 하기 위해서다. 우즈는 2000년 US오픈에서 10타 차로 앞서고 있는데도 점수차를 더 벌리면서 코스와 경쟁자들을 무자비하게 짓밟았다.

안니카 소렌스탐을 가르친 피아 닐슨은 제자들에게 경기 중 되도록 상대와 말을 하지 않게 한다. 말을 하면 상대를 이길 때 드는 짜릿함이 죄책감으로 바뀌기 때문이다.

존에 머물기 위해서 "골프 속에 부처의 가르침이 있다. 골프를 수행의 도구로 쓴다"는 미국이 골프광 승려 마빈 하라다이 레슨을 참고할 만하다. 그는 "욕심을 버렸을 때 공은 똑바로 멀리 나가는데, 몇 번 굿 샷을 하고 나면 내 실력이 뛰어나구나, 멋진 것을 보여줘야겠다 하는 생각이 들면서 몸에 힘이 들어가 형편없는 샷이 나온다. 분노가 폭발하고 무리하게 만회하려다 나락에 빠진다. 자아를 버려야만 라운드 내내 좋은 결과를 얻을 수 있다"고 했다.

유소연은 "세이프웨이 클래식 마지막 라운드 그린의 브레이크가 잘 보이지 않았다"면서 "그런데도 그나마 2위를 한 게 다행"이라며 웃었다. 유소연은 매우 똑똑한 선수다. 한국 남자 프로골퍼 중 최경주가 최고 달변이라면, 여자 골퍼 중에는 유소연이 최고다. 인터뷰에서 한 가지를 질문하면 알아서 여러 가지를 얘기해준다. 골프를 잘 모르는 기자들의 질문도 재치 있는 말로 답하는 우문현답의 도에 올랐다. 그래서 기자들은 그녀를 인터뷰 대상자로서 매우 좋아한다.

그녀는 어려서부터 골프에 많은 시간을 보내면서도 시간을 내서 피아노 레슨을 받는 등 여러 방면에 재능을 보였다. 공부에 대한 욕심도 많다. 명문학교인 대원외고와 연세대를 다녔다. 다른 프로 지망생 아마추어선수들처럼 이름만 걸어놓은 것은 아니다. 가능하면 학교에 자주 가고, 가능한 한 많은 친구들을 사귀었다. 2006년 도하 아시안게임에 나가서 금메달을 딸 때부터 영어실력도 술술 거침없었다.

유소연은 신인왕이 사실상 확정된 상태였다. 캐나디언 오픈까지 유소연은 신인왕 포인트 931점을 얻어 경쟁자들을 일찌감치 따돌렸다. '침체에 빠진 미국 여자골프를 구할 수퍼루키'로 불리던 렉시 톰슨(458점)을 더블 스코어 이상으로 리드했다. 유소연은 움직이는 사람이 아니라, 움직이지 않는 코스와 경쟁해야 한다는 골프의 원리를 잘 이해하고 있었다. 메이저대회 최다승 기록(18)을 가진 잭 니클라우스는 "골퍼는 다른 선수들의 경기를 컨트롤할 수 없기 때문에 자신의 경기에만 집중해야 한다"고 했다. J골프 박원 해설위원은 "다른 선수들에 대해 관심을 가지면 골프에서 가장 중요한 것(볼을 목표지점으로 보내는 것)이 잊히고 자신의 감정을 통제하는 열쇠를 남에게 넘겨주는 꼴이 된다"고 말했다.

유소연은 "신인왕을 목표로 하면서 가장 강력한 신인왕 후보로 꼽히던 렉시 톰슨을 전혀 의식하지 않았다"고 털어놓았다. KLPGA

2012년 종종 신들린 듯한 샷감을 선보이며 신인왕에 오른 유소연. 몰입의 시간이 좀더 길었다면 더 큰 센세이션을 일으켰을 거라고 전문가들은 이야기한다.

투어에서 겪었던 경험이 큰 역할을 했다고 한다. 그는 "KLPGA 데뷔 첫해에 친구이자 라이벌인 최혜용과 신인왕 경쟁을 하다가 그 경쟁심에 컨디션이 나빠져서 신인왕을 놓쳤다. 평생 한 번뿐인 신인왕이라 충격은 오래 갔고 이듬해에는 서희경 언니와 KLPGA 대상 경쟁을 하다가 또 컨디션이 나빠 슬럼프에 빠진 경험도 있었다"라고 했다.

유소연은 일단 신인왕과 LPGA 입회 후 첫 승에 만족한 채 2012년 여름, 존에서 나왔다.

- **신지애, 부상, 수술, 회복,
그리고 자아 찾기**

신지애의 표정은 밝았다. 경기 전날 열린 프로암에서 9언더파로 컨디션을 점검한 신지애는 102년 된 밴쿠버 클럽의 아름드리나무 그늘에서 "수술 후 복귀 과정이 예상 시나리오보다 잘 되고 있다"고 말했다. 신지애 특유의 '스마일' 미소가 입가에 걸려 있었다. 신지애는 2012년 5월 왼쪽 손등과 손목에 있는 뼛조각 제거 수술을 받았다. 진통제를 맞고 테이핑과 얼음찜질을 하면서 경기에 나가다가 부상 부위가 회복되지 않고 통증이 심해지자 결국 수술을 택했다. 그는 7월 열린 에비앙 마스터스에서 복귀전을 치렀다. 성적은 7위와 26위, 31위였다.

"세계랭킹 1위를 지낸 신지애가 겨우?"라고 생각할지 모르지만 부상 치료 후 좋은 성적을 내기란 쉽지 않다. 골프는 매우 예민한 스포츠다. 육체적으로도 그렇지만 정신적으로도 외줄타기다. 자신감이 없을 때는 외줄에서 추락한다.

골프 경기에서 수술 후 공백을 겪은 선수가 곧바로 제 기량을 발휘하는 것은 흔치 않다. 몇 경기 컷탈락을 하고 한 시즌을 조용히 마무리한 후 이듬해부터 제 기량을 발휘하는 게 보통이다. 신지애는 그런 일반론과는 다른 길을 가고 있다. 그녀가 부상 후 치른 11라운드 중 60대 타수를 기록한 것은 5번이다. 언더파를 친 라운드는 8번이며 오버파는 단 한 번뿐이었다. 그녀는 "손이 완전히 낫지 않은 상태에서 약간 무리해서 나와 걱정했는데 내가 생각해도 상당히 빨리 샷감을 찾고 있어서 다행"이라고 했다.

신지애가 수술에 대해 감사하는 것이 있다. 그녀는 "골프를 시작한 후 한 번도 쉰 적이 없다. 항상 모든 것을 짜인 계획대로 따라가기 바빴다. 수술을 하면서 시즌 중간에 쉬게 됐다. 많은 시간을 가지고 나 자신을 돌아볼 여유가 생겼다. 다른 사람들과 이런저런 얘기를 나

손목 수술에서 회복한 신지애.
88년 용띠여서 용 헤드커버를 쓴다.

누우면서 성찰하는 시간을 갖게 된 것은 큰 의미가 있다"고 말했다.

신지애와 악수를 했는데 그녀의 손바닥은 거친 수세미 같았다. 오랜 세월동안 피부가 갈라지고 굳은살이 박여 그렇게 되었으리라. 부상 후 신지애는 더욱 많은 스윙을 하고 있었다.

## I round
## 살아 숨 쉬는 생명체 골프 코스

- **최나연의 이상한 골프**

CN 캐나디언오픈 첫날 밴쿠버에 비가 내렸다. 여름이지만 북위 49도의 밴쿠버에서 빗방울을 맞으면 서늘한 느낌이 났다. 오밀조밀하고 예민한 코퀴틀람의 밴쿠버 클럽은 빗방울 속에서 더욱 심술을 부릴 태세였다. 코퀴틀람의 전반 9홀은 오르막과 내리막이 심해 거리 맞추기가 어렵고 그린이 작고 까다롭다. 그린도 일종의 살아 숨 쉬는 생명체다. 매년 조금씩 변한다. 벙커샷과 함께 나온 모래 때문에 벙커 근처의 그린은 더 불룩해지고 물이 빠지는 곳은 씻겨 나간다. 노인의 주름살처럼 그린의 미세한 경사는 더욱 굵어진다. 코스는 오래 될수록 더 예민해진다.

"골프는 참 이상해요."

최나연은 1라운드 후 고개를 갸우뚱하며 이렇게 말했다. 최나연은 "이번 대회에는 욕심과 기대를 완전히 버리고 나왔는데 어려운 코스에서 버디를 7개나 잡고 5언더파를 쳐 믿어지지가 않는다. 오랫동안 골프를 하면서 아등바등할 때는 잘 안 되고, 마음을 비울 때 잘 되더라. 이런 이상한 점이 골프의 매력이다. 어제 가족에게 전화해서 코스가 너무 어려워 이븐파 정도만 쳤으면 좋겠다고 했다. US오픈

이후 성적이 흡족하지 않았고 연습라운드에서 코스가 매우 어렵게 느껴졌기 때문이다. 그러나 2번 홀에서 버디를 잡으면서 감이 확 좋아졌고 8번 홀까지 버디를 4개나 잡았다"며 활짝 웃었다.

위기도 있었다. 6언더파로 훌쩍 앞서나가던 최나연은 14, 15번 홀 연속보기를 하면서 주춤했다. 이곳에서는 15번 홀부터 18번 홀까지가 가장 어려운 홀로 꼽힌다. 악천후까지 겹쳐 자칫하면 크게 미끄러질 가능성도 있었다. 최나연은 "골프는 마라톤처럼 시간이 오래 걸리는 게임이어서 길게 보고 가야 한다고 생각했다. 연속보기를 하고 나서 다시 집중을 했고 17번 홀에서 버디를 잡아 자신감을 되찾았다"고 말했다. 굵은 비가 오락가락하는 춥고 변덕스러운 날씨도 최나연에겐 문제가 안 됐다. 그녀는 "비가 오면 그린이 부드러워져 더 좋은 성적을 낼 수 있다는 긍정적인 생각을 했더니 실제로 잘됐다"고 밝혔다.

얄궂게도 이날 청야니가 단독 선두로 경기를 마쳤다. 시즌 중반 이후 거푸 컷탈락하면서 망신을 당하던 청야니는 이전 대회에서 오랜만에 11위에 올랐고 대회 직전 인터뷰에서 "내가 다시 돌아왔다"고 큰소리를 쳤다. 그리고 첫 라운드에서 호쾌한 장타에 이은 웨지샷으로 비에 젖어 푹신푹신해진 그린을 공격하면서 6언더파를 쳤다.

연속 컷탈락 당할 때는 말도 많았다. 코치와 트러블이 있었고 캐디를 해고하고 청야니 캠프 내의 갖가지 시끄러운 일이 있었던 듯하다. 대만 출신 매니저도 한동안 경기장에 나타나지 않아 다른 선수들이 의아하게 여겼다. 함께 라운드를 한 선수들은 "청야니 드라이브

샷 거리가 현저하게 줄었다"는 둥 입방아를 찧었다. 선수들은 6언더파 소식에 깜짝 놀랐다. 그러나 청야니가 "돌아왔다"고 한 건 한두 번이 아니다.

    골프에는 기약이 없다.

## 2 round
## LPGA 투어로 가는 법

- **경찰관의 딸 첼라**

1라운드 우중雨中 경기에서 6언더파를 친 청야니는 2라운드에 해가 뜨고 화창한 날씨 속에서 3오버파를 치며 슬럼프 속으로 돌아갔다. 전날에 5언더파를 친 최나연은 2라운드에서는 이븐파에 머물렀다. 골프는 참 이상한 것이다.

한국의 떠오르는 스타 최운정이 치고 올라왔다. 최운정은 이날 8언더파를 쳐 뉴질랜드 교포이자 신동으로 불리는 리디아 고와 함께 공동 선두를 이루었다. 최운정으로선 청야니와 함께 한 부담스러운 라운드에서 기록한 것이어서 기문이 더욱 좋았나.

최운정은 "청야니 버디까지 내가 다 빼앗아 왔어요"라면서 환하게 웃었다. 8언더파는 그의 최저타 타이 기록이다. "6번 홀부터 15번까지 10개의 홀에서 버디 8개를 잡았답니다. 짧은 것도 있고 긴 것도 있었는데요, 다 들어가더라구요." 최윤정의 말대로 그의 버디와 함께 청야니의 기세가 꺾였는지도 모른다. 청야니는 전날보다 드라이버를 훨씬 더 잘 치고도 그린 위에서 헤맸다.

최운정은 "어느 순간 눈이 확 뜨였다. 그린의 브레이크를 보는 것에 확신이 들어 자신 있게 치니 다 들어가더라"면서 "굴리면 들어가는 수준이었고 청야니 버디까지 내가 다 빼앗아 온 것 같다"고 말했다. 이날 최운정이 기록한 1퍼트는 10개나 됐다. 퍼트 수는 26개다. 그린 적중률이 떨어지면 퍼트 수도 줄어든다. 그린 주위에서 칩샷을 핀에 붙여 1퍼트로 막는 경우가 많기 때문이다. 최운정은 그린 적중을 시킨 홀이 16개나 됐는데 퍼트 수가 적었다. 모든 게 잘됐다는 얘기다.

이름은 영어 이름 첼라를 쓰지만 최운정은 가장 한국적이다. 요즘 한국선수로는 드물게 가족이 따라 다닌다. 한국선수 중 유일하게 아버지가 가방을 메고 맏언니인 혜정 씨가 매니저 역할을 한다.

최운정의 아버지 최지연 씨는 경찰관이었다. 교통사고 조사계에서 근무했는데 꼼꼼하고, 인간적인 사람으로 통했다. 얼마 전까지만 해도 적잖은 경찰이 권위적이었다. 최 씨는 "사람이 좋아 경찰이 아닌 것 같다는 얘기를 자주 들었다"고 했다. 그러나 딸의 가방을 메고 난 후 그린을 살필 때는 한없이 깐깐해진다.

딸이 골프를 시작할 무렵 서울 강남경찰서에서 근무했는데 최 씨는 골프선수가 뭔지 몰랐다고 한다. 초등학교 5학년 때 처음으로 딸이 경기에 나가겠다고 하여 협회로 가서 선수등록을 하는데 느낌이 아주 이상하더라고 했다. 최운정은 처음 나간 경기에서 성적이 좋지 않았다. 뒤에서 2등이었다.

최씨는 딸에게 "어려서 바이올린을 좋아했으니 골프가 아니라 바이올린을 밀어줄게"라고 제의했다. 그런데 뜻밖에도 어린 최운정은 "내년에 1등 할 테니 골프 하게 해주세요"라고 당차게 말했다. 최 씨가 "정말 그렇게 골프를 하고 싶냐?"고 묻자 최운정은 "정말 하고 싶어요. 열심히 해보고 안 되면 안 할게요. 딱 1년만 더 기회를 주세요"

라고 사정했다.

최운정이 골프를 하겠다고 우긴 이유는 뭘까. 골프가 좋아서이기도 하지만 가족들은 색다른 해석을 한다. 최 씨는 "첼라가 자주 하는 말이 있다. 엄마아빠가 좋아서 골프를 시작했다는 말이다"고 했다. 부모의 사랑을 받기 위해 골프를 했다는 말이다.

사연이 있다. 최 씨는 맏딸 혜정 씨를 끔찍이 좋아했다. 노는 날이면 서울의 고궁이며 유원지며 다 데려갔다. 둘째 딸이 태어나서도 그랬다. 두 딸의 손을 잡고 다니면서 사진도 많이 찍었다. 셋째 딸인 최운정이 태어나고 나서는 사정이 좀 변했다. 둘만 낳아 잘 기르자는 시기였다. 공무원이 딸 셋을 데리고 다니기가 쉽지 않았다. 다른 공무원들은 민간인인 척하면서 크게 개의치 않았을지 모르지만 최 씨는 공무원으로서 자부심을 가진 사람이었다.

그래서 최운정은 아버지 최 씨와 길을 걸을 때면 멀찍이 떨어져 다녀야 했다. 상대적으로 사랑을 덜 받았다. 최 씨는 막내딸 성격이 남자 같아 예상하시도 못했는데 "아빠가 좋있고 아빠, 임마와 힘께 있고 싶고, 아빠의 사랑이 필요했다"고 했단다. 골프도 엄마가 연습장에 있으니까 엄마 보러 가서 시작하게 된 것이다. 골프를 하고 나서 집안의 관심을 독차지한 최운정으로서는 골프를 계속하고 싶었으리라.

지금도 최운정은 아빠와 함께 있는 걸 좋아한다. 헬스클럽에 갈 때도 "아빠, 같이 안 가실래요?"하고 아빠를 데려가려 한다. 다른 선수들은 어떻게 하면 아버지와 떨어질까 고민하는데 최운정은 다르다. 같이 비행기 타고 이동하면서 영화를 보거나 음악을 들을 때 옆에 앉은 아버지 귀에 이어폰을 하나 꽂아 주고 함께 감상한다. 최 씨

한국의 떠오르는 스타 최운정은
한국프로골프를 거치지 않고 LPGA로 직행,
성공한 대표적인 선수다.

는 "처음엔 어색했는데 습관 되니까 그게 좋더라. 다른 선수들이랑 달라 좋고, 딸이 내 걱정도 많이 해준다"고 자랑했다.

실력은 쑥쑥 늘지 않았다. 1998년 박세리의 US오픈 우승 때 시작한 또래 아이들과는 3~4년 정도의 구력 차이가 있었고 그만큼 기량 차이가 났다. 최운정은 서울시 대회에서는 성적을 내긴 했다. 2등도 하고 3등도 해서 트로피도 몇 번 가져왔다. 그러나 대한골프협회 주최 전국무대에서는 역부족이었다. 입상권에 끼지 못했다. 다행히 최운정이 1년 후 1등을 하겠다던, 1등을 못하면 골프를 그만두겠다고 한 경기는 없어져버렸다.

중학교 3학년 때 대한골프협회 대회에 참가할 자격을 얻었다. 일송배 한국 주니어 아마추어 챔피언십이었다. 아마추어 대회 중 메이저다. 이 대회에서 좋은 성적을 거두면 국가대표와 국가대표 상비군이 된다. 대회는 서울에서 멀지 않은 경기도 용인의 레이크힐스 골프장에서 열렸는데 최 씨는 경기 내내 가보지 못했다. 마지막 날 겨우 시간을 내서 갔는데 클럽하우스에서 부모들이 삼삼오오 모여 차를 마시고 있었다. 최 씨는 그날의 기억을 떠올려 본다.

"아이들 엄마, 아버지들이 '누구는 상비군이 되겠네'라면서 축하하고 좋아하더라. 난 국가대표 상비군 되는 것은 완전히 다른 나라 얘기라고 생각하고, '그런가 보다'라고 여겼다. 상비군이 뭔지도 잘 몰랐다. 우리 아이는 전날까지 10등 안에 들었다. 다른 부모들에 비하면 해준 것이 없는 나로서는 그것만 해도 아주 잘한 거라고 생각했다. 그런데 골프장이 어려워서 그런지 선두권에 있는 선수들이 다 무너졌다. 운정이는 상대적으로 덜 무너져서 결국 우승을 했다. 1등으로 들어오는 아이를 보면서 그날 많이 울었다. 다른 아이들보다 불리한 환경에서 골프를 했으면서도 1등을 해낸 아이의 얼굴을 보니까 눈물이 쏟아지더라…."

최운정은 국가대표 상비군이 되면서 또 한 단계 올라섰다. 태극마크 달린 캐디백과 옷이 배달되자 국가대표가 된 실감이 났다. 국가대표 미팅에 참가하러 타워호텔에 가면서 뿌듯함을 느꼈다. 최운정은 또 기라성 같은 언니 선수들을 만나 매우 기뻤고 실력도 늘었다. 제주도로 국가대표 상비군 훈련도 가고, 꿈에 그리던 스타선수들과도 조우했다. 상비군은 모든 경기에 나갈 수 있는 자격이 있다. 상비군은 또 프로 경기에 추천을 받을 수도 있다. 최운정은 고1 때 한국여자오픈과 KB국민은행 대회에 나갔다.

아버지 최 씨는 "프로 경기에 가보니 시설과 대우 등에서 아이는 물론 나까지 흥분될 정도로 좋더라. 아이가 한다고 해서 골프를 하긴 했지만 프로가 뭔지도 모르고 그런 계획도 없었다. 다른 주니어 선수들은 박세리를 보고 세계 최고 프로의 꿈을 꿨다는데 우리는 아무것도 모르고 시작했다. 비번일 때 동네 실내 연습장에 나가 시간을 보내다가 공무원이 무슨 골프냐는 아버지의 호통에 그만두고… 그렇게 어쭙잖게 골프를 배운 사람이 바로 나다"라고 말했다.

- **전설을
 따라가다**

최운정은 부산에서 열린 KB 2차 대회에서 14위를 했다. 최 씨가 그때 캐디를 했다. 최 씨는 "14위라는 순위가 뭔지 실감을 못했는데 프로선수들과 관계자들이 '정말 잘했다'고 칭찬을 많이 해서 잘한 것임을 알 수 있었다"고 말했다. 한국 여자오픈에는 LPGA에서 크리스티 커, 소피 구스타프손 등 스타선수들이 왔다. 최운정은 대회 참가하러 나온 선수가 아니라 사인 받으러 나온 아이처럼 좋아하면서도 30등 정도의 성적을 냈다. 대회장 클럽하우스에 걸린 전설적인 선수들의 사진을 보면서 최운정은 입을 앙다물었다.

"나도 프로선수가 되겠다!"

아버지도 딸의 뜻을 존중했다. 로마는 하루아침에 만들어진 것이 아니고, 이른바 골프 구력은 한꺼번에 쌓이는 것이 아니다. 최운정은 고2 때 성적이 기대만큼 잘 나오지 않았다. 제주 도지사배 등에서도 성적이 별로였다. 최 씨는 그해 호심배를 정확히 기억한다. 당시 아마추어 주니어 경기에는 부모들을 비롯한 갤러리의 출입이 금지되던 때였다. 부모들이 코스에 있다가 OB구역으로 나간 공을 몰래 던져주는 등의 부정 시비가 일어서다. 최 씨의 회고다.

"부모들을 코스 안에 못 들어오게 하니 극성스런 부모들은 망원경을 가지고 코스가 보이는 옆 산에 가서 아이들을 보고 있었다. 나도 망원경을 빌려 봤다. 운정이가 파5홀에서 별로 좋지 않은 곳으로 갔다. 트러블샷을 하는 모습에 가슴이 아프더라. 이왕 골프하는데 잘 치게 적극적으로 도와줘야 하겠다는 생각이 들었다. 파3홀에선 두세 살 어린 후배랑 같이 치는데 상대가 어려운 상황이었다. 운정이가 너 천천히 해라 하면서 먼저 치더라. 상당히 경쟁심이 많은 아이였는데 이렇게 따뜻한 면이 있구나 라는 생각도 들었다. 그 모습을 보고 운정이를 도와줘야겠다고 내 자신에게 약속했다. 당시 운정이는 17등을 했다. 내가 보기엔 1등도 부럽지 않았다."

최 씨는 딸에게 기회를 줘야겠다고 마음먹었다. 서울로 돌아와서 정말 제대로 하고 싶냐고 최운정에게 물었다. 최운정은 하고 싶다, 최고가 되고 싶다고 했다. 당시 최운정은 전장이 110야드 정도의 짧은 연습장에서 훈련하고 있었다. 부모가 맞벌이여서 골프장에 데려다줄 수 없었고 필드 경험을 쌓게 할 여유도 없었다. 고등학생 최운정은 열심히 하는데 스코어가 안 나니까 염증을 내기 시작했다. 최 씨는 그때부터 인터넷 등을 뒤져 딸에게 좋은 환경을 만들어 줄 방법을 찾기 시작했다. 처음엔 제주도나 경남, 전남 무안 등 골프장이 많은 곳으로 데려갈까 했다. 최 씨는 휴직을 생각했는데 경찰공무원으로서 딸에게 골프를 가르치려고 휴직하는 사실이 알려지면 문제가 생길 것 같았다. 그래서 해외로 나가 골프에 전념하리라고 결심했다.

태국 같은 동남아를 고려하다 이왕이면 미국이 어떨까라고 마음을 바꿨다. 미국 플로리다주 올랜도의 환경이 괜찮다는 사실을 발견했다. LPGA 투어나 퓨처스 투어(당시 LPGA 2부 투어, 현재는 시메트라 투어)를 염두에 둔 것은 아니다. 최 씨는 단순히 우리 아이도 다른 아이들처럼 제대로 된 환경에서 배울 수 있게 기회를 주겠다는 열망뿐이었다.

마이크 밴더 아카데미 소속의 장재식 프로가 최운정을 챙겨줬다. 최운정은 장 프로를 믿고 따랐다. 이유는 장재식 프로가 이론도 뛰어나지만 실제로 잘 쳤기 때문이다. 예를 들면 벙커에서 에그프라이, 딱딱한 라이, 띄우는 샷, 굴리는 샷 등 여러 상황에서 직접 샷을 하면서 시범을 보였고 잘 쳤다. 일반적으로 레슨 프로들은 말로만 가르치는데 장 프로는 직접 보여줬기 때문에 최운정은 따라갈 수밖에 없었다. 최운정은 그때 배운 노하우들을 아직도 유용하게 쓴다. 최운정은 그날 배운 기술들을 잊지 않고 몸에 익히려 밤에 자동차의 헤드라이트를 켜놓고 스윙 연습을 하기도 했다. 미국에 와서 최운정은 진정한 스윙에 눈을 뜨기 시작했다.

장 프로를 통해서 또 알게 된 것이 있다. LPGA라는 세계 최고의 투어였다. 최운정은 LPGA와 퓨처스 투어 Q스쿨에 원서를 냈다. 운정이 아니라 첼라라는 이름으로 냈다. 미국 사람들이 운정이란 발음을 제대로 하지 못해 골프 아카데미에서 미국 이름을 지으라고 권유했다. 흔한 이름은 싫었다. 미국에서는 쓰지 않는 첼라라고 지었다.

특별한 뜻이 담겼다는데 최 씨는 우승하기 전까지는 이를 공개하지 않겠다고 했다. 이름이 이탈리아 이름 분위기가 나서 최운정을 잘 모르는 미국 사람들은 '셀라', 혹은 '실라'라고도 한다.

LPGA에 제출한 원서는 반송됐다. 출전 가능 연령에 미달했기 때문이다. 퓨처스 투어 Q스쿨은 출전이 가능했다. 7월 31일 미국에 도착했는데 퓨처스 투어 Q스쿨은 11월 3일에 열린다. 미국에 와서 Q스쿨까지 딱 3개월의 시간이 있었다.

퓨처스 투어 Q스쿨에는 청야니도 나왔다. LPGA Q스쿨의 워밍업 삼아 2부 투어 시험도 본 것이다. 최운정도 10언더파로 무난히 통과했다. 한국에서 최운정보다 이름을 날리던 선수들이 줄지어 탈락했다. 최운정은 3개월 동안 눈부신 성장을 한 것이다.

### 컷탈락 후의
### 달콤한 아이스크림

최운정은 프로가 됐고 이듬해인 2008년부터 2부 투어를 뛰어야 했다. 1년 동안 제대로 된 스윙을 만들어서 한국으로 돌아가려 했던 최 씨는 계획을 전면 수정해야 했다. 우선 휴직을 1년 연장했다. 최 씨는 딸과 한방을 쓰고 대부분 차로 이동했다. 아빠와 방 쓰는 게 불편하다고 여긴 적은 단 한 번도 없었다. 그런 건 아무것도 아니다. 그게 불편한 정도면 2부 투어라는 전쟁터에서 아무것도 못한다.

최운정은 2부 투어에서 컷탈락이 한 번밖에 없었다. 컷탈락한 아폼의 그 주 주말, 부녀는 바닷가로 놀러 갔다. 가서 최 씨는 딸에게 "뭐 먹고 싶냐"고 물었고 최운정은 "배스킨라빈스 아이스크림"이라고 답했다. 2부 투어 뛸 때는 아끼고 아꼈다. 아이스크림도 음식이라면, 밖에서 사먹은 단 한 번의 음식이라고 최 씨는 기억했다. 큰딸 최혜정 씨는 "아버지가 밥하는 사진을 보고 깜짝 놀랐다. 부엌 근처에도 안 가는 가부장적인 아버지였다"고 말했다. 최 씨는 운정이를 연습장에 보내 놓고 미니밴에서 반찬을 준비했다. 최 씨는 말한다. "멸치 한 박스를 머리 떼고 똥 따고 하면 두세 시간씩 걸린다. 고개도 아팠다. 그걸로 멸치조림 해주고 잘 먹으니까 기분은 좋더라."

최운정은 2부 투어에서 16위를 했다. 1부 Q스쿨을 거쳐 LPGA 무대로 올라섰다. 최 씨는 날듯이 기뻤다. 그러나 그게 끝이 아니었다. "LPGA 투어카드를 받으면 모든 걸 얻는 줄로. 모든 게 끝나는 걸로 알았다. 나는 직장으로 복귀하고 운정이는 선수생활 하면 된다고 생각했는데 알고 보니 그게 시작이었다. 운정이는 나이도 어려서 내가 안 도와주면 갈 수 있는 길이 전혀 없더라. 돈이 부족했다. 다른 선수들도 다들 여행 경비 등에 구애받지만 특히 그랬다. 가족들이 어려울 때 도와줄 수 있는 정도는 되는데 나는 공무원이 왜 아이를 골프를 시키냐라는 말을 들을까봐 누구에게도 상의할 수가 없었다."

LPGA에서 뛰려면 1년 경비 1억 5천만 원이 기본이다. 돈이 있으면 로드 매니저를 두면 되지만 사정이 그렇지 못해 다른 방법을 쓸 수밖에 없었다. 강남에 집이 있긴 했다. 그러나 집을 팔면 식구들이 갈 곳이 없었다. 그래서 사표를 냈다. 명예퇴직금 5천만 원으로 다시 시작했다. 모험을 한 것이다. 최 씨는 "와이프는 사표 내려면 각서를 쓰고 내라. 돈이 문제가 아니라 당신 인생의 문제다. 당신의 모든 것을, 직장을, 인생을, 은퇴자금까지 모든 것을 던지고 나서 후회하지 않겠다는 각서를 쓰라고 했다. 만약 잘못되면 인생을 비관해서 괴로운 일이 생길까봐 그런다는 것이다. 그래서 내가 무슨 각서냐, 약속만 하면 되지, 걱정하지 마라, 후회하지 않게 하겠다고 했다. 그냥 아주 잘될 거라는 희망이 있었다"고 했다.

막상 LPGA 투어를 시작하니 희망과는 달랐다. 첫 대회인 하와이오픈 예선을 말도 안 되는 성적으로 떨어졌다. 김하늘, 서희경과 함께 치는데 유명한 언니들과 함께 치니까 자기 플레이를 못했다. 연습라운드에서도 주눅이 들어서 제대로 자기 연습을 못했다. 아버지 최 씨 말로는 '아예 골프가 아닌' 라운드의 연속이었다. 하루는 드라이버, 하루는 아이언, 하루는 퍼트에서 실수를 연발했다. 하와이오픈을 시작으로 4개 대회에서 연속 떨어졌고, 스코어도 아주 나빴다. 바람 많이 불 때 이븐파를 쳐 이젠 됐다 했는데 다음날 날씨가 좋은데도 80타를 치곤했다.

- ### 성적이 좋지 않으면
   몸이 아프다

4개 대회 연속 컷탈락해 자신감이 떨어진 최운정은 메디컬 이그젬션 medical exemption 신청을 고려하기도 했다. 메디컬 이그젬션은 부상을 당한 선수가 치료할 수 있도록 일정기간 쉬게 하고 투어 시드는 그대로 유지해주는 제도다. 성적이 안 좋으면 시드가 사라지므로 일부 선수들은 컨디션이 아주 좋지 않으면 아프지 않은데도 메디컬 이그젬션을 내고 그동안 샷을 잡은 후 다시 복귀를 하기도 한다. 최 씨는 딸에게 "무슨 메디컬 이그젬션이냐? 말도 안 되는 얘기 하지 말라"고 잘라 말했다. 한 번 심리적으로 밀리면 다시 돌아오기 어려운 것이 골프다. 메디컬 이그젬션을 신청한 선수 중 다시 투어로 돌아와 카드를 유지한 경우는 많지 않다. 20% 정도에 불과하다. 최씨는 "딸에게 꿈에 그리던 LPGA 선수가 되어 텔레비전에서만 보던 저 선수들과 같이 치는 자체를 영광으로 생각하라"고 위로했다. 다른 선수들에게 양해를 얻어 동영상과 사진을 찍으면서 낮은 자세로 배웠다. 몇몇 선수들은 "더 좋은 선수들이 많은데 왜 나에게 배우려고 하느냐"고 했는데 LPGA에 있는 어떤 선수에게라도 최운정은 배울 자세가 되어 있었고 영광이었다. 그렇게 연습하다 보니 컷을 통과하기 시작했다.

루키인 2009년 출전한 17개 대회 중 컷탈락은 6개였다. 처음 4개 연속 떨어진 이후 컷탈락이 2개밖에 안 된 것이다. 예선 탈락은 별로 없었지만 그렇다고 상위권에 든 경기도 없었다. 아슬아슬한 줄타기였다. 이듬해 다시 Q스쿨에 가야 한다는 공포감이 최운정을 사로잡았다. 마지막 대회를 남겨 놓고 최운정의 상금랭킹은 97등이었다. 100등까지는 다음해 대회에 나갈 수 있지만 100등을 넘어가면 다시 Q스쿨에 들어가야 했다. LPGA 투어 출전권은 전년도 상금랭킹 80등까지가 우선이다. 이후 상금랭킹 81등, Q스쿨 1등, 82등, Q스쿨 2등순이다. 최운정은 97등이었다. 마지막 경기에서 100위 밖으로 밀릴 수도 있어 다시 Q스쿨 원서를 내야 했다. 다행히도 최운정은 마지막 경기에서 20등을 했다. TV로 선두권 선수들만 보는 골프팬들은 20등이 별 거 아니라고 생각할지 모르지만 시드가 달랑달랑 걸려 있는 선수에겐 20등이라면 엄청난 선전이다. 최운정의 그 해 최고 성적이었고 상금랭킹이 86등으로 올라가 지긋지긋한 악몽 같은 Q스쿨에 다시 가지 않아도 됐다.

첫해 상금은 10만8백 달러 정도였다. 아주 절약해서 쓰고, 또 최 씨가 캐디를 맡아 캐디피가 한 푼도 들지 않았기에 딱 본전이었다. 호텔 등의 경비를 최대한 줄이고, 집과 가까운, 그래봐야 12시간이 넘게 걸리기도 했지만, 동부 쪽은 다 차로 다녔다.

LPGA 선수만 되면 스폰서가 다 따라 올 줄 알았는데 아니었다. 그때 LPGA 인기가 바닥이었다. 미국 부동산 가격폭락으로 인한 경기 침체로 대회는 줄고 미국 내 시청률이 떨어지는 시기였다. 2년차가 되어서도 스폰서가 잡히지 않았다. 최 씨는 안정적으로 경기를 하려면 5만 달러 정도는 손에 쥐어야 한다고 여겼다. 집을 팔려고 했으나 부인 이원경 씨는 집 피는 것을 완강히 반대했다. 그래서 아파트를 전세 주고 옆에 17평짜리 아파트로 이사를 가려 했다. 그런데 부인인 이 씨가 조그만 집을 보니 눈물이 나더라면서 도저히 못하겠다고 했다. 그때 달러 값이 비쌌다. 1달러가 1,500원 대였다. 최 씨는 이렇게 집 팔거나 전세로 옮겨봐야 그냥 돈 날린다고 판단하고 그냥 절약해서 버텨보기로 했다.

2010년 2년차가 된 최운정은 전년보다 성적이 좋아졌다. 루키해 상금랭킹 86등에서 2010년 71등으로 올라갔다. 그런데 오히려 돈은 줄었다. 대회와 상금이 줄었기 때문이다. 16경기에서 번 돈이 9만9

천 달러였다. 2년 동안 한 번도 한눈 팔지 않고 열심히 했는데 한 푼도 벌지 못했다.

　3년차인 2011년에도 혼다 타일랜드 등 시즌 1, 2월 아시아대회에 못 나갔다. 정상급 선수들이 아시아 대회에 나간 동안 최운정은 플로리다의 미니 투어에 참가했다. LPGA 선수들도 경기감을 유지하기 위해 이 투어에 가끔 뛰곤 한다. 참가비가 5백 달러이고 우승하면 2천 달러다. 7등하면 본전이고 그 나머지 선수들은 다 손해다. 최운정은 6경기에서 1등을 2번했다. 가장 못한 게 4등이었다. 짭짤했다. 연습라운드 한 번도 해보지 않고 경험 삼아 나가 번 돈이 8천7백 달러였다. 최운정은 이 미니 투어에 초반 6경기만 나가고도 시즌 후반까지 상금랭킹 1위를 지켰다. 자신감이 쑥쑥 올라갔다.

　LPGA 투어에서도 최운정의 상금랭킹이 쑥쑥 올라갔다. 시즌 초반아시아대회를 참가하지 못했는데도 그해 꾸준히 상금랭킹 50등 안쪽으로 성적을 유지하면서 가을 아시아대회에 나갈 수 있었다. 특히 기뻤던 건 가장 나가고 싶었던 한국에서 열린 대회에 참가할 수 있었던 것이다. 가서 잘 쳤다. 금의환향한 최운정은 하나은행 챔피언십 첫날 6언더파로 선두에 나섰고 7위로 경기를 마쳤다. 2011년 시즌을 마쳤을 때 최운정의 상금랭킹은 35위였고, 상금은 35만 달러였다. 최운정에게는 너무나 큰돈이었다. 원래 목표는 50위였고, 상금액수로는 20만~25만 달러 정도였다. 최운정은 시즌 중반 맺은 볼빅과의 스폰서 계약 덕분에 이런저런 인센티브까지 받았다. 전년도에 비하면 이른바 '대박'이었다.

　하위권 선수에서 35위 선수가 되니 최운정은 생각이 달라졌다.

최운정의 샷.

샴페인을 일찍 터뜨렸을까. 아니다. 최운정은 허리끈을 더 졸라맸다. 최운정은 그해 시즌을 마친 후 "한국에 안 가겠다"고 했다. 아버지 최씨는 "고생했으니 친구들도 만나고, 실컷 놀다 오라"고 했는데 최운정은 "미국에서 그냥 운동하겠다"고 버텼다.

## 3 round
## 행운과 불운

- 미셸키즈
  리디아 고

밴쿠버 클럽 첫 홀은 내리막이다. 페어웨이는 호수가 자리 잡은 왼쪽으로 기울어져 드라이버를 잡기가 쉽지 않은 홀이다. 그러나 샷이 똑바로 가는 리디아 고와 최운정은 모두 드라이버로 티샷을 했다. 3라운드 선두조라는 부담감 속에서도 두 선수의 샷은 완벽했다. 그러나 그린은 예상보다 딱딱했다. 두 선수 모두 어프로치샷을 그린 앞쪽에 적중시켰는데 핀을 훌쩍 지나 뒤쪽으로 튀었다. 리디아 고가 운이 좋았다. 두 선수의 공은 비슷한 곳에 멈췄지만 최운정의 공이 약간 더 멀었다. 먼저 버디 퍼트를 친 최운정의 공은 스피드가 붙더니 7~8m 지나갔다. 리디아 고는 이 모습을 똑똑히 지켜봤다. 이 홀에서 대부분의 선수가 퍼트가 길었다. 연습 그린과 비교해서 그린이 훨씬 빨랐기 때문이다. 최운정의 퍼트를 참고한 리디아 고는 약 10m 되는 버디 퍼트를 넣어버렸다. 반면 이날 생일이었던 최운정은 파 퍼트를 넣지 못해 보기로 경기를 시작했다.

이후 리디아 고에게 별다른 행운은 없었다. 사흘 연속 그린 적중률 89%를 기록해 사실상 모든 홀에서 버디 퍼트를 했다고 해도 과언이 아니었는데 5번 홀까지 버디 찬스를 살리지 못했다. 6번 홀에서는 짧은 버디를 집어넣어 10언더파까지 도망갔으나 그걸로 끝이었다. 빠르고 어려운 그린에 두 번 발목이 잡혔다. 파3인 7번 홀에서 티샷을 홀 4m에 붙였으나 3퍼트가 나와 점수를 잃었다. 9번 홀에서도 똑같은 보기가 나왔다. 리디아 고는 파5인 10번 홀에서 2온에 성공해 버디를 잡았으나 마지막 홀에서 또 3퍼트가 나와 한 발자국 물러났다. 첫 홀 보기를 한 최운정은 이후 잘 쳤다. 그러나 리디아 고처럼 퍼트가 잘 안 됐다. 특히 13번 홀 컵 바로 앞에 멈춰선 버디가 안타까웠다.

리디아 고는 이븐파를 기록했지만 공동 선두에서 단독 선두로 올라섰다. 리디아 고는 "오늘 퍼트가 잘 안 되어서 많이 연습을 해야 할 것 같다"고 말했다. 한 타 차 7언더파에는 최운정 이외에도 신지애, 박인비, 스테이시 루이스 등 쟁쟁한 선수들이 포진했다.

"우승할 수도 있다고 본다."

리디아 고는 경기 후 기자회견장에서 거침없이 말했다. "프로대회 우승 경험도 있고, 프로대회에서는 아마추어에겐 상금이 걸린 것도 아니어서 부담도 없다. 이번에도 할 수 있을 것 같다"고 했다. 당당하지만 거만해 보이지 않는 침착한 말이었다. 15세 어린 나이가 어울리지 않을 정도였다.

리디아 고는 2012년 호주 NSW 여자오픈에서 우승했지만 캐나디안오픈은 차원이 다르다. 이 대회는 세계 최고 선수들이 나오는 LPGA 투어의 중요 대회다. 리디아 고가 성적이 좋다고는 하지만 섣불리 우승을 얘기하면 무리일 수도 있다.

반면 경기 내용을 보면 자신감이 넘칠 만했다. 리디아 고는 티샷을 페어웨이 가운데에 보내고 핀 근처에 아이언샷을 보냈다. 퍼트가 들어가면 버디이고 들어가지 않으면 파를 하는, 갤러리에겐 약간 단조로운 경기를 하면서 선두로 올라갔다. 실수가 거의 없었다.

리디아 고는 세리키즈가 아니다. 그 세대가 아니다. 1998년 박세리의 US오픈 때 한국에 있던 고보경(리디아 고의 한국이름)은 만 1세에 불과했다. 박세리의 '맨발의 투혼' 같은 것에 관심도 없다.

남자대회에 도전하면서 '세상을 바꾸겠다'고 했던 미셸 위의 모습이 멋있어서 골프를 한 미셸키즈다. 그러나 경기 내용은 신지애와 비슷하다. 공을 똑바로 쳐서 초크라인chalk line, 목수가 직선을 긋기 위해 쓰는 먹줄이라는 별명을 얻었던 신지애처럼 리디아 고는 티샷과 아이언샷을 자로 잰 듯 친다. 리디아 고는 "필요하면 드로샷은 치지만 약간 페이드가 걸렸을 때도 '아 저건 뭐지'라고 실망할 정도로 공을 똑바로 칠 수 있다"고 말했다. 비결에 대해 리디아 고는 "한국에서만큼은 아니겠지만 뉴질랜드에서는 연습량이 많은 편"이라고 했다. 신지애가 프로 데뷔 초창기에 낀 안경과 비슷한 안경을 껴서 이미지도 흡사하다. 리디아 고의 티샷 거리는 신지애보다 길다. 250야드 정도이며 필요하면 조금 더 보낸다. 쇼트게임도 매우 좋다. 그는 "점수 잘 내려고 꼭 롱게임이 좋아야 하는 것은 아니다. 컨디션 나쁠 때도 쇼트게임으로 좋은 성적을 낼 수 있다. 쇼트게임 퀸이 되고 싶고 자신감도 있다"고 말했다.

리디아 고는 매우 침착하고 영리하다. 영어 구사능력에서 원어민인 셈이고 한국어도 매우 유창하다. 어릴 때 외국에 가도 한국어와 영어가 동시에 능통한 학생은 흔하지 않다. 리디아 고는 짧은 퍼트를 여러 차례 놓쳤는데도 평정심을 잃지 않았다. 화를 어떻게 참느냐는 질문에 "속으로는 불이 나는데 그런 모습을 보이면 안 된다는 부모님 말씀에 참고 있을 뿐"이라고 대답했다.

기자회견장에서는 약간 민감한 질문도 나왔다. 아직 10대 학생이고 뉴질랜드에서는 한창 학기 중인데 학교를 빼먹고 미국에 오래 머물며 대회를 치러도 문제없느냐는 질문이었다. 리디아 고는 "물리학과 수학이 그린을 읽는 데 도움이 될 것이라고 어머니가 말씀하셨다"는 등의 농담을 하면서 공부도 열심히 한다고 잘 넘겼다. 그는 미셸 위처럼 스탠퍼드대학에 가고 싶다고 말했다. 또 우승 경쟁이 부담되지 않느냐는 질문에 "내가 아마추어 랭킹 1위인데 이 대회에서 아마추어선수들이 모두 컷탈락해 나로서는 잃을 것이 없다"고 여유 있게 답했다.

리디아 고는 2003년 뉴질랜드로 간 후 한 번도 한국을 방문하지 않았다. 그는 "한국방송을 자주 보면서 소지섭을 완전 사랑하는데 US아마추어에서 우승하면 엄마가 소지섭을 만나게 해준다고 해서 열심히 쳤다"고 했다. 농담보다는 진담에 가까운 듯했다. 마지막 날 조편성이 나왔다. 리디아 고는 신지애와 스테이시 루이스와 한 조에서 경기하게 됐다.

리디아 고는 어머니 현봉숙 씨가 따라 다닌다. 리디아 고의 골프 스윙에 훨씬 많이 관여하는 아버지는 뉴질랜드에 머물고 있다. 제주 출신인 현봉숙 씨는 활달한 스타일은 아니다. 날카로운 눈매에 매우 말을 아낀다. 접근하기가 쉽지 않은 스타일이다. 그녀는 동반 경기자 중 신지애보다는 스테이시 루이스가 더 신경 쓰이는 듯했다. 그녀는 "US 여자오픈에서 스테이시와 함께 경기했는데 가끔 신경질을 내곤

15세 골프 천재 소녀
리디아 고.
흔들리지 않고 똑바로
가는 자신의 샷만큼
경기 중 마음의 평정심을
유지하는 데도 능했다.

해서 리디아가 위축됐다"라고 했다. 말수가 적은 그가 이런 말을 하는 것은 스테이시 루이스가 상당히 경계된다는 뜻으로 해석할 수 있다.

## 4 round
## 신지애 VS 리디아 고

신지애는 어린 리디아 고와의 마지막 라운드를 앞두고 "(리디아 고처럼 어릴 때인) 프로 데뷔 직후와 비교하면 전반적으로 경기 운영능력이 훨씬 나아진 것 같다. 그 대신 어릴 때는 겁 없이 치는 게 있었는데 지금은 그 과감함이 사라졌다"고 말했다. 세계랭킹 1위에 올랐던 신지애는 경험이 많다. 또 100야드 이내에서 피치샷의 거리 컨트롤이 매우 뛰어나다.

리디아 고는 아이언샷의 거리가 매우 일정하다. 그래서 그린을 훌쩍 넘어가거나 짧은 샷이 거의 나오지 않는다. 퍼트가 잘 되면 상당히 낮은 스코어를 칠 수 있는 스타일이다. 3라운드까지 통계상으로는 리디아 고가 신지애보다 약간 앞선다. 그린 적중률 89%로 신지애의 83%보다 높고 샷 거리 등이 전반적으로 약간 우세하다.

그러나 극도의 긴장감을 안게 될 최종라운드에서 통계는 숫자에 불과하다. 골프는 멘탈 스포츠이며 신지애는 정신력이 매우 강하다. 그는 "이번 대회에서 짧은 퍼트를 많이 놓쳤지만 끝까지 인내했기 때문에 사흘 동안 보기를 하나밖에 하지 않고 여기까지 올 수 있었다"고 말했다.

3라운드까지 거의 페어웨이와 그린만 밟고 다녔던 리디아 고는 첫 홀부터 페어웨이에 가지 못하고 그린도 살짝 놓쳤다. 신지애가 첫 홀에서 버디를 잡으면서 공동 선두로 올라와 그를 압박했다.

그러나 겁 없는 리디아 고는 최종라운드에서 유난히 강한 신지애의 추격에 흔들리지 않았다. 2번 홀에서 두 번째 샷을 핀 30cm에 붙여 버디를 잡았고 4번 홀 러프에 가서도 무난히 파 세이브에 성공했다. 위기는 파3인 7번 홀에서 나왔다. 티샷이 그린을 맞고 튕겨 나가면서 러프에 들어갔다. 내리막 경사를 의식해 살살 친 두 번째 샷도 그린에 못 갔다. 더블보기가 나올 수도 있는 위기였다. 그러나 리디아 고는 그린 에지에서 친 2m가량의 보기 퍼트를 넣어 위기를 봉합했다.

신지애로서는 3번 홀이 아쉬웠다. 버디 퍼트가 홀 쪽으로 향해 주먹을 쥐고 환호했으나 공은 홀 바로 앞에서 딱 멈췄다. 신지애는 7번 홀에서 더블보기가 나왔고 이어진 8번 홀에서 그린을 넘겨 보기를 하면서 우승경쟁에서 뒤처졌다.

후반엔 리디아 고의 쇼타임이었다. 파5인 10번 홀에서 2온에 성공한 후 버디를 잡은 것이 신호탄이었다. 이 홀에서 리디아 고는 최운정을 따라 잡았다. 11번 홀에서 3m 버디를 넣어 단독 선두가 됐고

신지애의 샷.

190야드의 파3인 12번 홀에서도 구석에 꽂힌 핀을 보고 과감한 샷을 해 버디를 잡았다. 13번 홀까지 4연속 버디를 잡은 리디아 고는 4타 차 선두로 나섰다.

14번 홀에서 길지 않은 퍼트를 놓쳐 버디 행진을 끝냈지만 15번 홀에서 또 쉽게 버디를 잡아냈다. 이것으로 승부는 결정됐다. 프로선수들은 2위 싸움을 해야 했다. US오픈에서 리디아 고의 심기를 건드렸으며 LPGA 투어 상금랭킹 1위를 달리던 스테이시 루이스도 15번 홀에선 리디아 고의 버디를 축하하지 않을 수 없었다.

한편 앞 조에서 경기한 박인비는 3퍼트가 밥 먹듯 나온 마지막 홀 그린에서 긴 버디 퍼트를 홀에 떨궜다. 그린 주위를 가득 메운 갤러리들을 놀라게 했다. 이 버디로 박인비는 9언더파 단독 2위가 됐다. 리디아 고가 아마추어라서 상금을 받지 못하기 때문에 우승 상금은 박인비의 차지였다.

- **Coquitlam?**
  **'KO'quitlam!**

최연소 프로대회 우승기록을 세운 리디아 고는 LPGA 투어에서도 최연소 우승기록을 갈아치웠다. 리디아 고는 1997년 4월생으로 당시 만 15세 4개월이었다. 이전까지 LPGA 투어 역대 최연소 우승 기록은 2011년 9월 나비스타 클래식에서 당시 16세이던 알렉시스 톰슨이 가지고 있었다. 이 우승으로 리디아 고는 골프계에 공식적으로 골프 천

재라는 공인을 받은 셈이다.

거침없이 질주하는 리디아 고의 모습에 캐나다 현지 언론은 대회가 열리는 도시 코퀴틀람의 스펠링이 'Coquitlam'이 아니라 'Koquitlam'이 됐다고 보도했다. 리디아 고의 성인 고(Ko)를 따서 쓴 것이다. 리디아 고의 캐나디안오픈 우승은 엄청난 일이다. 리디아 고가 호주에서 열린 프로대회에서 우승했지만, 세계 최고 선수들이 뛰는 LPGA 투어에서 아마추어의 우승은 다른 프로대회에서의 우승과 차원이 다르다. LPGA 투어에서 아마추어가 우승한 것은 단 4차례뿐이다. 현대 골프에서는 아예 일어나지 않았다. 마지막 아마추어의 우승은 1969년 조안 카너가 마지막이다. 43년간 없었던 아마추어의 우승을 리디아 고가 다시 이룬 것이다.

캐나디안오픈 우승컵을 들고 있는 리디아 고. 이 대회의 우승으로 리디아 고는 '리디아 연대기'의 시작을 알렸다.

## 사라진 필드의 신동들

캐나디안오픈을 계기로 여자 골프에 '리디아 연대기年代記'라는 신화가 시작되었는지도 모른다. 판타지 문학의 걸작 《나니아 연대기》의 주인공처럼…. 그러나 캐나다와 한국, 뉴질랜드를 제외하고 리디아 고에 대한 관심은 그다지 크지 않았다. 골프계에서는 10대 천재를 잘 믿지 않는다. 미셸 위가 14세 때 PGA 투어 소니오픈에 나가 68타를 치면서 컷을 통과했을 때 골프계는 물론, 세상이 다 놀랐다. 당시 그 또래의 남자 선수들도 PGA 투어에서 68타를 치는 것을 상상하기는 어려웠다. 그래서 미셸 위는 남녀의 성벽性壁을 다 부술 선수로 여겨졌다. 남자 투어에 진출하는 것은 당연하고 남자 메이저대회에서 우승을 몇 번은 할 거라고 했다. 그러나 미셸 위는 기대에 미치지 못했다. 10대 중반 남자대회에서 아깝게 컷탈락을 하곤 하던 미셸 위는 2006년 일본 투어인 카시오 월드오픈에서 17타 차, 2007년 소니오픈에서 14타 차로 컷탈락하는 등 점점 더 성적이 나빠졌다. 미셸 위는 LPGA투어에서 2승을 거뒀다. 1승도 못한 선수가 허다하지만 미셸 위에 대한 어마어마한 기대에 비하면 너무나 모자란다.

송아리도 그렇다. 아마추어 시절 38승을 거두며 미국 랭킹 1위를 3년간 지켰다. 13세이던 2000년 나비스코 챔피언십 최종일 챔피언 조에서 카리 웹과 겨루기도 했다. 2003 US 여자오픈에서도 우승 경쟁을 했고 5위로 경기를 마쳤다.

송아리가 워낙 큰 주목을 받았기 때문에 투어는 연령제한 18세를 깨고 17세이던 그에게 Q스쿨을 치를 수 있게 특별 허가를 내줬다. 2004년 나비스코 챔피언십 마지막 홀에서 이글을 잡고 환호를 지르던 루키 송아리의 모습은 골프 팬들에게는 오랫동안 기억되는 장면이다. 송아리는 〈타임〉지 아시아판에서 40세 미만의 20명의 영웅에 뽑혔다.

거기까지였다. 2년차인 2005년 최고 성적이 9위에 그쳤고, 2008년 과민성 대장증후군 등을 이유로 경기에 출전하지 않았다. 2009년 LPGA 챔피언십에서 송아리는 3라운드까지 선두권에 올라 살아나는가 했는데 마지막 라운드에 78타를 치면서 무너졌고 이후 별다른 성적을 내지 못했다. 2010년 송아리는 다시 Q스쿨을 통과했다. 아직 24세에 불과했기에 재기 가능성은 충분했다. 그는 첫 출전한 RR도

좌: 2003년의 미셸 위. 우: 2013년의 미셸 위. 몸이 고무줄처럼 유연했던 10년 전에 비해 성적이 좋아졌다고 보기는 어렵다.

2004년 〈타임〉지 아시아판 표지모델이 된 송아리.

넬리 첫 라운드에서 5언더파 67타를 쳤으나 2라운드에서 75타를 치면서 미끄러졌다. 그해 송아리의 최고 성적은 24위였고, 2011년 최고 성적은 26위였다. 2012년엔 출전권을 따지 못했다.

 2007년 LPGA 신인왕으로 브라질 교포인 안젤라 바(한국 이름은 박혜인)도 갑자기 사라졌다. 안젤라 박은 2007년 US 여자오픈에서 준우승을 거뒀고 시즌 상금이 1백만 달러에 육박했다. 2009년 들어 리더보드에 잘 모습을 드러내지 않더니 2010년 골프계에서 자취를 감추고 사라졌다. LPGA 선수 사이에 안젤라 박이 골프를 그만둔 건 거리를 늘리려다 잘못 되어 흥미를 잃었기 때문이라는 얘기가 돌았다. 가족 내의 불화, 남자 친구를 사귀기 시작한 후 골프를 잊게 됐다는 등 루머도 있었다. 그 후 안젤라 박은 로스앤젤레스의 한 호텔에서 일한다는 뉴스가 떴다. 안젤라 박은 2012년 LPGA Q스쿨에 참가했으나 떨어졌다.

　리디아 고의 15세 때 성적은 화려하지만 미래를 약속하지 못한다. 골프라는 스포츠는 아무런 약속을 하지 않는다. 어드레스에서 오른발 쪽으로 공을 반 개 정도 옮기는 등의 미세한 차이가 스윙과 탄도는 물론 자신감과 인생행로를 바꿀 수도 있다. 골프는 매우 민감한 멘탈 스포츠여서 조그만 부상과 가정사도 리디아 고의 앞길에 걸림돌이 될 수 있다. 리디아 고도, 리디아 고 캠프에서도 이 사실을 잘 알고 있다. 리디아 고는 어머니 현봉숙 씨와 함께 캐디백을 질끈 싸서 남반구 뉴질랜드로 향했다.

- **세리키즈가 잃어버린
  창문**

미셸 위는 꾸준히 활동하고 있다. 한동안 숨어 있던 그의 잠재력이 언젠가 다시 폭발할 수도 있다. 그러나 현재로선 그의 전성기는 13세 혹은 14세 때라고 봐야 한다. 그때 가장 잘 쳤고 20대 때보다 훨씬 기록이 좋다. 미셸 위뿐 아니다. 소녀 천재로 각광받다가 사라진 일부 다른 여성 선수들도 전성기는 10대 혹은 20대 초반이었을지도 모른다.

　남성과 달리 여성들은 10대 중반이 되면 신체적인 성장을 거의 마친다. 유연성은 오히려 10대가 20대나 30대보다 좋다. 미셸 위의 10대 때 스윙은 몸이 고무줄처럼 부드럽고, 그래서 폭발적이었다. 두려움도 없었다. 10대 소녀들은 또래 남자 아이들보다 정신적으로 훨씬 일찍 성숙한다. 또 20대 성인처럼 이것저것 따지지 않고 부모나 코치가 시키는 대로 한다. 10대 소녀가 직업으로 골프를 하는 성인 선수만큼 많은 시간을 투자한다면 오히려 더 좋은 결과를 낼 수도 있다.

체조도 상황이 비슷하다. 1976년 몬트리올 올림픽에서 만 14세의 코마네치가 이단평행봉에서 인간으로서는 불가능하다는 퍼펙트 10을 맞았을 때 체조계는 경악했다. 그러나 스포츠 생리학자들은 여성의 경우 10대 중반이 스포츠에 가장 유리할 수도 있다는 사실을 알아냈다. 유연성과 더불어 어린 선수일수록 생리학적으로 공포감을 넘어서는 본능적인 균형감각에 유리한 점을 갖고 있다는 사실도 밝혀냈다.

부작용도 있다. 피츠버그대학 메디컬센터의 진 도브락은 "청소년기의 뼈는 반복되는 스트레스를 이겨내기 어렵다"고 했다. 부상이 나타날 수 있다. 그래서 체조는 최고 수준의 대회의 참가 연령을 16세 이상으로 높였다.

타이틀리스트 피포먼스 인스티튜트 설립자이자 이하바사인 그렉 로즈와 한국선수들이 LPGA 투어에서 고전하는 이유에 대해 토론하다가 흥미로운 '윈도 이론'을 들었다. 사람은 성장하면서 특정한 시기에만 열리는 창문이 있다는 것이다. 공부도 다 때가 있다는 말과 비슷한 개념이다. 공을 멀리 칠 수 있는 창문이 열리는 시기가 있는데 많은 한국선수들이 이를 놓쳤다고 그는 본다.

장타를 칠 수 있는 기반은 몸의 스피드와 힘이다. 스피드를 얻을 수 있는 창문은 10살 즈음, 파워로 가는 창문은 10대 중반에 열린다고 한다. 몇 년 후 창문은 닫힌다. 창문이 열린 시기에 소통하지 않으면 영원히 그 세계에는 갈 수 없다. 10대에 격렬한 운동을 통해 스피드와 힘을 만들어 놓지 않으면 나중에 아무리 노력을 해도 그 거리를 만들 수 없다는 말이다.

로즈는 거리가 짧아 고생하는 한국선수들에 대해 안타까워했다. "아마 부모, 스윙코치들이 이 창문을 열지 못하게 했거나, 혹은 억지로 닫아버렸을 것"이라고 그는 말했다. 최경주, 양용은, 박세리 등은 어릴 적에 다른 운동을 통해 이 창문을 열고 힘과 스피드를 얻었다. 체계적으로 교육을 시킨다는 요즘 골프대디들이 오히려 이 창문을 닫았다. 그들은 최경주와 박세리가 보여준 연습장의 땀방울과 달콤한 결실을 봤지만 어릴 적 어떻게 성장했는지 등의 큰 그림은 보지 못했다. 혹은 조급한 마음에 눈을 가렸을지도 모른다.

청소년기에 하루 종일 연습장에서 공을 치게 하는 것은 효율적이지 못하다. 그 시간에 다른 스포츠를 하면서 재미있게 뛰어노는 것이 훨씬 도움이 된다. 서양의 여자 골퍼들은 축구, 하키, 라크로세 등을 하다가 10대 중반 이후 골프를 진지하게 하게 된다. 안니카 소렌스탐은 테니스를 했고 로레나 오초아는 만능 스포츠 우먼이었다.

로즈는 "정말 골프를 잘하려면 소프트볼이나, 하키 등 골프와 비슷한 공을 치는 격한 스포츠를 하면서 힘과 스피드를 키운 후에 골프를 하는 게 좋다"고 말했다. 서양 남자 선수들은 미식축구, 농구, 야구 등을 하면서 청소년기를 보낸다. 그중 선수급으로 농구를 했던 더스틴 존슨과 개리 우드랜드는 본격적으로 골프를 하게 되자 손꼽히는 장타자가 됐다.

청소년기 중엔 또 다른 창문도 있다. 급성장시기에는 몸이 아주

그렉 로즈는 한국선수들이 어린 시절 골프만 했기 때문에 거리가 부족하고 롱런이 어렵다고 주장한다.

빨리 변하기 때문에 무릎 등이 아프고 걷는 것도 어색하다. 당연히 스윙도 급격히 변형된다. 미국에서는 급성장기의 청소년은 몸의 사이즈가 커지는 시기라고 보고 대회에 자주 내보내지 않고 다른 운동을 하게 한다. 이런 몸으로 대회에 나가면 슬럼프에 빠지기 십상이다. 한국 부모들은 그런 아이들을 연습부족이라고 몰아세울 것이다. 몸이 망가질 수 있다.

특히 한국처럼 매트에서 연습하는 경우는 더 나쁜 결과가 나올 수 있다. 매트에서는 부상 위험이 있어 무의식중에 공을 약하게 치든지 땅에 닿지 않도록 퍼 올려 치는 버릇이 생긴다. 로즈는 한국선수들은 공을 똑바로는 치지만 몸이 스피드를 못 내고 임팩트도 약해 거리가 안 난다고 진단했다.

몸에만 문제가 있는 것은 아니다. 전세계에 학교에 안 가고 줄곧 공만 치는 주니어 골프선수가 있는 나라는 한국밖에 없다. 로즈가 상담한 한국의 유명선수 중 3명은 "골프가 나의 청소년기를 빼앗아 갔다"고 여기며 "(부모님의 울타리를 벗어나) 내가 결정할 수 있는 시기가 되면 골프를 하지 않겠다"고 말했다고 한다.

# 2

Jamestown, Virginia

## 킹스밀 혈투

#제임스타운
킹스밀 챔피언십

- **킹스밀의
  롤러코스터**

2012년 9월 5일, 제임스강이 굽이치는 킹스밀 리조트에는 뇌우가 오락가락했다. 멀리 안호이저 부시 가든의 롤러코스터가 날씨에 따라 멈췄다 움직였다를 반복했다. 킹스밀 챔피언십이 열리는 미국 버지니아주 제임스타운은 한국으로 치면 경주 같은 도시다. 제임스타운은 1607년 영국인들이 처음 아메리카 대륙에 세운 식민지다.

미국의 맥주회사인 안호이저 부시가 킹스밀의 농장 자리에 커다란 리조트를 세웠다. 안호이저 부시는 최고를 지향하는 회사였다. 리조트 골프코스에 골프대회를 유치했다. 대회에 돈을 아끼지 않았다. 처음엔 PGA 투어를 개최하다 2003년부터 LPGA 투어로 바꿔 미켈롭 울트라오픈을 열었다. 킹스밀 골프장의 리버코스에서 열리는 미켈롭 울트라오픈은 창설할 때 상금이 220만 달러로 여느 대회보다 1백만 달러 정도 많았다. 선수들에 대한 편의시설도 최고급으로 마련했다.

2007년과 2008년 선수들은 가장 좋아하는 대회로 미켈롭 울트라오픈을 꼽았다. 최고 선수들은 다른 대회에 나가지 않더라도 킹스밀에는 꼭 왔다. 우승자들도 화려하다. 초대 대회가 열린 2003년엔 박지은이, 2004년엔 박세리가 우승했고 이어 소렌스탐, 카리 웹, 크리스티 커 등 빅스타들이 우승컵을 들어올렸다. 그러나 안호이저 부시 맥주회사의 경영이 악화되고 벨기에 회사에 넘어가면서 2010년 대회는 없어졌다. 2년이 흐른 후 다시 대회가 만들어졌지만 상금은 90만 달러가 줄어 130만 달러가 됐다.

킹스밀 골프장 리버 코스 전경, 피트 다이가 설계한 프리미엄 코스다.

킹스밀 골프장 리버 코스 18번 홀. 드라마틱한 승부가 나오도록 어렵게 설계되었다.

원래 대회는 매년 5월에 열렸다. 꽃 피고 어린잎이 돋아나는 아름다운 계절이었다. 그러나 급조한 2012년 대회는 9월 초에 개막됐다(2013년부터는 다시 5월로 옮겨졌다). 늦여름 남부 버지니아 해안은 야외 활동에 적당하지 않다. 대기가 불안정해 뇌우가 자주 생기는 시기다. 하루에도 몇 번씩 멀리 바다로부터 검은 먹구름이 번쩍거리는 번개와 함께 골프장 쪽으로 몰려오곤 했다. 구름이 비를 뿌리고 지나가면 금방 다시 해가 떴는데 태양은 너무 뜨겁고 땅에서 올라오는 습기에 목이 턱턱 막혔다. 선수들도 연습 그린에서 땀을 삐질삐질 흘렸다.

과거의 화려한 역사를 아는지 모르는지 주요 선수들 몇몇은 대회에 불참했다. 세계랭킹 10위 중 경기에 나온 선수는 3명뿐이었다. 세계랭킹 1위 청야니를 비롯 최근 무서운 상승세를 타고 있는 박인비,

최나연 등이 나오지 않았다. 놀이공원인 부시 가든의 롤러코스터처럼 킹스밀 챔피언십은 최고 대회에서 평범한 대회로 전락했다.

신지애는 진지했다. 연습그린에서 자처럼 얇은 1m 정도의 금속 막대 위에 공을 올려놓고 신중하게 퍼트를 했다. 금속 막대는 가운데가 볼록해서 조금만 엇나가면 옆으로 흘러내리게 되어 있다. 신지애는 대부분 공을 막대 끝까지 보내고 홀에도 집어넣었다. 신지애의 아버지 신제섭 씨는 걱정스런 눈으로 그런 딸을 지켜봤다. 그는 오랜만에 LPGA 투어장에 나왔다.

"파이널 퀸이라는 별명이 있던 우리 아이가 올해 들어 4번이나 챔피언조에서 경기했는데 한 번도 우승을 못했다"면서 "뭔가 달라져야 한다. 그래서 오랜만에 여기 왔다"고 말했다. 신지애는 바로 전 경기인 캐나디언오픈에서 아마추어 리디아 고와 챔피언조에서 맞붙어 패했다. 경기 후 신지애는 "리디아가 위기일 때도 끝까지 중심축을 유지하고 헤드업을 하지 않는 등 노련하게 경기하더라"고 말했다. 15살의 어린 후배를 칭찬했지만 신지애가 기분이 좋을 리가 없다. 신지애는 신지애답지 못한 경기를 했다. 항상 웃고 있지만 신지애도 흔한 말로 독한 선수다. 그렇지 않다면 작은 체구로 세계랭킹 1위에 오를 수 없었을 것이다. 어머니 사망보험금 1천7백만 원을 종잣돈 삼아, 항상 배수진을 치고 살아온 그녀다.

**I round**
**골프? 어렵지 않아요**

- **천둥번개가 도와준
신지애의 62타 기록**

1라운드에도 날은 궂었다. 뇌우가 온다는 예보가 있었고, 다들 스코어가 좋지 않으리라 걱정했다. 신지애도 그랬다. 그러나 첫 단추를 잘 끼웠다. 자신의 첫 홀인 10번 홀에서 7m 정도의 멀찍한 버디 퍼트를 넣어버렸다. 2번 홀에서는 3m 버디를 성공했다. 3번 홀에서는 그린을 놓친 후 7m의 파 퍼트를 남겼는데 이걸 또 넣었다. 신지애 자신도 놀란 표정이었다. 신지애는 "바람이 불어 파 세이브에 충실하겠다고 작정했는데 이후 컨디션이 예상보다 좋은 듯해 공격적으로 경기했고 그게 먹혔다"고 말했다. 신지애는 전반 9홀을 5언더파로 돌았다. 9홀에 퍼트 수가 10개에 불과했다.

대서양에서 천둥번개를 동반한 검은 먹구름이 몰려오던 4번 홀(신지애의 13번째 홀)에서 신지애는 위기를 맞았다. 후반 들어 샷감이 떨어지고 있었고 이 홀에서 그린을 놓쳤는데 러프가 깊었다. 쉽지 않은 칩샷을 마주한 순간 경기 중단 사이렌이 울렸다. 신지애는 "클럽하우스에서 예전에 했던 어려운 칩샷들을 떠올리고 이미지 트레이닝을 했다"고 말했다. 신지애는 경기가 다시 시작된 후 이 칩샷을 그대로 넣었다.

신지애는 집중력은 물론 전에 없던 힘까지 냈다. 마지막 홀에서는 장타자인 동반 경기자 소피 구스타프손과 거의 비슷한 거리의 티샷을 날리기도 했다. 신지애는 "똑바로만 치자고 마음먹었는데 너무 멀리 나가서 나도 깜짝 놀랐다"고 말했다.

신지애는 9언더파 62타를 쳤다. 신지애가 9언더파를 친 적은 있다. 그러나 파72 코스에서 기록한 것으로 이전까지 최소타는 63타였다. 킹스밀은 파71이어서 9언더파가 62타다. 언더파 기준으로는 동타이지만 타수 기준으로는 최저타다. 뇌우가 오락가락한 이 덥고 습한 날은 신지애의 가장 멋진 날 중 하루였다.

신지애는 경기 후 "샷감이 완벽했던 것은 아니지만 퍼트감은 아주 좋았다"고 했다. 그의 퍼트 수는 총 23개다. 신지애는 "헤아려 보지는 않았지만 분명 내 생애에서 한 라운드에 가장 퍼트를 적게 한 라운드"라고 말했다.

2010년 미즈노 클래식 이후 우승이 없는 신지애에겐 더 없이 좋은 기회나. 세나가 세계랭킹 10위 신수 중 3명밖에 출진하지 않있다. 축구나 농구로 치면 노마크 슛 찬스를 잡은 셈이다.

신지애는 경기 후 "결국 골프가 그리 어렵지 않게 됐다는 사실을 다시 알게 됐다"면서 좋아했다.

## 럭키가이, 플로리앙 로드리게스

1라운드, 킹스밀에서 신지애보다 더 기쁜 사람을 한 명 뽑으라면 단연 신지애의 새 캐디 플로리앙 로드리게스다. 스페인계 프랑스인으로 덩치가 아담하고 신지애보다 나이도 한살 어리다. 7월 에비앙 마스터스 때 안선주의 가방을 멘 인연으로 신지애의 캐디가 됐다.

경험이 많지 않은 로드리게스로서는 거물 선수 신지애의 캐디가 된 것은 행운이다. 골프코스를 손바닥 보듯이 보는 경험 많고 유능한 캐디만이 신지애 같은 톱클래스 선수의 가방을 멜 수 있다. 1년에 상금을 2백만 달러까지 벌었던 신지애 같은 고수는 캐디들에겐 노른자위 중 노른자위 선수다. 한국선수는 미국선수에 비해 정이 많다. 캐

62타를 친 날, 활짝 웃는 신지애(왼쪽)와 그의 캐디, 럭키가이 플로리앙.

디들은 한국선수들이 미국선수에 비해 편하다. 일반적으로 성격도 미국선수들에 비해 좋은 편이다. 로드리게스로선 신지애와 함께 한 첫 라운드에서 62타를 기록한 것은 요샛말로 '대박'이다. 캐디의 평균 주급은 1천 달러 정도이고 인정받는 캐디의 주급은 1,200~1,300 달러 정도 된다. 최고 캐디는 연봉 계약을 하는 경우가 있다. 계약 내용은 공개하지 않는데 경험이 일천한 로드리게스는 주급 1천 달러를 받았을 것이다. 그러나 성적에 따른 인센티브(우승 시 10%, 톱5 진입 시 7%, 예선통과 시 5%)는 별도로 받는다. 신지애가 우승한다면 우승 상금 19만5천 달러의 10%가 들어오는 잭팟이 터지는 것이다. 로드리게스는 1라운드를 마치자마자 우승 상금의 10%를 유로로 바꾸면 얼마가 될지 계산기를 두드렸을 것이다.

**2 round**
## "긴장된다"는 말은 하지 마세요

2라운드, 날씨는 화창해졌다. 신지애와 그의 캐디 플로리앙 로드리게스는 약속이나 한 듯 보라색 옷을 입고 나왔다. 호흡을 맞춘 지 이틀밖에 되지 않았지만 옷 때문인지 꽤 어울려 보였다. 신지애는 어제의 퍼트감을 되살리기 위해 그린에서 많은 시간을 보냈다.

그러나 신지애는 맑은 날에 오히려 폭풍 속으로 들어갔다. 전날 내린 비 때문에 그린이 부드러워졌고 바람이 불지 않아 많은 선수들이 핀을 직접 공략하면서 점수를 줄일 수 있었다. 초반 신지애의 샷은 완벽했으나 1라운드처럼 굴리면 들어가는 퍼트는 나오지 않았다. 신지애는 전반 9홀에서 페어웨이와 그린 적중률 100%를 기록했지만 2타를 줄이는 데 그쳤다. 파5인 두 홀에서만 버디를 잡아내고 나머지 홀에서는 모조리 2퍼트를 기록했다. 그는 전날엔 첫 9홀에서 퍼트 수가 10개에 불과했다. 이날 첫 9홀에서 퍼트 수는 16개였다. 9홀에서 퍼트 수 6개 차이라면 하늘과 땅 차이다.

후반 들어 분위기가 바뀌는 듯했다. 10번과 12번 홀에서 징검다리 버디를 잡아냈다. 그러나 이후 버디가 나오지 않았다. 16번 홀에서는 보기를 기록했다. 티샷이 페어웨이 벙커에 빠졌고 두 번째 샷도 턱에 걸려 멀리 나오지 못했다. 러프에서 친 세 번째 샷도 그린에 올리지 못했다. 다행히 칩샷을 홀 한 뼘 옆에 붙여 보기로 막아냈다. 신지애는 이날 단 한 번 그린을 놓쳤는데 거기서 보기를 했다. 퍼트 수는 전날보다 8개가 많은 31개를 기록했다. 타수는 전날보다 6타가 늘어난 3언더파 68타. 중간합계 12언더파. 단독 선두를 유지하기는 했지만 2위와의 타수 차는 3에서 1로 줄었다.

신지애가 국내 투어에서 '지존'이라는 얘기를 듣고, 메이저대회에서 우승하고, 세계랭킹 1위에 오를 때 팬들은 그가 실수를 하지 않는 선수라고 믿었다. 페어웨이 적중률 100%, 그린 적중률 100%는 아니었지만 TV에 나오는 중요한 순간, 신지애는 컴퓨터처럼 정확한 샷을 했다. 다른 선수들도 그걸 알았고, 신지애를 무결점이라고 무서워했다. 그래서 잘 치다가도 최종라운드에서 신지애가 쫓아오면 당황했고 무너지는 경우가 많았다.

그러나 2010년 가을 이후 우승을 못했다. 2011년 초 청야니와 몇 차례 우승 경쟁을 했다. 이 힘겨루기에서 청야니의 장타에 밀렸고 마지막 라운드에서 상대에게 공포감을 주는 강렬함은 사실 사라졌다. 청야니가 그 힘을 가져갔다.

신지애와 5타 차 이내에 13명의 선수가 자리했다. 플리 그리미, 렉시 톰슨 등 한 방이 있는 강호들이다.

신지애는 "샷감이 아직 좋다. 한 타 차로 시작되는 경쟁과 압박감에 충분히 적응이 되어 있다"고 말했다. 신지애는 또 "내가 압박감을 가지지만 다른 선수도 압박감을 가질 것이고 재미있을 것 같다. 주말 3, 4라운드가 기다려진다"고 말했다. 노련한 기자들은 선수들이 공식 자리에서 하는 말을 100% 곧이곧대로 믿지는 않는다. '내일 우승 경쟁이 아주 재미있을 것 같다'는 '내일 우승 경쟁이 (내게는) 재미있는 결과로 나타났으면 좋겠다'로, '충분히 적응이 되어 있다'는 말은

'적응이 되어 있으리라고 기대한다' 정도로 해석한다. '부담이 없다'는 '부담이 없었으면 좋겠다'라고 듣는다. 큰 이벤트를 앞두고 하는 선수들의 말은 실제 자신의 마음을 얘기하기보다는 자신에 대한 주문을 외우는 것과 같다. 선수의 멘탈 트레이너들은 말이 씨가 된다고 '긴장된다' 등의 말을 하지 못하게 한다. 선수들에게 기자회견에서 교과서 같은 주문을 외우라고 한다. 모든 게 심리다. 스포츠나 정치나 기업경영이나 주식의 가격이나 다 마찬가지다.

신지애도 캐나디언오픈에서 "리디아 고와의 동반 라운드가 재미있을 것 같다. 기대된다"고 했지만 신지애 입장에서 결과는 전혀 재미있게 끝나지 않았다. 재미있어 하지도 않았다.

샷감으로 볼 때 신지애의 가장 강력한 경쟁자는 10언더파의 데이비 클레어 슈리플이었다. 네덜란드에서 온 슈리플은 이틀간 신들린 듯 경기했다. 36개 홀 중에서 35번이나 그린에 적중했다. 그는 2라운드 내내 5언더파씩 쳤다. 그러나 10언더파가 아니라 12언더파가 될 수 있는 경기였다.

비 때문에 1라운드 경기가 첫날 다 끝나지 못해 슈리플은 둘째 날 아침에 1라운드 잔여경기를 치러야 했다. 17번째 홀에서 슈리플이 공 뒤에 마크를 놓고 경사를 살피러 간 사이 공이 움직였다. 그는 마크를 했기 때문에 다시 원위치로 공을 놓아도 된다고 생각해 공을 옮겨 놓고 퍼트를 했다. 그러나 룰은 마크를 했더라도 공이 움직이면 움직인 위치에서 쳐야 한다고 되어 있다. 그는 2벌타를 받았다. 슈리플은 스코어카드에 사인을 한 후 경기위원들과 언성을 높이며 대판 싸웠다. 그리고 곧장 2라운드를 시작해야 했다. 기분이 매우 언짢았을 텐데 슈리플은 첫 홀에서 버디를 잡고 2라운드를 무난히 마쳤다.

- **만남과
  이별**

신지애가 경험도 많지 않고, 나이도 어리며 아담한 체구의 캐디를 고른 것은 이유가 있다. 신지애의 아버지 신제섭 씨는 "아무래도 어린 여자 선수들은 나이가 많고 덩치 큰 캐디와 경기하면 마음대로 컨트롤하기 어렵다. 기가 센 캐디보다는 신지애가 경기를 주도할 수 있도록 선수 보좌형의 캐디를 쓰게 했다"고 말했다. 신지애는 "예전처럼 캐디에게 많이 의존하지는 않을 것"이라고 했다.

아이러니컬하게도 신지애가 가장 좋은 성적을 올리던 2008년부터 2010년까지 그녀의 캐디 딘 허든은 덩치가 매우 컸다. 호주사람인 그는 185cm가 넘는 장신에 어깨도 넓었다. 가방까지 들고 있으면 더 커 보였다. 그럴 때면 신지애보다 서너 배는 되어 보였다.

허든과 신지애는 2008년 1월 신지애가 호주오픈에 참가했을 때 만났다. 허든이 경기장으로 찾아와 "나를 써 달라"고 부탁해서 인연이 맺어졌다. 허든은 최경주가 일본 투어에서 뛸 때 캐디를 맡기도 했다. 한국선수의 정서를 잘 이해하는 것 같았고 전문 캐디가 없던 국내 프로골프계에 새로운 장을 열었다. 덩치 큰 허든과 아담한 신지애가 함께 있으면 '거꾸리와 장다리' 서수남, 하청일처럼 멋진 콤비로 보였다.

한국 내에서 '지존'으로 불리던 신지애가 여러 국제대회에 다니면서 이름을 알리고, 미국무대에 진출해 세계랭킹 1위로 도약할 때 허든이 그를 지켰다. 신지애의 첫 메이저 우승인 2008년 브리티시 여자 오픈에서도 허든은 경험이 없는 신지애를 도왔다. 함께한 지 3년 만인 2011년 초 신지애는 허든과 헤어졌다. 신지애는 "아저씨(허든)의 어머니가 아파 간호를 해야 하기 때문에 호주에서 가까운 아시아에서 경기할 때만 함께하기로 했다"고 밝혔다. 그러나 모친 간호 때문에 멀리 못 나온다고 했던 허든은 그해 여름 미국까지 날아와 신지애가 아니라 유소연의 가방을 메고 US오픈 우승을 도왔다.

신지애와 허든이 나쁜 감정으로 갈라선 것은 아니다. 그러나 그런 허든이 유소연 측의 부탁을 받고 미국까지 날아간 것을 보면 신지애와 헤어질 때 겉으로 드러나지 않은 미묘한 속사정이 있지 않았을까 하고 짐작하는 사람도 있다. 허든이 더 많은 보수를 요구했다는 설이 있으나 신제섭 씨는 "허든의 모친 병 때문"이라고 부인했다. 공교롭게도 신지애는 허든과 떨어진 후 우승이 없다. 로드리게스가 새 행운의 보좌관이 될 걸로 신지애 부녀는 기대하고 있다.

허든은 현재 서희경의 가방을 메고 있다. 얄궂은 일이다. 2011년 US오픈에서 서희경은 유소연에게 통한의 역전패를 당했다. 당시 허든은 유소연의 가방을 메고 경험 없는 유소연을 우승으로 이끈 장본인이다. 투어 골프 세계에서는 영원한 적도 영원한 동지도 없다.

현대 골프에서 캐디는 선수의 친구로, 감독으로, 심리치료사로, 스윙코치로 많은 역할을 해야 한다. 그러면서도 고용이 가장 불안정한 직업이기도 하다. 마크 캘커베키아는 "선수가 무기력한 상황에 빠

신지애가 세계랭킹 1위에 오를 때 그녀의 가방을 멘 캐디 딘 허든. 현재는 서희경의 캐디다.

질 때 분위기 전환을 위해 가장 먼저 교체를 생각하는 것은 퍼터가 아니라 캐디"라고 말했다.

청야니는 2012년 에비앙 마스터스를 앞두고 2년 동안 LPGA 투어를 비롯한 전 세계 투어에서 16승을 합작, 최고의 콤비라는 호평을 받았던 제이슨 해밀턴을 해고했다. 슬럼프를 겪으면서 청야니는 "잘 안 되면 캐디에게 화가 치민다"고 투덜거렸고, "캐디가 말이 너무 많다"라고 발언한 직후다.

해밀턴이 해고되어 시장에 나오자 최나연이 덥석 잡았다. US 여자오픈 우승 뒤 최나연의 캐디 셰인 조엘이 개인 사정으로 그만둔 터였고, 해밀턴은 청야니뿐 아니라 안니카 소렌스탐, 양용은 등과 일했던 베테랑 캐디였기 때문이다. 예고도 없이 전회 한 통화에 잘린 해밀턴은 선뜻 최나연의 가방을 메겠다고 했다. 그러자 청야니가 마음을 바꿨다. 청야니는 새 캐디를 쓰다가 마음에 들지 않아 해밀턴에게 "다시 함께 일을 하자"고 제안했는데, 해밀턴은 "다른 선수와 일하는 걸 알지 않느냐"며 거절했다. 해밀턴은 LPGA 투어에서 자타가 공인하는 정상급 캐디다. 성실하고 그린도 잘 본다고 정평이 났다.

최나연과 해밀턴은 좋은 콤비로 보였다. 최나연은 "해밀턴의 가장 큰 장점은 감정 조절이다. 어떤 상황에서도 냉정하게 경기를 풀어나갈 수 있게 해준다"고 말했다. 해밀턴은 "최나연은 청야니와는 다

최나연과 그의 캐디 제이슨 해밀턴. 2012년 최고 선수와 최고 캐디의 조합으로 기대를 모았지만 함께 일한 지 1년도 안 된 2013년 4월 최나연은 해밀턴을 해고했다.

른 게임을 하는 선수다. 청야니는 긴 티샷을 활용해 항상 핀을 노린다. 반면 최나연은 똑바른 티샷을 하며 때론 그린의 반대쪽을 노린다. 버디는 청야니보다 적지만 보기 수도 훨씬 적다. 가장 어렵다는 US 여자오픈에서 우승했기 때문에 어디서든 우승할 수 있다. 세계 1위가 될 실력을 충분히 가지고 있다"고 말했다.

그러나 선수와 캐디가 오래 가기는 쉬운 게 아니다. 함께 일한 지 8개월 만인 2013년 4월 최나연은 해밀턴을 해고했다. 최나연은 "플레이 스타일이 맞지 않는다"고 했다. 최나연은 성격이 좋기로 유명하다. 그러나 일은 일이다. 아무리 평판이 좋아도 자신과 잘 맞지 않는 캐디와 일을 할 이유는 없다.

캐디는 선수들에 대해 불만이 많다. 자기 책임을 캐디들에게 넘기는 경우가 흔하기 때문이다. 인격적으로 대해 주지 않는 선수도 적지 않다. 선수들도 캐디에 대한 불만이 적잖다. 리 트레비노는 "캐디는 66타를 치면 우리(선수와 캐디)가 쳤다고 하고, 77타를 치면 그 녀석(선수)이 쳤다고 하는 족속"이라고 했다. 무능하고 불성실한 캐디 때문에 선수가 커다란 피해를 보기도 한다.

2013년 5월 기준으로 LPGA 투어의 한국선수 중 아버지가 캐디를 하는 선수는 최운정뿐이다. 처음에는 경제적인 이유였다. 스폰서도 없이 맨주먹 하나로 투어를 뛰었기 때문에 한 푼이라도 아껴야 했다. 캐디피도 엄청난 부담이었다. 지금은 아니다. 최운정은 스폰서도 있고 상금도 꽤 많다. 캐디피는 1년에 많아야 1억 원 정도일 텐데 그 정도는 거뜬히 해결할 수 있다. 최지연 씨는 "돈을 바라고 캐디하는 것은 절대 아니다. 1%도 아니다"라고 했다. 최운정은 "아버지 때문에 불편한 점이 없지 않다. 캐디백을 가볍게 해야 하고, 신경질도 못 낸다. 그러나 아버지가 가장 유능한 캐디라고 인정한다. 가장 꼼꼼하게 코스를 연구하는 캐디라서 아버지와 함께 경기한다"고 말했다.

아무래도 아버지 캐디는 전업 캐디에 비해 더 많이 일한다. 최 씨는 성품이 무척 꼼꼼한 편이다. 가령 처음 가는 골프장이라면 최 씨는 일요일 아침 일찍 딸의 가방을 메고 연습라운드를 돈다. 라운드 후 1시간 정도 자고 나서 오후에 다시 골프장에 간다. 최운정을 드라이빙 레인지에서 연습하게 하고, 최 씨는 코스에 다시 나가 그린을 파악한다. 연습라운드하는 다른 선수들에게 지장을 주지 않는 선에서 18개 홀을 다 돈다. 월요일도 똑같은 일정으로 그린을 2번 돈다. 화요일엔 딸에게 9개 홀만 돌게 하고 그는 오후 18개 홀 그린을 죄다 다시 파악한다. 처음 가는 골프장은 5번 이상 돌고 코스를 파악하는 것이다. 이전에 가 봤던 골프장은 4번 정도 돈다. 다른 캐디들은 그렇게 많이 돌지 않는다. 그래서 다른 캐디들이 최지연 씨를 '베스트 캐디'라고 부른다. 다른 직업 캐디들이 최운정의 캐디를 하기는 쉽지 않을 것이다. 아버지 이상으로 하기가 어렵기 때문이다.

그린을 파악하기가 가장 어려운 일이다. 그의 얘기다. "그린을 파악하는 데는 하나당 30분 정도 걸린다. 직접 공을 굴려보고 그린의 큰 경사와 홀 주위의 미세한 경사를 다 기록해야 한다. 어려운 그린은 한 시간 정도 혹은 그 이상 정말 오래갈 수도 있다. 유능한 캐디들은 쉬운 그린은 빨리 통과하고 어려운 그린에서는 살다시피 한다. 노련한 캐디는 대회장의 그린을 잘 알고 있기 때문에 대충 넘어가다가 작년에 실수가 나왔던 그린은 이 잡듯이 뒤진다."

최 씨에 의하면 그린에는 아무리 많이 체크해도 생각지 않은 곳에 경사가 있다. 그는 그린의 대략적인 경사는 슬로프라고 하고 작은 경사는 브레이크라고 부른다. 최운정은 "아버지가 슬로프만 알려주면 브레이크는 감각으로 하면 된다"고 하지만 최 씨는 "내가 캐디를 하는 한 공을 굴려봐서 정확한 데이터를 주고 싶다. 난 정확한 데이터를 믿지 그냥 눈 감각을 믿지 않는다"고 강조했다.

캐디는 선수의 특성에 맞게 준비해야 한다. 그린에서 핀이 꽂힐 것으로 예상되는 곳을 집중적으로 보는 캐디가 있는데 샷이 좋아 핀 주위에 붙이는 선수들의 캐디들이다. 퍼트는 좋은데 샷 감각이 떨어지는 선수도 있다. 그 선수의 캐디는 핀 주위가 아니라 그린 전체를 많이 본다. 공이 어디에 떨어질지 모르니까 전체를 잘 알아야 한다.

페어웨이에서도 마찬가지다. 최운정은 거리가 길지 않은 대신 공

최운정과 경찰관 출신인 그의 아버지 캐디 최지연 씨. 최 씨는 전문 캐디가 아닌데도 워낙 꼼꼼하기 때문에 LPGA에서 가장 유능한 캐디 중 한 명으로 꼽힌다

이 똑바로 간다. 최 씨는 페어웨이 러프 프린지 정도에서만 하지 옆 홀 페어웨이나 페어웨이에서 멀리 떨어진 나무 등을 기준점으로 삼지 않는다. 공이 똑바로 가지 않는 선수들은 코스 여기저기서 그린까지의 거리를 측정기도 나 새놓아야 한다. 청야니와 미셸 위의 캐디가 특히 그렇다는 것이 최 씨의 말이다. 미셸 위는 캐디를 자주 바꾸니까 부모님이 측정하는 경우가 많다고 한다. 최 씨는 폴라 크리머의 캐디 콜린 칸과 청야니, 최나연의 가방을 멘 제이슨 해밀턴도 유능하다고 본다.

좋은 캐디는 냉정하다. 최 씨는 "경찰 생활하면서 큰 사고현장 같은, 눈에 보지 못할 끔찍한 상황을 경험했고, 상황 대처능력을 키웠다. 어려운 상황일수록 더욱 침착해야 한다는 사실을 깨달았다. 골프에도 마음에 들지 않는 상황이 너무 많이 나온다. 나도 답답하고 운정이도 답답하다. 그럴 때 마음이 흔들리면 안 된다. 내가 덜 흔들리는

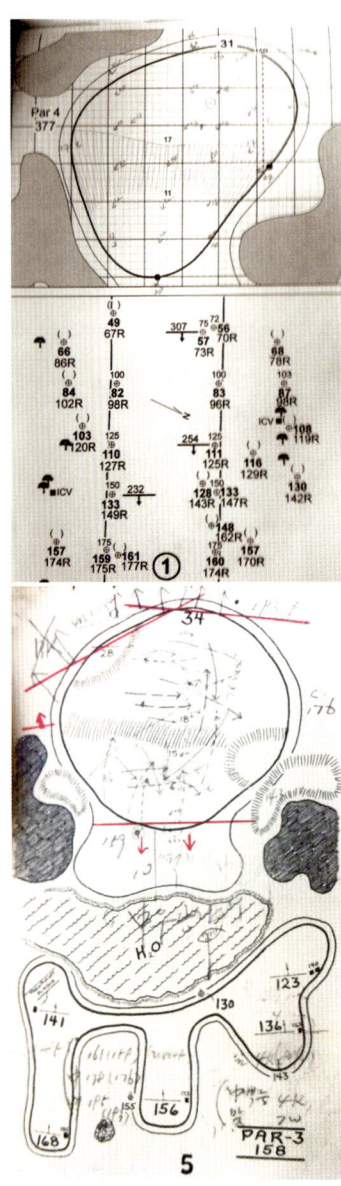

최지연 씨가 만든 야디지북. 그린의 경사가 꼼꼼하게 기록되어 있다. 점선과 실선의 간격 등에 따라 스피드와 경사의 크기 등을 표시해 놓았다.

편인데 더 차분해야 한다. 어려울수록 더 침착해야 한다"고 말했다.

물론 최운정에게도 경기를 하다 보면 그런 상황이 종종 생긴다. "4개 홀에서 보기를 3개 하고 남은 홀은 6개였을 때다. 아이가 흔들리고 있더라. 예전에는 내가 무슨 말을 하면 경청했지만 지금은 자신이 제법 큰 선수가 됐기 때문에 이제 아버지 말이 안 들릴 때도 됐다. 그래서 조심스럽게 얘기했다. '3분의 1이 남았다. 조금 더 침착해야 할 필요가 있다'라고 했다. 듣기 싫었을 것이다."

경기가 안 풀려서 약이 오를 때는 아무리 좋은 얘기라도 기분 나쁘게 들릴 수 있다. 화가 날 때는 캐디를 화풀이 대상으로 하는 선수가 있다. 필요하면 캐디는 화풀이 대상이 되어야 한다. 그러나 오히려 캐디가 잔소리를 하면 분노가 폭발한다. 선수와 캐디들이 오래 함께 하지 못하는 이유 중 하나다. 그러나 최운정은 분노를 누르고 아버지의 말을 들었다. 최운정은 이후 12개 홀에서 2타를 더 줄이고 결국 17등으로 대회를 마쳤다.

"캐디하면 왜 짜증이 안 나겠는가. 나도 힘이 든다. 그러나 경기 중에는 조심스럽게 말한다. 라운드가 끝난 후 정리를 한다. 캐디로서 내가 해야 할 일, 나의 문제점, 내가 본 운정이의 문제점, 이걸 컴퓨터에 항목별로 적는다. 즉흥적으로 얘기하면 짜증스럽게 들리겠으니 메모를 했다가 대화할 시간이 있을 때 조목조목 따진다. 아이도 이렇게 꼼꼼하게 따지는 내가 짜증날 것이다. 그러나 이게 더 먹힌다. 논리적으로 얘기하는 거니까."

약이 오를 때도 있다.

"가장 힘든 것은 성적이 아니다. 나는 캐디이기 전에 아버지다. 내가 캐디가 아니라면 이러한 대우를 받을까 하는 생각이 들 때가 있다. 나는 아버지로서 딸에게 화풀이를 해 본 적이 없다. 그런데 운정이가 샷이 안 됐다고 채로 땅을 찍거나, 혼잣말이라도 욕을 하면 용서 못하겠다. 감히 아빠 앞에서 그럴 수가 있느냐 이거다. '나는 너를 1등 만들기 위해서 이곳에 있는 것이 아니고 네가 원하는 캐디를 해주기 위해서 있는 것이다. 네가 나를 캐디로 원한다면 너도 내가 원하는 행동을 해야 한다'고 주의를 준다."

예전에 골프대디 중에서는 혼자 두면 못 미덥고, 딸이 실수를 할까봐 불안해서 캐디를 하는 경우가 있었다. 딸과 떨어지지 않으려고 가방을 놓지 않는 경우도 있었다. 최지연 씨는 아니다. 최 씨는 딸과 떨어지려 한다. 캐디가 아니라 메이저대회만 와서 응원하는 정도의 아버지가 되고 싶어 한다.

"2013년 목표가 상금 15위인데, 만약 내가 가방을 메고 15위를 하고, 내가 떨어져서 50위를 한다면 난 50위를 하는 걸 선택하겠다. 왜냐하면 혼자 해야 자립심이 생기고, 그래야 나중에 1위를 할 수 있기 때문이다. 그러나 운정이는 아직 그렇지 않다. 어떤 시점까지는 아빠가 해달라고 부탁한다. 거의 매 경기 그만하겠다고 얘기한다. 특히 메이저대회를 앞두면 남는 캐디들이 있으니까 내가 아니어도 코스를 잘 아는 캐디들이 많지 않겠느냐. 나는 빠지겠다고 한다. 그러나 딸이 '그만둔다는 얘기 좀 그만하라'면서 계속 캐디를 해달라고 한다. 우리 애도 물론 나 때문에 스트레스 받는다. 아빠가 나을까 전문 캐디가 나을까 항상 저울질하고 있을 거다. 언제일지는 모르지만 그만둬야 한다. 늦어도 2013년 중에는 끝낼 거다. 그러나 아이와 함께 우승하고 끝내면 더 없이 좋을 것 같다."

최 씨는 전업 캐디 중 '월급 도둑'이 많다고 생각한다. 게을러서 경기 전 그린에 나가지 않고 남의 것 받아서 베끼는 사람들을 일컫는다. 최 씨는 "때에 따라서 골프장에 못 갈 수도 있지만 진정 선수들을 위해서라면 캐디가 직접 가서 경기장을 꼼꼼히 봐야 한다. 투어에는 경력 30년 이상 된 캐디도 더러 있는데 이런 노장은 루키 선수를 무시하거나 막 대하곤 한다. 안타까운 일이다"라고 말했다.

## 35승 이룬 왓슨과 에드워즈의 찰떡궁합, 인생의 캐디

캐디와 선수가 뜨거운 우정을 나눈 경우도 있다. 골프 역사에서 가장 멋진 선수와 캐디 간의 우정은 톰 왓슨과 브루스 에드워즈가 꼽힌다. 둘은 함께 35승을 합작했다. 둘의 우정이 어땠냐면, 이런 일도 있었다. 1980년대 초반 스파이 글래스힐 골프코스에서 열린 PGA 투어 AT&T 내셔널 프로암에서 생긴 일이다. 왓슨이 물었다.

"물 앞까지 거리가 얼마나 되나?"

"그린 에지까지 235야드에, 핀까지 12야드를 더해 총 247야드입니다."

왓슨이 캐디 에드워즈를 돌아봤다. 왓슨은 안전하게 레이업을 할 작정이었는데 에드워즈는 그린까지의 거리를 불러준 것이다.

"잘못 들었나? 내가 물어본 것은 그린까지가 아니라 워터 해저드까지의 거리야."

"네, 들었어요. 내 말은 잘라 가지 말고, 여기서 3번 우드를 치면 그린에 올릴 수 있다는 말이에요."

"물까지 거리가 얼마나 되느냐고!"

에드워즈는 물까지의 거리를 불러줬다. 그러곤 캐디백에서 3번 우드와 6번 아이언을 꺼내 땅에 내동댕이쳐 버렸다.

컨디션이 좋지 않아 컷탈락 선에 아슬아슬하게 걸려 있던 왓슨은 파5홀에서 레이업하려 했는데 에드워즈는 그냥 그린으로 지르라고 했다. 왓슨이 거절하자 물이 무서워 도망가려는 겁쟁이라고 선언한 것이다. 회사 사원이 사장에게 "일 똑바로 하라"고 소리를 지르며 의자를 던져버린 것과 진배없었다. 함께 경기하던 아마추어이자 전 USGA 회장인 샌디 테이텀은 에드워즈를 보고 "용기가 대단하다"고 비꼬았다. 에드워즈는 왓슨이 자신을 해고하지 않으리라고 확신했다고 한다. 뜨거운 우정으로 맺어진 둘은 이런 일로 무너질 관계는 아니었다. 에드워즈는 "경기 내내 부진하던 왓슨의 가슴을 뛰게 할 뭔가가 필요하다고 느꼈다"고 했다. 잠시 생각을 한 왓슨은 3번 우드를 집어 들었다. 그는 깨끗이 물을 넘겼다. 버디를 잡지는 못했다. 그래도 에드워즈를 해고하지 않았다. 오히려 에드워즈가 세상을 떠날 때까지 30년간 그와 함께했다. 그리고 그를 자신의 가슴에 묻었다.

에드워즈는 13세부터 아버지가 회원으로 있는 골프장인 웨더스필드에서 아르바이트로 캐디를 했다. 골프를 좋아하던 그의 아버지는 아들이 캐디를 하면 골프에 관심이 생길 것으로 생각했다. 그러나 에드워즈는 골프가 아니라 캐디에 관심이 있었다. 그 골프장은 그레이터 하트포드오픈이 열리는 곳이었다. 60년대 아널드 파머나 잭 니클라우스 등 특급 선수를 제외하곤 전문 투어 캐디는 거의 없었다. 대부분의 골프장은 전문 캐디가 오는 것을 허락하지도 않았다.

그래서 13살 소년 에드워즈도 투어 캐디가 될 기회를 얻었다. 선수인 딕 로츠의 가방을 들겠다고 했다. 로츠는 "넌 가방보다 작다"고 했는데 "이건 아무 문제도 안 된다"고 우겼다. 로츠는 12위를 했고 에드워즈는 캐디피로 60달러를 받았다. 에드워즈는 이것을 액자에 넣어 벽에 걸어 뒀다. 로츠는 하트포드오픈에 올 때마다 그에게 가방을 맡겼다. 에드워즈는 고교 시절엔 PGA 투어 대회 캐디를 하겠다고 집을 나가기도 했다.

그의 아버지는 치과의사였다. 할아버지도 의사였다. 그의 집안은 미국 동부 펜실베이니아의 중산층이었고 좋은 고등학교를 다녔다. 고교 동기 중 그를 제외하고 모두 대학에 갔다. 고교 앨범에 '너를 가장 행복하게 하는 것은 무엇이냐?'는 질문에 그는 "투어 대회의 캐디를 하는 것"이라고 답했다. 부모는 물론 그와 알게 된 PGA 투어 선수들이 "이건 젊고 똑똑한 네가 할 일이 아니다"고 말렸다. 그래도 에드워즈의 고집을 꺾을 수 없었.

에드워즈는 졸업하자마자 PGA 투어 대회장으로 갔다. 6주 만에 톰 왓슨을 만났다. 에드워즈는 1954년생이다. 왓슨보다 다섯 살이 적다. 왓슨도 그를 설득해 학교에 보내려고 했다. 그러다 포기했다. 왓슨은 "에드워즈는 타고난 집시였다"고 회고했다.

본격 투어 캐디를 시작한 1973년 에드워즈의 목적은 최고의 캐디가 되는 것이었다. 그가 캐디를 시작할 때 40명 정도의 전문 투어 캐디가 있었다. 대부분 흑인이었다. 위상은 낮았다. 투어 캐디는 알코올 중독자가 많고 2류 인생이었다. 대회 때마다 연습장에서 공을 주워 와야 했는데 매우 위험했다. 또 하는 일은 너무나 단순했다. 잭 니클라우스의 캐디였던 안젤로 아기아는 "잭은 나에게 경기가 잘 안될 때 내가 최고의 골퍼라는 것과, 남은 홀이 많다는 것을 일깨워 주는 역할만 하라고 했다"고 말했다.

에드워즈는 투어에 나타난 신세대 캐디였다. 그는 옷을 잘 입고 시간을 잘 지켰다. 어떻게 해야 선수가 힘을 내는지도 알았다. 경기 전 코스를 꼼꼼히 살피며 야디지북을 만들었다. 이전까지 캐디는 가방을 드는 사람에 불과했다. 둘이 처음 함께 한 대회에서 왓슨은 6위를 했다. 두 선수는 함께 35승을 했다. 두 사람 모두 유명해졌고 골프 팬들은 B급 선수들은 몰라도 왓슨과 함께 많은 우승을 한 에드워즈는 알아봤다. 아쉬움도 있었다. 왓슨의 메이저 8승 중 그가 가방을 든 것은 단 1승뿐이었다. 미국선수들은 영국에서 열리는 오픈 챔피언십에는 비용 때문에 캐디를 데려가지 않는 것이 일반적이었다. 왓슨은 현지에서 만난 캐디와 마음이 맞았고 그와 함께 다섯 차례나 브리티시오픈 우승자에게 주어지는 클래릿 저그Claret jug를 들었다. 왓슨은 마스터스에서 두 번 우승했는데 오거스타 내셔널은 1983년까지 전문 캐디를 허용하지 않았다. 그의 마스터스 우승은 그 이전이다. 둘이 함께 이룬 메이저 우승은 1982년 US오픈이 유일하다.

왓슨은 퍼팅 입스(공포증)를 겪고 골프에 대한 열정을 잃은 후 에드워즈를 당시 최고 선수였던 그레그 노먼에게 보내주기도 했다. 최고의 캐디인 에드워즈가 최고 선수의 가방을 메는 것이 옳다고 생각해서였다. 그러나 에드워즈는 노먼과 오랫동안 일하지 못했다. 자신의 책임을 캐디 등 남에게 전가하는 선수를 참을 수 없었다고 주장했다. 그는 골프의 정신을 지키는 진정한 보스가 필요했고 왓슨이 바로 그 사나이였다. 에드워즈는 왓슨에게 돌아와 1996년 메모리얼 토너먼트 우승을 도왔다. 1999년 라이더컵에서 미국 주장 벤 크렌쇼는 에드워즈를 특별 보좌역으로 임명하기도 했다.

2003년 초 에드워즈는 왓슨에게 전화를 걸었다. 흔히 루게릭 병이라고 부르는 ALS에 걸린 사실을 털어 놨다. 이후에도 그는 무거운 캐디백을 메고 왓슨을 따라다녔다. 그것이 가장 행복한 일이었기 때문이다. 2004년 4월 7일 에드워즈는 벤 호건 상을 받았다. 병이 들거나 신체적으로 핸디캡이 있어도 왕성하게 활동하는 골프인에게 주는 상이다. 그 소식을 들은 지 몇 시간 후 그는 세상을 떠났다. 마스터스 1라운드 티오프가 시작되기 직전이었다.

그의 부고를 들은 후 왓슨은 이렇게 회고했다. "지난해 마스터스에서 백을 메고 난 후 에드워즈는 주차장에서 통곡을 했다. 그가 가장 좋아했던 마스터스에 다시 오지 못할 것이란 걸 알았기 때문"이라고 했다. 왓슨은 그리고 눈물을 흘리며 샷을 했다. 사라졌던 왓슨의 열정은 에드워즈를 기리기 위해 다시 불타올랐다. 2009년 디 오픈에서 60세의 왓슨이 우승 문턱에까지 간 것도 에드워즈 덕분이라고 했다. 왓슨은 "그의 몸은 잃었지만 그의 정신은 살아 있다. 내 삶은 그의 정신에 의지하곤 한다"고 했다. 2005년 ALS 치료를 위한 브루스 에드워즈 재단이 세워졌다. 물론 왓슨도 큰 힘을 보탰다. 재단은 4백만 달러를 모았다.

필 미켈슨이 프로로 전향한 1992년부터 함께 일한 캐디 짐 매케이는 인텔리다. 그는 "에드워즈는 나의 아널드 파머"라고 했다. 에드워즈 덕에 캐디에게 인격이 생겼고 투어의 중요한 일부분이 됐다.

### 3 round
### 크리머의 아이언

- **누가 표적이 되는가**

3라운드에도 오후 늦게부터 뇌우가 예상되었다. 비가 와도 경기를 할 수 있지만 뇌우가 오면 낙뢰 위험 때문에 경기가 중단된다. 선두권 선수들은 자신들만 오늘 경기를 끝내지 못할지도 모른다는 초조함 속에 티샷을 했다.

"3라운드는 재미있을 것"이라고 했지만 초반에 신지애의 경기는 '재미'와는 거리가 멀었다. 첫 홀 티샷은 헤드 아랫부분에 맞았는지 평소만큼 거리가 나지 않았다. 신지애도 긴장하면 이런 결과를 낸다. 이 홀에서 4m 정도의 버디 퍼트가 홀을 스쳐 지나가는 불운도 겪었다. 신지애는 파3인 2번 홀에서 티샷을 당겨 그린을 놓쳤고, 칩샷은 홀을 훌쩍 지나갔다. 3m정도의 파 퍼트를 넣지 못해 보기를 했다. 파5인 3번 홀에서는 약 2m의 버디 찬스를 살리지 못했다. 3번 홀까지 3타를 줄이며 단독 선두로 올라선 동반 경기자 듀이 클레어 슈리플의 기세에 눌리는 듯도 했다. 4번 홀에서는 6m 정도에서 3퍼트를 했다. 신지애는 "잘 친 샷이 홀 근처로 가서는 홀을 피해가더라. 이런 날이 있다. 오늘 같은 날은 운이 좋지 않은 날이어서 목표를 1언더파 정도로 수정했다"고 말했다.

신지애는 7번 홀에서도 2m가 약간 넘는 버디를 넣지 못했다. 표정이 일그러졌지만 이내 평소의 미소를 되찾았다. 신지애는 화가 날 때 웃는 경향이 있다. 타이거 우즈와 스테이시 루이스는 화가 날 때는 화를 풀어야 한다고 여긴다. 그래서 클럽으로 땅을 치고 험한 말을 하기도 한다. 신지애는 웃음으로 분노를 삭이겠다고 생각한다. 그래서 '스마일퀸'이라는 별명을 얻었다.

신지애는 아직 인내심을 잃지 않았다. 그러면서 그의 말대로 재미있는 경기로 변했다. 8번 홀, 신지애의 발로 11걸음 정도 되는 버디 퍼트를 성공시키면서 분위기가 바뀌었다. 400야드 파4인 9번 홀은 가장 어려웠다. 맞바람이 불어 신지애는 두 번째 샷을 3번 우드로 쳐야 했다. 간신히 그린에 올렸다. 그러나 8m 정도 되는 버디 퍼트를 신지애는 쑥 넣었다.

새 캐디 로드리게스도 한몫했다. 신지애는 "초반 잘 안 됐지만 캐디가 긍정적인 얘기를 계속 했다. 8번 홀 퍼트는 매우 거리가 멀었지만 그가 '좋은 찬스다. 버디 찬스'라고 얘기해서 도움이 됐다. 정말 기분이 좋았던 것은 9번 홀이다. 어려운 홀에서 버디를 잡고 나서 마음이 편해졌고 리듬과 스피드가 좋아졌고 경기가 잘 풀렸다"고 말했다.

더 잘한 선수는 폴라 크리머였다. 1, 2, 3번 홀 연속 버디를 잡았고 매우 어려운 13번 홀에서 칩인 버디를 했다. 사기가 올라가면 아이언 샷을 딱딱 붙이는 선수가 폴라 크리머다. 3라운드 6타를 줄인 크리머는 16언더파 단독 선두로 올라섰다. 신지애는 2타 차 2위로 최종라운드를 시작하게 됐다. 1위에서 2위로 내려갔지만 신지애의 표정은 전날보다 훨씬 밝았다. 그는 "전반 나빴다가 후반 좋아졌기 때문에 아

크리머의 샷

주 편한 마음으로 최종라운드 경기를 할 수 있게 됐다"고 말했다. 크리머에 대해서 신지애는 "퍼팅을 아주 잘하더라. 내일 함께 하면 재미있을 것이다. 쫓길 때보다 내가 누굴 쫓아갈 때 더 편하다. 내가 타깃이 아니라, 상대가 타깃이 되기 때문이다. 지금 내 자리가 더 편하다"고 말했다. 신지애는 또 이런 말을 했다. "둘 다 좋은 찬스를 가졌는데 아마 우리 둘 중 한 명이 좋은 결과를 가져갈 것 같다"고 말했다. 그녀의 말은 맞았다. 둘 중 한 명이 좋은 결과를 가져갔다. 그러나 그렇게 되기까지 시간이 얼마나 오래 걸릴지 신지애와 폴라 크리머 모두 상상도 못했을 것이다. 신지애와 크리머가 인터뷰를 마친 후 하늘에 먹구름이 몰려왔고 비가 쏟아졌다.

## 4 round
## 잊혀진 여인으로 살 것인가

• **고래싸움**

날씨는 맑았다. 시원한 바람도 불었다. 대회 들어 처음으로 쾌적한 날씨였다. 신지애와 폴라 크리머는 LPGA의 대표적 스타다. 로레나 오초아 은퇴 이후 새로운 여제 후보로 꼽혔다. 두 선수가 잠잠한 동안 청야니가 여제로 등극했다. 스테이시 루이스와 최나연, 박인비 등이 두 선수를 앞질러 갔다. 두 스타 모두 이번 기회를 놓치면 언제 다시 우승 기회가 올지 모른다. LPGA에서 잊힌 여인으로 살아야 할 수도 있다.

두 선수의 의지는 굳건했고, 사흘간 그렇게 멋진 샷을 날리던 슈리플은 챔피언조에서 신지애, 크리머라는 두 거물 고래와 힘께 경기하자 초반부터 나가 떨어졌다. 처음부터 신지애와 크리머의 매치플레이였다. 관중도 TV도 슈리플에겐 아무런 관심이 없었다. 두 선수는 초반 강한 집중력을 발휘하며 잽을 날렸다. 4번 홀까지 똑같이 2타씩을 줄였다.

그러다 크리머가 먼저 틈을 보였다. 6번 홀에서 어프로치샷이 그린 오른쪽 카트 길에 맞은 후 홀 사이 이동 터널로 들어가버렸다. 더블보기였고 공동 선두로 내려왔다. 프로 경기에서 더블보기는 절대하지 말아야 할 것 중 하나다. US오픈처럼 지독하게 어려운 대회를 제외하곤, 챔피언조에서 경기하는 선수가 더블보기를 했다면 우승컵은 날아간 것이나 다름없다. 같은 더블보기라도 잘못 쳐서 더블보기가 된 것과, 운이 나빠 더블보기가 된 것 중 후자가 더 심리적으로 타격이 크다.

분위기는 신지애 쪽으로 완전히 넘어온 것처럼 보였다. 그러나 신지애는 그로기 상태에 몰린 상대에게 강한 펀치를 날리지 못했다. 신지애로선 파5인 7번 홀에서 타수를 줄이고 도망가야 했다. 일반 상식과 달리 신지애는 샷거리가 짧은 편이지만 파5에서는 성적이 매우 좋다. 파5에서는 2온을 시도하는 선수는 성공하면 이글 기회를 가질 수 있다. 그러나 대부분의 파5홀에는 물이나 깊은 러프, 또는 OB 같은 함정도 만들어 둔다. 2온을 하려고 스윙에 힘이 들어간 선수는 이런 함정에 빠지는 경우가 잦다. 신지애는 2온 시도를 거의 하지 않아 함정에 빠질 일이 없다. 또 100야드 이내에서 피치샷이 아주 좋아 홀 옆에 딱딱 붙인다. 파5는 신지애의 강점 중 하나가 됐다. 신지애가 샷거리의 핸디캡을 갖는 것은 파4홀이다. 긴 파4홀에서 신지애는 두 번째 샷을 우드로 쳐야 하므로 그린이 딱딱하거나 핀이 벙커 바로 뒤쪽에 꽂혀 있으면 파를 하기가 쉽지 않다.

뒷바람도 신지애를 도와줬다. 그러나 7번 홀과 8번 홀에서 모두 버디를 하지 못했다. 그러자 신지애에게 위기가 왔다. 맞바람이 부는 파4인 10번 홀에서 신지애는 우드로 두 번째 샷을 해야 했는데 그린에 올리지 못했다. 칩샷은 약간 뒷땅이었다. 신지애답지 않은 실수로 보기를 하면서 리듬을 잃었다. 다음 홀 신지애의 티샷은 오른쪽으로 휘어나갔다. 두 번째 샷은 나무를 맞고 전진하지 못했다. 더블보기를 할 때 사색이 됐던 크리머가 페어웨이에서 이 모습을 보고 미소를 지었다. 신지애는 이 홀에서 가까스로 보기로 막아냈다.

크리머는 다시 2타 차 선두가 됐는데 그러자마자 또 실수를 했다. 12번 홀에서 크리머는 나무를 맞춰 보기를 했다. 두 선수는 이후 집중력을 회복했고 버디 두 개씩을 하면서 엎치락뒤치락했다. 크리머는 마지막 홀까지 한 타 차 리드를 끌고 왔다. 파4인 18번 홀. 크리머는 2번 만에 그린에 공을 올렸다.

2퍼트면 상황이 끝나게 된다. 첫 번째 퍼트는 쉽지 않았다. 10m가 넘고, 약간 내리막에 왼쪽으로 휘어지는 라인이다. 그래도 퍼트를 잘 하는 폴라 크리머였다. 18번 홀 주위를 가득 메운 갤러리들은 미국 최고 스타 폴라 크리머가 우승을 차지해 핑크빛 공을 관중석으로 던져주기를 기대했다. 크리머는 자신이 있어 보였고 그의 버디 퍼트는 완벽해 보였다. 넓은 원을 그리며 왼쪽으로 휘어지던 공은 홀로 빨려 들어가는 듯했다. 그러나 공은 홀에 살짝 들어갔다가 나왔다. 홀을 스치면서 오히려 스피드가 붙어 1.2m 정도 지나갔다. 애매한 거리였다.

- ### 미소 짓는
  ### 암살자

우승을 확신한 듯했던 크리머는 볼에 마크를 하면서 불안한 기색을 보이기 시작했다. 또 다른 동반자인 슈리플이 퍼트를 하는 동안 크리머는 퍼트 연습을 여러 차례 했다. 그의 캐디 콜린 칸이 회전이 잘 되도록 크리머의 어깨를 돌려줬다. 크리머는 긴장하는 기색이 역력했다. 입맛을 여러 차례 다셨고, 눈을 감고 마음을 평정하려 애썼다. 자신의 차례가 오자 크리머는 홀 뒤로 10m 정도나 물러나 라인을 봤다.

신지애는 언제나처럼 미소를 짓고 있었다. 신지애가 경기 때 미소를 짓는 것은 나쁜 의도는 전혀 없다. 그러나 상대 선수들은 기분이 나쁠 수도 있다. 신지애와 경기하면서 잘 풀리지 않을 때 상대방이 그녀의 웃는 모습을 보면 '너 정도는 여유 있게 이긴다'라고 생각하는 것처럼 보인다는 것이다. 그러면 화가 나고 경기가 더 안 풀린다. 미국 골프 채널 해설자인 주디 랭킨은 신지애를 두고 '미소짓는 암살자 Smiling assassin'라고 했다. 웃는 모습이 더 섬뜩할 때가 있단다.

크리머는 퍼트를 당겼다. 조금 전 12m 버디 퍼트는 홀에 살짝 들어갔다 나왔는데 1.2m 파 퍼트는 홀을 스치지도 않고 지나갔다. 긴장하면 퍼트를 당긴다. 관중들의 아쉬운 탄성 소리가 제임스강가에 울려 퍼졌다. 두 선수 모두 16언더파. 연장전이었다. 4라운드에서 매치플레이 양상의 대결을 펼친 신지애와 크리머는 이제 진정한 매치플레이를 치르게 됐다.

- **울퉁불퉁한
도넛**

스코어카드를 적어 내는 텐트에서 크리머가 먼저 나와 카트를 탔다. 크리머는 티잉그라운드까지 가기 전 페어웨이에서 내려 세컨드샷을 연습했다. 그가 대회 내내 18번 홀에서 2번째 샷을 하던 자리는 거의 일정했다. 크리머는 그곳에서 이미지 트레이닝을 하려는 거였다. 신지애가 카트를 타고 다가오자 크리머는 카트에 올라 타 티잉그라운드로 향했다.

여성 선수들은 예쁜 헤드커버를 쓴다. 크리머의 헤드커버는 핑크팬더, 신지애는 귀여운 용이었다. 용 헤드커버는 지난 4월 캐디가 생일선물로 준 거다. 신지애가 용띠라고 용 헤드커버를 선물했다. 그 캐디는 해고되었고 용만 남았다.

도박사들은 신지애에게 걸었을 것이다. 과거 통계는 신지애가 더 좋나. 연장이 열리는 18번 홀에서 이번 주 크리머는 1오버파, 신지애는 이븐파를 쳤다. 크리머는 연장전 전적이 1승1패, 신지애는 1승무패였다.

그러나 아너honor, 한국에 알려진 owner는 잘못된 말이다 잡기에서는 핑크팬더가 이겼다. 크리머는 만족스러운 티샷을 쳤다. 신지애는 평소보다 어드레스가 길었다. 불안했는지 다시 풀었다. 다시 프리샷 루틴을 한 다음 쳤다. 만족스러운 샷은 아니었다. 거리는 나쁘지 않았지만 방향이 약간 왼쪽이었다. 크리머보다 홀에서 가까웠으나 왼발 내리막 경사지여서 오히려 불리했다. 두 번째 샷도 완벽하지는 않았다.

8차례 연장을 벌인 킹스밀 리조트 18번 홀 그린과 스코어보드. 크리머가 노련한 캐디 콜린 칸과 함께 그린을 살피고 있다.

내리막이어서인지 얇게 맞았고 낮게 날아갔다. 그러나 그린 끝에 올라가더니 한참을 굴러 핀 쪽으로 굴러갔다. 핀과는 약 2m. 버디 기회였다. 캐디 로드리게스가 신지애에게 주먹을 내밀자 신지애가 자신도 주먹을 쥐어 맞장구를 쳤다.

"Go Paula!!"

그린 옆 관중석의 갤러리들은 대부분 크리머를 응원했다. 그러나 그녀의 버디 퍼트는 왼쪽으로 빠졌다. 크리머는 30cm 정도의 짧은 파 퍼트를 그냥 치려다가 마음을 바꿔 마크를 했다.

신지애 차례다. 경기를 끝낼 기회를 잡은 신지애는 신중하게 라인을 봤고 부드럽게 스트로크했다. 홀 가운데로 빨려 들어가는 듯했다. 그러나 홀 바로 앞에서 멈췄다. 크리머는 그 장면을 보고 고개를 푹 숙였다. 기쁜 표정을 보이고 싶지 않았던 것일까.

정규경기 18번 홀에서 크리머는 3퍼트로 신지애를 살려줬다. 연장 첫 홀에서 신지애는 짧은 버디 퍼트를 놓치면서 크리머를 살려줬다. 신지애가 웃었다. 신지애는 샷을 잘못했을 때 웃는 경향이 있다. 두 선수와 캐디는 카트를 타고 다시 티잉그라운드로 사라졌다.

두 번째 연장, 크리머의 샷은 좋지 않았다. 그러나 퍼트는 좋았다. 10m 정도에서 친 볼이 홀에 들어갈 것 같더니 홀 앞에서 약간 왼쪽으로 휘었다. 크리머가 아쉬움에 팔짝팔짝 뛰었다. 신지애는 3m 버디 퍼트를 했다. 신지애의 볼도 왼쪽으로 휘었다. 평소 점잖은 신지애도 아쉬움에 펄쩍 뛰었다. 신지애는 웬만해서는 펄쩍펄쩍 뛰지 않는 선수다. 18번 홀에서 보이는 제임스강은 아무 일도 없는 것처럼 유유히 흐르는데 킹스밀의 긴장감은 점점 더 커졌다.

세 번째 연장. 신지애는 티샷을 치고 오른손을 들었다. 공은 오른쪽 페어웨이를 지나 카트 도로 너머 경사지로 갔다. 두 번째 샷은 훅이 나면서 그린사이드 벙커에 보냈다. 크리머도 벙커에 빠졌는데 둘다 악착같이 파 세이브에 성공했다.

정규경기가 끝난 지 1시간이 지났다. 해가 기울어지면서 두 선수의 그림자는 점점 길어졌다. 네 번째 연장전 페어웨이에서 두 번째 샷을 준비하면서 크리머는 이번에는 끝내야겠다는 듯 비장한 표정이었다. 크리머는 앞에 있는 신지애의 가방을 치워달라고 했다. 신지애의 경험 적은 캐디 로드리게스가 캐디백을 그냥 놔 둔 것이다. 크리머는 로드리게스가 가방을 빨리 치우지 않아 약간 화가 난 듯했다.

신지애는 경험이 적은 캐디와 함께 하고 있다. 반면 크리머의 캐디 콜린 칸은 LPGA에서 가장 경험 많은 캐디다. 영국인인 그는 전기 엔지니어를 하다가 확 트인 골프장이 좋아 1990년부터 유럽 여자 투어에서 캐디를 시작했다. 1993년부터 안니카 소렌스탐의 가방을 멨고 1994년 미국으로 건너간 가방 주인을 따라 미국에서 활동하고 있다. 1999년 소렌스탐과 헤어지고 2000년엔 박지은의 캐디를 했으며 2001년부터는 박세리의 캐디로 활동했다. 그는 박세리의 가방을 멜 때 상금에 대한 인센티브는 별도로 받고, 연간 7만 달러를 받은 고액 연봉 캐디였다. 브리티시 여자오픈이 메이저대회로 승격된 2001년 박세리는 바닷바람이 센 링크스코스를 무척 싫어해 대회에 참가하지 않으려 했는데 칸은 박세리를 설득해 데려가 우승까지 시켰다고 한다. 대회가 열린 서닝데일 골프장이 그가 자란 동네였다. 2005년부터 크리머의 가방을 멨는데 칸은 성격이 다소 다혈질인 크리머를 매우 잘 이끈다고 평가된다. 경험도 많은데 열심히 하기도 한다. 크리머가 오후에 경기하면 오전에 코스에 나가 그린에서 공이 어떻게 구르는지 파악하곤 한다. LPGA에서 가장 인정받는 캐디 중 한 명이다.

크리머는 콜린 칸과 상의한 후 6번 아이언을 꺼내 들어 핀 오른쪽 2m 옆에 붙였다. 신지애도 3m 옆에 붙였다. 신지애의 버디 퍼트는 오른쪽으로 지나갔다. 크리머의 2m 버디 퍼트도 오른쪽으로 지나갔다.

연장전이 길어진 이유가 있다. 홀의 위치가 너무 어려웠다. 그린의 길이는 41야드나 됐는데 마지막 라운드 드라마를 만들기 위해 핀이 그린 뒤쪽에, 또 왼쪽 벙커와 가까운 곳에 꽂혔다. 핀과 그린 뒤쪽 사이에 공간이 적기 때문에 그린을 넘어가면 파를 하기가 상당히 어렵다. 왼쪽 벙커가 그나마 나을 수도 있다. 그러나 벙커는 상당히 좁고 바로 옆이 물이어서 직접 공략하기가 부담스럽다. 신지애와 크리머 모두 과감하게 핀을 공략하지 못했다. 클럽을 길게 잡았다가 그린에 튕기고 넘어가면 방법이 없었다. 절대 그린을 넘어가지 않는 선에서, 왼쪽으로 가지 못하도록 그린 가운데를 향해 공을 쳤다. 홀의 위치가 경사지여서 멀리서 퍼트를 성공시킬 가능성은 상당히 낮고, 홀 주위에서도 넣는다는 보장은 전혀 없다.

필 미켈슨의 쇼트게임을 가르치는 데이브 펠즈는《퍼팅 바이블》이라는 책에서 오후 그린 주위에는 '울퉁불퉁한 도넛'이 생긴다고 했다. 아마추어 4명이 경기하면 그린에 발자국이 500번 정도 남고 대부분 홀 옆 2m에 집중된다. 홀을 중심으로 반지름 15cm 안은 골퍼들이 밟지 않기 때문에 상태가 좋다. 그래서 도넛처럼 홀을 주위로 15cm부터 2m 사이에 잔디 상태가 울퉁불퉁한 곳이 생긴다. 오전부터 하루 종일 골퍼들에게 짓밟힌 홀 주위는 상태가 매우 좋지 않게 된다. 프로 대회에서는 상대적으로 더 거칠어진다. 공식 대회는 그린의 상태가 훨씬 더 좋기 때문에 선수들은 더 믿김하게 느끼게 된다. 또 대회에서는 선수들이 각각 캐디를 대동하고 다니므로 그린에서 활동하는 사람 숫자가 늘어난다. 신지애와 크리머는 하루 종일 4라운드를 치르고 연장까지 치르면서 혹사당한 그린 주위의 울퉁불퉁한 도넛에서 퍼트를 성공시키려 애썼지만 쉽지는 않았다.

보통 연장전을 한 번 치른 후엔 다른 홀로 옮겨서 경기한다. 이날은 바꿀 수 없었다. 경기가 그냥 끝날 것으로 보고 미국 골프 채널이 17번 홀까지 카메라 등 장비를 다 철수해 버렸다. 현대 스포츠는 TV가 주도한다. 거액의 중계권료를 지불하는 중계방송사가 원하지 않

크리머의 캐디 콜린 칸은 안니카 소렌스탐, 박세리의 캐디를 했다. 2004년 한국에서 벌어진 나인브릿지 클래식에 온 박세리와 콜린 칸.

는 건 하기 어렵다. 미국 골프 채널로서는 장비를 철수한 것도 당연하다. 크리머가 앞서고 있었고 18번 홀에서 연장이 그렇게 오래 진행될지 예상하지 못했기 때문이다.

홀을 바꾸지 않으면 핀 위치를 바꿔야 하는데 하지 않았다. 핀 위치를 바꾸지 않은 것은 LPGA 경기위원회의 실수다. 위원회는 "방송 중 홀 위치변경은 시간이 걸리고, 연장이 곧 끝날 거라고 예상해서 그냥 진행했다"고 했다. 2012년 대회에서 혼이 난 조직위는 2013년부터 이 대회의 연장전은 18번 홀을 세 번 치른 후 16번-17번-18번-16번-17번-18번순으로 하기로 했다.

- **어두워질
때까지**


다섯 번째 연장. 폴라 크리머는 계속 일관된 드라이버샷을 했다. 거의 비슷한 곳에 떨어졌다. 신지애는 이번에도 티샷을 하고 웃었다. 샷이 나쁘다는 뜻이다. 그리고 오른손을 들어 오른쪽을 가리켰다. 다행히 공은 멀리 도망가지는 않았다. 크리머와 신지애는 어프로치샷을 홀 약 6m 정도 거의 비슷한 곳에 떨궜다. 크리머의 퍼트는 매우 좋았다. 홀 바로 앞에서 멈춘 것을 빼면 아주 좋았다. 체조 선수 출신이어서 몸놀림이 매우 유연한 크리머는 또 아쉬운 표정으로 허리를 접은 채 한동안 움직이지 않았다. 약간의 오버액션, 카메라가 크리머를 자주 비추는 이유 중 하나다.

신지애의 퍼트는 성공 가능성이 한층 높아졌다. 크리머의 퍼트 위치와 비슷했고 크리머가 완벽한 라인을 보여줬기 때문이다. 신지애가 퍼트하는 동안 크리머는 쭈그리 앉아서 초조한 듯 목걸이를 만지작거렸다. 크리머가 뭔가를 기원하고 목걸이를 만졌다면 성공했다. 신지애의 퍼트는 짧지는 않았지만 방향이 약간 틀렸다. 신지애는 잠깐 하늘을 바라보더니 또 웃었다.

대서양 바닷물을 끓게 해 킹스밀에 뇌우를 일으키던 태양은 더욱 힘을 잃고 있었다. 웃고 있는 암살자 신지애와 심각한 표정을 한 크리머는 여섯 번째 연장을 향해 다시 18번 홀로 향했다.

언제나처럼 크리머의 드라이버는 페어웨이 가운데로 갔다. 신지애는 위험했다. 치고 나서 표정이 확 변할 정도로 왼쪽으로 갔다. 왼쪽은 호수다. 다행히 호수를 넘어 페어웨이에 올라갔다. 질러 친 격이 되어 남은 거리는 짧았다. 신지애는 이전 연장 홀들보다 훨씬 짧은 클럽을 잡고 그린을 공략했는데 샷이 아주 만족스럽지는 않았다. 핀과 5m 정도 떨어졌다.

다음 주 열리는 메이저대회 브리티시 여자오픈으로 LPGA선수를 데려갈 전세기가 두 선수를 기다리다 기다리다 영국으로 떠나 버렸다는 소식이 들렸다. 태양은 서쪽 나지막한 언덕 너머로 사라졌다. 관중석 상단만 힘을 잃은 태양의 자투리를 볼 수 있었다. 신지애의 캐디 로드리게스는 지친 표정으로 가방을 들고 터벅터벅 그린으로 왔다가 이번에도 두 선수 모두 파를 하자 가방을 들고 카트에 올라탔다.

일곱 번째 연장. 신지애는 재킷을 입었다. 추워서라기보다는 근육을 따뜻하고 유연하게 유지하기 위해서다. 신지애는 재킷을 벗고 시원하게 드라이버를 휘둘렀다. 똑바로 멀리 나갔다. 페어웨이 한가운데에, 크리머보다 15야드 정도 멀리 나갔다. 크리머는 위기감을 느꼈는지, 연장전이 지긋지긋했는지 모험을 걸었다. 핀을 직접 공략했는데 약간 왼쪽으로 가면서 벙커 쪽으로 갔다. 벙커에 들어가지는 않았지만 스탠스가 아주 좋지 않은 곳이다. 신지애는 좋은 찬스였지만 샷을 한 후 웃었다. 약간 얇게 맞았다. 그러나 결과는 그리 나쁘지 않았다. 낮게 날아간 공은 그린 앞쪽에 맞고 30야드 정도 굴러가 핀 7m 옆에 멈춰 섰다.

직접 가보니 크리머의 라이는 생각보다 더 나빴다. 왼쪽 다리를 완전히 굽히고 오른 다리는 펴야 할 정도로 가파른 경사지였다. 자칫하다간 샷을 하다 미끄러져 벙커로 빠질 것 같기도 했다. 크리머는 여러 번 연습스윙을 하고서야 샷을 했다. 공은 핀 쪽으로 굴러갔다. 들어가는 걸로 짐작한 갤러리들이 환호를 질렀다. 들어가지는 않았다. 크리머는 아쉬움에 러프에 쓰러졌다.

신지애는 옅은 색안경을 벗었다. 버디 퍼트 방향은 아주 좋았으나 짧았다. 이번엔 웃지 않았다. 고개를 들고 아쉬움에 한숨을 쉬어야 했다. 어려운 곳에서 파 세이브에 성공한 크리머는 얼굴이 붉게 상기됐다.

일곱 번째 연장에서도 승부를 보지 못한 두 선수를 경기위원회에서 기다리고 있었다. "어두운데 더 할 수 있겠느냐?" 크리머는 "물론"이라고 했고 신지애도 고개를 끄덕였다. 그들은 다시 카트를 탔다. 많은 관중들이 환호를 했다.

텔레비전으로 긴 연장전 중계를 본 시청자들은 경기를 계속 하는 데 큰 문제가 없다고 생각했을 것이다. 그러나 TV에 나오는 것보다 현장은 훨씬 어두웠다. 카메라는 어두우면 밝게 보정을 한다. 텔레비전으로 중계를 보는 것과 현장에 직접 가는 것의 차이는 꽤 있다. TV 화면은 모든 것을 보여주지 못한다. 또는 보여주지 않는다. TV 화면은 사물을 평탄하게 보이게 한다. 마스터스가 열리는 오거스타 내셔널 골프장의 10번 홀은 텔레비전으로는 약간 경사가 있는 걸로 보이는데 실제로는 가파른 내리막이다. 오거스타 내셔널은 텔레비전에서 보는 것과 달리 클럽하우스가 산 정상에 있고, 1번과 10번 홀이 급한 내리막인 한국의 많은 골프장과 매우 흡사하다. 반대로 18번 홀은 엄청난 오르막이다. 텔레비전에서도 오르막으로 보이지만 실제로 가 보면 등산하는 느낌이 난다.

TV는 그린의 경사도 제대로 못 보여준다. 마스터스 그린이 빠르긴 하지만 '살짝 건드려도 5m 굴러가는' 퍼트는 평지에서 한 게 아니다. 이런 건 확연한 내리막이다. 2005년 우즈가 우승할 때 파3인 16번 홀에서 90도 꺾이는 칩샷이 신비롭게 보였다. 그린 주위에서 보면 덜 신비로웠을 것이다. 그린 아랫단과 윗단의 경사가 확연하다. 넣을 수 있느냐는 다른 문제이긴 해도 우즈뿐 아니라 모든 사람이 그렇게 칠 수밖에 없다. 4라운드 16번 홀에서는 핀이 아랫단에 꽂히는데 선수들은 아랫단과 윗단의 경계에 공이 떨어지게 해 굴러 내려오게 한다.

위원회는 여덟 번째 연장전에서도 승부가 나지 않으면 오늘은 그만하고 내일 경기를 재개하기로 했다. 태양은 완전히 사라졌다. 크리머가 패션용으로 쓰는 폴리스 선글라스도 자취를 감췄다. 제임스강을 수놓던 주황색 낙조도 점점 색깔을 잃었다. 여덟 번째 연장, 크리머의 아이언샷은 정확히 핀방향으로 날아갔다. 임팩트와 동시에 잘 맞았다는 걸 느낀 크리머는 눈을 점점 크게 뜨면서 핀 쪽으로 날아가는 공을 바라봤다. 관중들의 함성 속에서 크리머는 이글이 될지도 모른다고 느낀 것 같다. 그런 일은 일어나지 않았다. 약간 짧았다. 크리머는 실망했지만 분명한 버디 기회였기에 성큼성큼 그린으로 걸어갔다. 신지애는 정규경기에서 크리머가 3퍼트를 한 곳에서 버디 퍼트를 해야 했다. 내리막이고 멀었다. 땅거미가 지고 있는 터라 정규경기 때의 크리머보다 더 불리했다. 크리머는 신지애가 3퍼트 하기를 기대했을 것이다. 신지애는 홀에 딱 붙였다. 신지애의 공을 보고 크리머가 아쉬운 듯 입맛을 다셨다. 크리머는 신중했다. 퍼트 방향을 손가락으로 가리키면서 콜린 칸의 동의를 구했다. 노련한 캐디인 칸은 고개를 끄덕였다. 크리머의 공은 정확히 홀 쪽으로 향했다. 많은 사람들이 들어갔다고 느껴 함성을 질렀다. 그러나 공은 홀 앞에서 왼쪽으로 휘었다. 한숨 소리가 리조트에 울려 퍼졌다. 킹스밀 리조트 일부 등에는 불이 들어오기 시작했다.

경기위원회에서 두 선수에게 다가와 이제 그만하고 내일 아침 9시에 16번 홀에서 하자고 했다. 크리머는 "더 할 수 있다"고 했다. 위원회는 벌써 오후 7시 32분이니 오늘은 더 못한다고 했다. 크리머는 완강했다. 크리머는 "나는 더 할 수 있다. 오늘 끝내고 싶다"면서 신지애에게 "너는 어떠냐. 나는 할 수 있으니까 너에게 달렸다"고 말했다. 형식은 질문이었지만 실제로는 강한 권유였다. 신지애는 잠시 생각하더니 억지로 고개를 끄덕였다. 크리머는 위원회에 "그럼 우리 계속하는 거다"라고 했다. 위원회는 고개를 절레절레 흔들면서 결정을 내리지 못했다. 크리머의 캐디가 안 하는 게 좋겠다고 했는데도 크리머는 계속 하고 싶다고 우겼다. 신지애는 수동적이었다. 실제로 경기를 하기는 어려운 상황이있다. 경기를 디 보고 싶은 관중들괴 그리머는 하자는 쪽이었고 나머지는 못한다는 쪽이었는데 관중들과 크리머가 워낙 입김이 셌다. 아직도 관중석을 가득 채운 갤러리들은 완전히 본전을 뽑겠다는 심산에서 "경기를 계속하라!"고 함성을 질렀다.

크리머가 절충안을 냈다. 그럼 티잉그라운드로 가서 한 번 상황을 보자고 했다. 다들 동의하고 카트에 탔다. 관중들이 환호했다. 티에 가서도 한 번 더 된다, 안 된다 논쟁이 있었다. 크리머는 "하자", 또 "하자"고 신지애를 설득했다. 크리머는 대회가 열리는 장소인 미국의 스타다. 연장을 한 번 더 할지를 결정하는 데서도 분명 홈 어드밴티지가 있었다. 신지애도 결국 고개를 끄덕여야 했다. 두 선수는 드라이버의 헤드커버를 벗기고 신지애는 재킷을 벗었다. 크리머는 티를 꽂고 연습 스윙을 했다. 어드레스하려는 듯 공에 다가가다가 그냥 공을 집어 들었다. 고집 센 크리머도 이길 수 없는 어둠이었다. 결국 어둠만이 신지애와 폴라 크리머의 '킹스밀 혈투'를 뜯어말릴 수 있었다. 팬들은 아쉬움에 발길을 돌려야 했다. 신지애는 "우승이 쉬운 게 아닌 줄 알지만 이렇게 어려운 줄 몰랐다"고 웃었다. 크리머는 26홀을 함께 경기한 신지애와 어깨동무를 했다. 키 차이가 꽤 났다.

두 선수는 8개 홀 동안 모두 파를 했다. 많은 버디 찬스를 살리지 못했고, 여러 보기 위기를 파로 막았다. 두 선수가 어려운 18번 홀에서 8홀 연장을 치르면서 모두 파를 한 것은 진기록이다. 사람들은 승리를 앞둘 때보다 패배를 눈앞에 뒀을 때 더 필사적이다. 신지애와 크리머는 비슷한 거리라도 버디는 넣지 못하고 파 퍼트는 어떻게든 홀에 집어넣었다. 신지애와 크리머의 혈투는 최고의 샷만이 나온 건 아니지만 인간 내면의 불안함과 실수, 또 이를 극복하려는 정신력과 의지를 보여준 명작이었다.

- **응원을 할 것인가,
  받을 것인가**

두 선수는 경기를 중단하자마자 카트를 타고 곧장 기자실로 돌아왔는데 벌써 캄캄했다. 크리머는 "오늘 전세기가 브리티시 여자오픈에

9차 연장을 앞두고 이른 아침 몸을 푸는 폴라 크리머와 신지애.

가기로 되어 있기 때문에 그걸 타고 싶어서 오늘 끝내려고 했다"고 말했다.

크리머는 스타의식이 강하다. 어릴 때 체조를 했다. 허리에 부담이 되어 보이는 스윙으로도 오래 버틸 수 있는 건 체조로 다져진 유연성에서 나온다. 그녀는 체조하다 부상을 당한 뒤 학교에서 치어리더로 활동했다. 미국에서 여학생들에게 치어리더는 매우 인기가 있다. 그의 부모는 크리머에게 물었다. "다른 사람을 응원할 것인가, 다른 사람의 응원을 받을 것인가?" 크리머는 바로 치어리더를 그만두고 골프에 전념했다. 크리머는 주인공이 되기를 원하는 선수다.

연장전 도중 제임스강 쪽으로 진 해가 동쪽에서 떴다. 이튿날 아침이 왔다. 쌀쌀했는데 관중은 많았다. 크리머가 어제처럼 먼저 티샷을 했다. 16번 홀은 405야드의 내리막 파4홀이다. 신지애가 좀더 공격적으로 티샷을 했다. 페어웨이 오른쪽 페어웨이 벙커 근처로 질러갔다. 크리머보다 20야드쯤 홀에 가까웠다. 크리머는 롱아이언으로 쳐야 했기 때문에 그린사이드 벙커 뒤에 있는 핀을 직접 보고 쏘지 못했다. 그의 샷은 그린에 올라가긴 했지만 약간 짧았다. 핀과 거리가

15m 정도가 남았다. 신지애는 벙커 너머에 있는 핀을 직접 보고 쐈다. 크리머보다 훨씬 홀에 가까운 곳에 섰다.

크리머의 버디 퍼트의 방향은 매우 정확했다. 10여 미터 떨어진 곳에서 쳤는데도 홀 바로 옆을 스쳤다. 그런데 좀 지나갔다. 신지애의 버디 퍼트는 내리막 4m였다. 거리는 얼추 맞았지만 오른쪽으로 두 뼘 정도 흘렀다. 폴라 크리머가 신지애의 라인을 유심히 봤다. 크리머의 내리막 1.2m 파 퍼트는 오른쪽 홀 컵에 맞더니 왼쪽으로 돌아 나가 버렸다. 크리머는 패배를 알았다. 그는 고개를 절레절레 흔들더니 그린 구석으로 가서 짝다리를 짚은 채 신지애의 파 퍼트가 들어가는 걸 봤다.

마라톤은 끝났다. 신지애는 파 퍼트를 넣은 뒤 양팔을 활짝 벌려 승리를 자축했고 로드리게스와 오래 포옹했다. 신지애는 이 순간을 기다렸다. "지난 몇 년 동안 너무 힘들었다. 올해 수술을 했는데 우승이 이렇게 빨리 올 줄 몰랐다"고 했다. 그는 또 "오랜만에 아버지가 왔는데 이 우승을 아버지에게 바친다"고 했다. 신지애의 아버지가 그린 주위에서 웃고 있었다. '그럼 그렇지. 내가 왔으니 네가 우승을 하지'라는 표정이었다.

신지애는 우승 상금 19만 5천 달러를 받았다. 자신의 LPGA 아홉 번째 우승이자 2012년 한국선수의 여섯 번째 우승이었다.

LPGA 투어에서 가장 길었던 연장은 1972년 기록된 10홀 연장이었다. 이때는 세 명의 선수가 겨뤘다. 두 선수 간의 연장전 중에선 2004년 다케후지 클래식이 가장 길었다. 크리스티 커가 한국의 전설 안(은퇴)에게 7홀 만에 이긴 경기였다.

연장전에서 패한 후 고개를 숙이고 있는 폴라 크리머.
ⓒ 현수 레오 김

- **골프는
  공정하지 않다**

정규경기 마지막 홀에 3퍼트로 우승을 놓친 크리머는 아홉 번째 연장에서도 3퍼트로 우승을 내줬다. 크리머는 눈물을 글썽거렸다. "이런 아픔은 처음이다. 6번 홀과 18번 홀은 너무나 아까웠다. 오늘 일을 생각은 하겠지만 너무 오래 하진 않겠다. 빨리 잊어버리겠다"고 했다.

크리머로선 운이 나빴다. 6번 홀에서 두 번째 샷이 카트 도로에 맞고 터널로 들어가는 바람에 더블보기를 한 것이 그랬고, 정규경기 18번 홀에선 버디 퍼트한 공이 홀에 스치면서 스피드가 붙어 홀에서 멀어졌다. 만약 홀을 스치지 않았다면 파를 할 수 있는 가까운 곳에 섰을 테고 연장전을 할 이유도 없었을 것이다. 그러나 그게 골프다. 잭 니클라우스는 "골프는 공정하지 않고 그 사실을 극복해야 하는 것이 골프가 어려운 이유다"라고 갈파했다.

실력에 큰 차이가 없는 정상급 선수들 사이에서는 공이 어디로 튀는지가 우승자를 결정하는 요소가 될지도 모른다. 그러나 인생도, 골프도 공정하지 않다. 누구는 부잣집에 태어나고, 누구는 좋은 몸을 가지고 태어난다. 신지애는 가난한 집에서 작은 키로 태어났다. 크리머는 '은숟가락을 입에 물고' 태어났다. 키도 크고 몸도 유연하다. 골프하기에 가장 좋은 환경을 가진 캘리포니아에서 자랐다. 그는 LPGA 최고의 공주로 오랫동안 지냈다.

킹스밀 혈투는 한국에서도 큰 화제가 됐다. AGB닐슨에 따르면 신지애가 우승을 하던 순간 골프전문채널인 J골프의 순간 시청률은

1.249%였다. 111개 케이블 채널 중 1위였다. 골프 채널이 1%가 넘는 시청률을 기록하는 것은 흔치 않은 일이다. 신지애는 "내가 고생하는 동안 시청자들이 즐거웠으리라 생각한다"고 말했다.

신지애는 킹스밀 리조트 인근의 윌리엄스버그 한식당에서 점심을 먹고 오후 4시, 브리티시 여자오픈에 가기 위해 비행기를 타고 영국 맨체스터로 날아갔다. 크리머도 함께 갔다. 신지애는 "무리했으니 이번 주엔 경기 전까지 컨디션을 다시 돌려놓는 데 집중하겠다"고 했다. 9홀 연장에 지친 그는 브리티시 여자오픈의 강풍 속에서 9타 차 승리를 거둘 것을 예상하지 못했으리라.

우승컵을 들고 있는 신지애.
ⓒ 현수 레오 김

## 3

Naples, Florida

### 빅애플의 독립

\# 네이플스
CME 타이틀홀더스

- **귀족대회의 명암**

11월 늦가을이지만 플로리다주 네이플스의 햇볕은 따가웠다. 최저 기온이 18도, 낮 기온은 30도 정도였는데 습도가 높아 더욱 더운 느낌이 나는 곳이다. 네이플스는 플로리다 반도의 남서쪽 멕시코만에 자리 잡은 휴양도시다. 이탈리아 나폴리(미국식 발음은 네이플스다)의 이름을 딴 이 백인 부자동네는 해변이 아름답고 플로리다 늪지대를 그대로 보존한 에버글레이즈 국립공원의 입구여서 관광객으로 붐빈다. 골프장 이용료도 비싸다. CME 타이틀홀더스가 열린 트윈이글스 골프장은 챔피언스 투어를 개최하기도 했다.

CME 타이틀홀더스는 LPGA 투어 시즌 최종전이다. 이전 최종전이었던 투어 챔피언십을 계승했는데 흥미를 위해 변화를 줬다. 144명이 참가하는 풀 필드full field 대회가 아니다. 그 해에 열린 매 경기에서 3명씩 출전권을 받는다.

선수들은 이런 변형대회를 반기지만은 않는다. 일단 출전자 수가 적다. 평범한 선수들은 무조건 144명 대회를 원한다. 2012년 CME 타이틀홀더스는 73명이 출전했다. 일반대회라면 대회에 나왔을 75명이 이 주에는 실업자가 된다. LPGA는 시즌 초 아시아대회에 상금랭킹 상위 선수만 나간다. 또 가을 아시아대회에도 상위권 선수들만 출전 자격이 있다. 일반 선수들은 시즌 중간 미국에서 열리는 대회 10여 개에만 참가할 수 있다. 나비스코 챔피언십, 에비앙 마스터스 등 상금 많은 몇몇 대회도 출전자 수가 적다. 평범한 선수로선 훨씬

트윈 이글스 골프장이 가진 그린. 네모반듯한 그린들이 더러 눈에 보인다.

더 적은 대회에서 상금을 쌓아야 하는 불리함이 있다. 기량이 특출하지 않은 선수는 50위 이내에 들어가기가 쉽지 않다.

정상급 선수들은 상관하지 않는다. 다른 선수들 때문에 내색은 하지 않지만 속으로는 이런 '귀족대회'를 더 반긴다. 참가선수 인원이 적을수록 우승 가능성이 더 크기 때문이다. 꼴찌를 해도 어느 정도 상금을 받을 수 있는 매치플레이 챔피언십 같은 대회는 상위권 선수들에겐 보너스 같은 것이다. A급 선수들이 투어카드를 유지하는 데 도움을 주고 하위권 선수들과의 간격을 벌려준다. 골프는 빈익빈 부익부가 가장 심한 냉혹한 스포츠다.

상위권 선수와 일반 선수의 시즌의 길이도 다르다. 2013년의 경우 상위 선수들은 1월 초에 시즌이 시작해 11월 24일까지 간다. 하위 선수들의 시즌은 3월에 시작해 8월 말로 끝이다. 한국선수들의 에이전트를 하는 양영의 씨는 "잘 쳐야 많은 대회에 나가는 것이 당연하지만 평범한 선수들의 시즌이 너무 짧다. 일반 선수들이 9월에 시즌을 끝내고 한국에 들어가는 것을 보면 안쓰럽다"고 말했다.

TV는 대환영이다. 팬들이 잘 모르는 낯선 선수의 우승 가능성을 원천봉쇄한 대회이고 스타급 선수들만을 보여줄 수 있어서다. 마스터스는 일종의 이런 귀족대회다. 출전 선수가 100명 이하여서 타이거 우즈나 필 미켈슨 같은 스타 선수가 돋보일 가능성이 크다. 실제로 스타 선수들이 많이 우승한다. 일반팬들도 그래서 마스터스를 좋아한다. 그러나 누구에게나 문을 열고 가장 뛰어난 선수가 최고의 자리에 오르는 챔피언십의 이상과는 맞지 않는다.

타이틀홀더스는 상금 분배도 변형이어서 우승자에게 몰아준다.

LPGA는 우승 상금이 대체로 총상금의 15%이다. CME 타이틀홀더스는 총 상금이 150만 달러인데 그중 3분의 1인 50만 달러가 우승 상금이다. 일반 대회보다 우승 상금 비율이 2배가 넘는 셈이다. 우승 상금만으로 보면 US 여자오픈 다음으로 많은 대회다.

### 악어가 헤엄치는 골프장 호수

코스는 특이하다. 코스 내에 크고 작은 호수가 26개나 있다. 더러 악어도 보였다. 늪과 호수가 많은 남부 플로리다의 지형을 코스에 구현하려고 한 것 같다. 골프장에서 물은 가장 두려운 해저드다. 트윈이글스의 워터해저드는 플레이어에게 위협적인 해저드가 아니라 경치를 좋게 하는 미관용 호수 쪽에 더 가깝다. 손님들에게 스트레스 줘서 좋을 것이 없기 때문에 휴양지의 골프코스는 일반직으로 어렵지 않다. 호수는 대부분 페어웨이 왼쪽에 멀찍이 떨어져 배치되어 있었다. 오른쪽으로 슬라이스를 내는 오른손잡이 골퍼들을 배려해 왼쪽에 물을 만든 것이다. 신지애는 연습라운드를 돌아본 뒤 "코스에 물이 있었나요?"라고 농담을 했다. 물이 플레이에 전혀 지장을 주지 않을 정도로 멀리 떨어져 있다는 얘기다.

그린은 예사롭지 않다. 정사각형, 직사각형, 삼각형에 자동차 와이퍼의 유리창 닦는 모습처럼 생긴 그린도 있다. 사각형 그린에 엄지손가락을 누른 것 같은 모양의 '지문' 그린도 있다. 그린과 페어웨이의 경계는 곡선보다 직선이 더 많고 90도로 꺾인 모양도 자주 볼 수 있다. 유선영은 "이런 각진 그린은 처음인데 우습기도 하고 놀랍기도 하다"고 말했다. 각진 그린은 일반적인 둥글넓적한 그린보다는 어렵다. 유소연은 "그린 경계가 직선인데다 포대 그린이어서 조금만 실수를 해도 에누리 없이 20~30야드 밖으로 굴러가는 곳이 많아 조금 더 긴장된다"고 말했다.

설계자는 스코틀랜드의 클래식한 링크스 골프장을 추종하는 자연주의 골프 설계가로 알려진 스티브 마이어스다. 미국 100대 코스를 여러 개 설계한 그는 이런 그린이 오히려 더 자연스럽다고 주장한다. 그는 "3번 홀 그린은 골프장의 구석에 있어 삼각형이 지형에 어울리는 디자인이며 나머지 홀도 원래 지형과 맞게 설계했다"라면서 "이런 기하학적인 그린은 둥그런 그린보다 다양한 앵글이 나오고 같은 홀이 핀 위치에 따라 완전히 다른 홀이 된다"고 설명했다. 각진 홀들은 또 선수들을 정신적으로 위축되게 만들 수도 있어 뛰어난 샷과 그렇지 않은 샷을 테스트하기에 더 적당하다. 마이어스는 "아마추어

골프장의 악어. 사람 근처에 거의 접근하지 않는다. 그러나 악어에 다리가 잘린 골퍼도 있다.

골퍼들은 자신의 능력에 맞게 타깃을 정해 샷을 할 수 있기 때문에 더 다양한 재미를 느낄 수 있다"고 했다.

마이어스는 2013년부터 메이저대회가 되는 에비앙 마스터스의 에비앙 골프장을 재설계하는 일을 맡았는데 "대회의 품격에 맞도록 뛰어난 코스로 탈바꿈시키겠다"는 게 그의 포부다. 특히 마지막 4개 홀에 '에비앙의 퍼즐'이라는 이름을 붙인 환상적인 홀을 만들 계획이다. 선수들은 "마이어스가 에비앙에 별 모양 같은 정말 특이한 그린을 만들면 어떻게 하느냐"며 농담을 했다.

- **성공한 골프대디
신제섭 씨**

연습라운드가 열린 14일. 연습 그린 밖에서 신지애의 아버지 신제섭 씨가 딸의 피트를 보고 있었다. 노란색 티셔츠를 입고 벗겨진 모자를 쓴 신 씨는 무척 여유로워 보였다. 신 씨는 "지애가 부상 후 여러 차례 챔피언조에서 경기하고도 우승을 못했는데 내가 돌아온 후 2번이나 우승했다"면서 함박웃음을 지었다. 그는 성공한 골프대디다.

박세리가 1998년 US오픈에서 우승했을 때 가장 큰 영감을 받은 사람들은 세리키즈들이 아니다. 엄밀히 말하면 그 부모들이 박세리의 맨발의 투혼에서 가슴 울렁이는 감동을 느꼈다. IMF 외환위기 때 '국민영웅'으로 불리며 부와 명예를 얻은 박세리처럼 "우리 딸도 그렇게 키우겠다"는 강한 자극을 받았다. 신지애는 한 방송사의 프로그램에 출연해 "박세리 아버지가 한밤 공동묘지 담력훈련을 시켰다는 얘기를 듣고 아버지가 나도 밤에 묘지에 다니게 했다. 그런데 세리 언니에게 물어보니 한밤 공동묘지 담력훈련은 한 적이 없다고, 와전된 이야기라고 하더라"고 말했다.

박세리의 공동묘지 훈련이 사실이든 아니든, 세리키즈 부모의 롤 모델은 박세리의 아버지 박준철 씨였다. 신지애의 아버지 신제섭 씨와 최나연의 아버지 최병호 씨가 가장 대표적인 성공한 골프대디다. 그들은 딸을 훌륭한 골퍼로 만드는 데 청춘을 보냈다. 1세대 골프대디인 박준철 씨보다 2세대인 그들이 세련되고 더 열심히 공부한 것으로 보인다. 그들은 매우 뛰어난 전략가다.

신제섭 씨는 신지애가 폴라 크리머와 9차 연장 끝에 승리한 '킹스밀 혈투'의 승리 비결을 이렇게 해석했다. "8개 홀 연장 사투를 벌이고 일몰로 경기를 끝내지 못해 새벽이슬 속에서 치른 9번째 연장 홀에서 지애의 드라이브샷이 20m 정도 더 나갔다. 8차 연장까지 두 선수의 드라이버 샷 거리는 비슷했지만 9차에서 크게 차이가 났다. 크리머는 롱아이언을 써서 공이 튕겨 나갈 것을 우려해 짧게 칠 수밖에 없었고 지애는 미들아이언으로 공을 세웠다. 거기서 승부가 났다. 지애는 기나긴 연장전을 마친 후에도 더 철저히 준비했고, 그래서 이겼다."

신 씨는 "골프는 머리와 작전, 철저한 준비로 하는 게임"이라는 신념을 가지고 있다. 올해 신지애의 2승도 작전의 승리였다고 풀이했다. 오래 전에 중퇴한 전남대 수의학과에 복학해 만학의 꿈을 키우던 신 씨는 올 여름 휴학계를 내고 미국으로 건너왔다. 자식뻘 되는 젊은 학생들과 공부하는 것이 재미가 없었다는 것이 명분이었지만 한때

성공한 골프대디 신제섭 씨.

최종라운드에서 강해 '파이널 퀸'이라는 말을 들었던 딸이 올해 4경기에 챔피언조로 나가 한 번도 우승을 하지 못한 것도 중요한 이유였다. 그는 딸을 위해 LPGA 무대 임시 복귀를 선택했고, 킹스밀 경기장에 나타나자마자 신지애는 역전 우승을 했다. 강풍이 불던 브리티시 여자오픈에서 신지애는 9타 차 우승을 차지하면서 과거의 위용을 회복했다.

킹스밀 챔피언십에 대한 그의 심층 분석이다. "지애는 8시간이 걸린 최종라운드를 하면서 몸이 파김치가 됐으나 다음날 아침 몸이 완전히 풀린 상태에서 경기를 했다. 내가 딸 때문에 생리학도 공부했다. 일어나서 3시간 후가 사람의 몸이 가장 좋을 때다. 8차 연장 경기가 끝나자마자 지애는 간단히 식사를 하고 마사지를 받고 푹 잤다. 경기 시작 3시간 전에 일어나 마사지와 스트레칭으로 몸을 완전히 푼 상태에서 티샷을 할 수 있었다. 그래서 날이 쌀쌀했는데도 제 거리가 다 나왔다."

크리머도 경기 시작 3시간 전에 일어났겠지만 몸 상태가 완전하지는 않았다고 신 씨는 분석했다. 신 씨는 "지애는 잠을 잘 자기 위해 경기 중에는 쌀을 먹지 않는다. 야채 위주로 식사를 한다. 잘 때 속이 더부룩하면 잠이 잘 오지 않고 스윙하는 데도 거북할 수 있기 때문이다"라고 분석했다. 신지애는 철저하게 준비된 상태로 9번째 연장을 치를 수 있었다는 얘기다.

브리티시 여자오픈 우승도 치밀한 작전의 승리였다고 한다. "바람이 엄청나게 불었기 때문에 지애는 경기 내내 하프 스윙만 했다. 폴로 스로틀 샤프트가 지면과 평행한 정도에서 멈췄다. 뒷바람이 불 때 공을 띄워서 멀리 보내려는 욕심이 났겠지만 끝까지 참고 하프스윙으로 버텼다. 하프스윙과 풀스윙의 거리 차이는 10m 정도에 불과한데 정확도는 상당히 차이가 난다. 다른 선수들은 세게 치려다 러프에 공이 들어가면서 기회를 잃었다."

신제섭 씨의 골프 노하우는 최고다. 신 씨는 "지금은 아니지만 지애를 가르치던 과거 10년 동안 하루 24시간 내내 어떻게 하면 한 타라도 줄일 수 있을까 고민했다"고 말했다. 무작정 사람들의 말을 따라 듣는 것이 아니라 왜 그런지 생각하고 공부했다. 효율적으로 연습을 하기 위한 연습 기구에도 관심이 많았다. 자신이 고안한 연습 기구를 목공소나 철공소에 가서 만들어서 먼저 실험을 해보고 딸이 이용하게 했다. 레슨 방송과 잡지를 주의 깊게 보고, 골프 전시회 등에 가면 새로운 스윙 보조기구를 구입해 연구했다. 그는 "고안해 놓은 여러 가지 연습 기구가 있고, 내 노하우를 책으로 만들지를 고민하고 있다"고 했다.

그는 딸을 가르치면서 웬만한 레슨 프로들보다 훨씬 더 풍부한 노하우를 가지게 된 것으로 보인다. 그가 가르쳐 준 몇 가지 팁이다.

파3홀에서는 가능하면 핀의 오른쪽을 겨냥하는 것이 좋다. 내리막과 슬라이스 라인의 퍼트가 어려운데 오른쪽을 겨냥하면 이런 퍼트를 줄일 수 있다. 이유는 이렇다. 대부분 파3홀의 그린은 뒤쪽이 높다. 핀 오른쪽에서는 훅라인의 퍼트, 왼쪽에서는 슬라이스 라인 퍼트가 나온다. 오른쪽에서 퍼트가 들어가지 않더라도 길면 다음 퍼트는 오르막, 혹은 짧으면 또 다시 훅라인의 퍼트를 남기게 된다. 핀 오른쪽으로 가면 대부분 2퍼트로 홀 아웃을 할 수 있다는 얘기다. 핀의 왼쪽에서는 슬라이스 라인의 퍼트를 해야 하고 들어가지 않으면 또 다른 슬라이스 퍼트를 하게 될 가능성이 크다. 그가 오랫동안 딸의 캐디를 하면서 경험적으로 확인한 결과라고 한다.

샤니의 설은 내부분 물 쪽으로 기울어졌다고 아는데 반드시 그렇지는 않다는 게 신 씨의 견해다. "그 짧은 잔디가 기울어지면 얼마나 기울어졌겠느냐"는 것이다. 그린 경사 파악에 해저드보다 중요한 기준은 벙커다. 설계자에게 그린의 배수는 중요한 문제다. 특히 벙커에 물이 고이는 것은 반드시 피해야 한다. 물이 들어가지 못하도록 벙커 쪽의 그린이 다른 곳보다 높다. 해저드 쪽이라도 벙커가 있다면 그쪽은 높은 지역이라고 봐야 한다는 것.

그는 설계자의 입장에서 생각해야 골프코스를 제대로 이해할 수 있다고 말한다. 신 씨는 "설계자는 코스를 만만히 보지 못하도록 3개 홀 정도는 커다란 함정을 파놓는다"고 했다. 그 3개의 홀에서는 함정을 피하는 것을 먼저 명심해야 하며 버디가 아니라 파를 잡는 데 집중해야 한다고 강조했다. 또 설계자는 3개 홀 정도는 쉬운 홀을 주는데 이 홀에서는 적극적으로 버디를 노려야 한다고 역설했다.

'프로 라인'과 '아마추어 라인'에 대해서도 그는 설명했다. 프로 라인은 훅이나 슬라이스 라인에서 공이 홀을 지난 후 홀 쪽으로 휘어짐을 말하고 아마추어 라인은 홀에 도달하기 전에 홀 쪽으로 휘어지는 것을 일컫는다. 그는 "아무도 이유를 설명하지 못해 혼자서 연구했다"고 말했다. 공이 홀에 살짝 스치게 될 경우 홀 쪽으로 다가가는 프로 라인 볼은 들어갈 가능성이 크고, 홀 반대쪽으로 흐르는 아마추어 라인은 들어가지 않을 가능성이 높다는 것이 그의 분석이다. 들어가지 않더라도 프로 라인으로 빠질 경우 홀 근처를 지나가기 때문에 홀 주위의 경사를 파악할 수 있다. 반대로 아마추어 라인으로 빠지는 경우 홀 주위 경사를 알기 어렵다. 프로 라인은 2퍼트가 충분히 가능하지만 아마추어 라인은 3퍼트 가능성이 높아진다는 설명이다.

퍼트시 헤드업 고질병이 걸린 선수를 고쳐준 얘기도 했다. 신 씨는 눈동자로 공을 확인하라고 했더니 쉽게 문제를 해결했다고 했다. "'공의 홀인 여부를 귀로 확인한다'는 격언이 있는데 공이 들어가지 않으면 전혀 소리가 나지 않고 그동안 머리를 고정하는 것이 쉬운 것이 아니"라고 그는 말했다. 머리는 고정한 상태에서 눈동자를 돌려 공을 보고 더 이상 보이지 않을 때 고개를 돌리면 헤드업을 방지할 수 있다고 했다.

- **NASA의
쇼트게임**

신제섭 씨가 골프 이론에 완전히 정통한 것은 아니다. 예를 들어 프로 라인과 아마추어 라인의 원리는 아무도 설명하지 않은 것은 아니다. 이 말은 필 미켈슨의 쇼트게임 지도자이자 퍼트와 쇼트게임 연구가로 쇼트게임의 아버지로 불리는 데이비드 펠즈가 만들었다. 대학에서 물리학을 전공한 그는 1961년부터 미국항공우주국NASA에서 인공위성 개발의 선임연구원으로 일했다.

과학자로 성공했지만 그의 가슴 한쪽에는 한이 있었다. 그는 대학시절 골프선수로도 활약했는데 크게 빛을 보지 못했다. 실력이 안 됐다. 그가 다니던 인디애나대학과 잭 니클라우스가 다니던 오하이오 주립대는 빅10 리그에 속해 있었다. 매년 매치플레이 대회가 열린다. 펠즈는 니클라우스에게 무려 22번이나 패했다. 그는 자신의 문제점이 쇼트게임이라고 신난했나.

1970년부터 펠즈는 쇼트게임을 연구하기 시작했다. 1975년 휴직을 하고 골프 공부에 전념하다가 이듬해 아예 사표를 냈다. 쇼트게임에 관해 그는 매우 분석적이고 집요했다. 3년 이상의 데이터 집적과 연구를 통해 모든 샷의 60% 이상이 100야드 이내의 쇼트게임이라는 사실을 알아냈다. 또 쇼트게임이 좋은 선수가 가장 많은 돈을 버는 사실도 수치로 확인했다. 프로선수들은 100야드보다 먼 거리에서 샷 실수가 7%였는데 100야드 이내에서는 16~20%인 점도 발견했다. 펠즈는 퍼터와 웨지의 스윙 메커니즘에 대해서도 깊이 연구하고 발명도 했다. 그는 《쇼트게임 바이블》과 《퍼팅 바이블》이라는 책을 냈다.

그가 프로 라인, 아마추어 라인이라는 이론을 만들어 낸 이유는 이렇다. 프로골퍼를 포함한 대부분의 골퍼는 그린에서 브레이크를 실제보다 훨씬 적게 본다. 실제 브레이크의 35% 정도만 본다. 그래서 홀에 도달하기 전에 공이 휘어버리는 것이다. 그것이 아마추어 라인이다. 무의식이 그렇게 만든다고 펠즈는 주장했다. 골퍼는 눈앞에 홀이라는 타깃을 명확히 보고 있다. 왼쪽이나 오른쪽으로 충분히 브레이크를 보고 치려고 해도 홀은 눈에 보이고, 그래서 무의식이 이를 방해한다는 것이다. 그래서 아마추어의 퍼트 중 90% 이상이 홀에 가기 전에 휘는 결과를 낸다. 프로도 아마추어 라인으로 실수하는 경우가 더 많다. 퍼트를 매우 잘 하는 박인비는 무의식을 잘 누르고 정렬을 잘 하는 선수라고 평가된다.

프로 라인으로 공이 진행하면 또 다른 장점이 있다. 공이 홀에 접근할 때 프로 라인은 높은 곳에서 낮은 곳으로 내려온다. 중력의 도움을 많이 받는다. 아마추어 라인으로 내려갈 때는 홀이 공보다 높은 곳에 있다. 중력의 도움을 받기가 어렵다. 프로 라인이 훨씬 공이 홀에 들어갈 가능성이 높다.

펠즈의 이론은 신제섭 씨가 경험적으로 생각해 낸 프로 라인, 아마추어 라인과 똑같지는 않지만 결과적으로 큰 차이는 없다. 신 씨는 끊임없이 연구했기에 신지애는 그를 존중하고 그의 말을 따른다. 그러나 무조건 부모를 따르는 것은 바람직하지 않다고 신 씨는 말했다. 자신이 딸의 캐디를 하다가 그만 두게 된 이유도 그 때문이었다. "한국에서 프로 2년차 때다. 내리막 그린인데 지애가 공을 띄워 쳐 그린을 넘기더라. 왜 그랬냐고 했더니 '핀이 뒤에 있으면 띄워 치라고 아버지가 가르치지 않았느냐'고 하더라. 여러 상황에 적응하지 못하고 기계적으로 외워서 경기하는 것이 바람직하지 못하다는 생각에 그날로 캐디를 그만뒀고 이후 지애는 독립적으로 판단할 수 있는 능력을 키웠다"고 신 씨는 말했다. 아직도 똑같은 실수를 거듭하는 선수를 볼 때 그는 안타깝다고 한다.

신 씨도 풀지 못한 미스터리가 있다. "바람이 많아 어렵던 브리티시 여자오픈에서 혼자 언더파를 치는 것을 보고 지애가 나머지 대회도 쉽게 우승하리라고 기대했는데 그렇지 못한 걸 보면, 또 올 초까지 청야니가 모든 경기를 휩쓸 것처럼 보이다가 망가지는 것을 보면 골프는 참 어렵다"고 신 씨는 말했다.

신지애는 세계랭킹 1위를 지낸 최고로 성공한 골퍼이고 신제섭 씨는 골프대디들이 가장 닮고 싶어 하는 존재다. 최고의 골퍼와 최고의 골프대디로 멋지게 살아왔다. 그러나 둘 사이도 동화처럼 아름답기만 했던 건 아니다. 상당수의 선수들이 부모의 강압적인 교육에 청소년기를 빼앗겼다고 생각한다. 모든 생명체가 그렇듯 골프선수도 성체가 되면 부모와 떨어지는 것이 당연하다. 여자 선수들은 남자 선수들에 비해 부모와 잘 지내는 편이지만 갈등은 만만치 않다.

몇 년 전만 해도 미국은 물론 한국에서 뛰는 유명 선수 중에서도 아버지에게 "경기장에 오지 마시라. 만약 아버지가 경기장에 오면 일부러 보기를 하고 컷탈락하겠다"고 반항하는 선수가 더러 있었다. 또 지나치게 자식을 편들다 부모끼리 싸움이 나는 경우도 흔했고, 골프장에서 부모가 너무 나서는 바람에 스폰서로부터 부모가 경기장에 나타나지 않는 조건으로 선수와 계약하는 경우도 있었다. 또 경기장에서 아버지가 선수를 혼내서 다른 선수들의 눈총을 받는 일이 왕왕 생겼다.

현재 LPGA 투어에서 뛰는 선수들의 아버지들은 1세대 골프대디와는 매우 다르다. 훨씬 더 세련되고, 글로벌 문화를 이해한다. 멀리서 보고 응원하는 정도다. 또 아버지들은 이제 거의 투어에 따라 다니지 않는다. 아버지가 캐디를 하다 물의를 일으키는 경우도 있었는데 현재는 전혀 없다. 2013년 LPGA 선수 가운데서 한국인 아버지 캐디는 최운정 선수가 유일하다. 아버지가 원해서가 아니라 딸이 원해서다.

- **부모에게 독립선언한 최나연**

LPGA에서 골프대디들이 뒤로 물러난 것은 최나연 선수가 계기가 됐다. 최나연은 2008년 LPGA에 조건부 시드로 발을 들여놨다. 출전 기회가 많지 않은 조건부로 시작해서 그해 상금랭킹 11위를 했으니 매우 좋은 성적이었다. 그러나 2위를 여러 번 했다. 최나연은 "지금 돌이켜보면 아주 잘했다. 그런데 칭찬을 받지 못한 것 같다. 특히 부모님과 미디어, 팬들, 스폰서가 크게 기대하셔서 그런 것 같다. 칭찬을 받지 못해 스트레스가 컸다. 잘했는데도 그러니까, 못했을 때는 부모님과 사이가 안 좋아졌다. 그래서 독립을 꿈꾸었다"고 말했다.

그는 부모님을 가장 사랑한다. 그래서 부모님과 떨어졌는지도 모른다. "가장 괴로웠던 것은 나의 성적에 따라 부모님의 걸음걸이가 달라진다는 점이다. 지금도 다른 한국선수들의 부모님을 보면 그걸 느낀다. 선수가 버디를 하면 걸음에 힘이 넘치고, 보기를 하면 다리에 힘이 없어 보인다. 신경 쓰였다. 가족이니까 아무래도 자꾸 그 생각을 하게 되고, 신경 쓰이니까 계속 부끄러운 마음이 생기고, 부모님이 왜 나 때문에 여기까지 와서 이 고생하시나 했다."

최나연은 2009년 6월 독립을 선언했다. 최나연의 부모님이 화를 많이 내셨다고 한다. "'네가 어떻게 나한테 그럴 수 있느냐'라고 부모님이 그러셨다. 나도 겁이 났다. 이 나라에서 내가 혼자 어떻게 여행하고 살아갈 수 있을까 걱정이 됐다. 그러나 해야 했다. 그렇지 않으면 2등 징크스를 벗어날 수 없을 것 같았다. 막상 혼자 여행하다 보니 재미가 있었다. 말도 안 통하고, 어디가 어디인지 정확히 알지도 못하는데 인비, 송희 등 친구들하고 다니면서 대회에 나가고 연습을 하고 쇼핑도 하고 영화도 봤다. 영어를 알아듣지도 못해서 액션 영화밖에 보지 못하는데도 재미있었다. 경기 끝나면 골프를 생각하지 않았다. 방에 들어가면 친구들과 골프 얘기는 전혀 안 하고 버너로 누가 밥하고 누가 빨래하고 순번을 정하고 그렇게 여행했다."

LPGA 투어에서 부모님을 집으로 돌려보낸 선구자가 최나연이었다. 당시만 해도 대부분의 선수들이 부모님과 함께 여행했다. 다른 부모들은 "아버지 어디 가셨니?"하고 물었다. 최나연은 "한국에 가셨어요. 이제 저 혼자 투어 다닐 거예요"라고 대답했다. 다른 부모들은 금방 최나연의 부모가 돌아올 걸로 여겼단다. 워낙 여행이 힘들기 때문이다. 최나연은 "우리 부모님도 그런 생각으로 돌아갔을 것"이라고 했다. 그런데 2009년 6월에 혼자 여행을 시작한 후 3개월 만인 9월 삼성월드챔피언십에서 우승했다. 최나연은 말한다. "그때 부모님이 통화하면서 '이제야 네가 왜 혼자 투어를 뛰겠다고 했는지 이해하겠다'고 하셨다. 그 3개월 동안 부담이 엄청났다. 내가 더 잘해야 했기 때문이다. 안 좋은 소문도 돌았다. '나연이가 연습하기 싫어 일부러 부모를 보냈다'는 거다. 하루는 엄마한테 전화가 왔다. '요새 연습 잘 안 해?'라고 물었다. 그래서 '엄마 나 못 믿어?'라고 대답했다. 그러니 엄마는 '자꾸 그런 얘기가 들려서. 엄마가 너 못 믿었으면 한국으로 오지 않았겠지'라고 하시더라. 그래서 내가 더 열심히 했다. 못하면 부모님이 다시 오실 수밖에 없으니까. 부모님과 떨어진 후 더 열심히, 더 열심히 했다. 연습은 더 열심히, 쉴 때는 더 재미있게 쉬었다."

다른 부모는 자식과 떨어지는 것이 불안했다. 어릴 때부터 자식을 데리고 다니던 관성을 깨기도 어려웠다. 그래서 "혼자서는 힘들 걸"이라면서 은근히 최나연이 잘되지 않았으면 하고 기대하는 분위기도 있었다. 최나연은 골프대디들에겐 일종의 '공공의 적'이었다. 최나연은 "내가 다른 부모님을 만나면 물어본다. '대회장에 안 오세요?'라고. 그러면 '네가 LPGA에 부모님들 못 오게 하잖아'라고 농담을 하신다"고 말했다. 아직도 "부모님과 떨어져서 우승할 수 있었다"는 최나연의 말에 대다수의 골프대디들은 기분이 상한다. 그러나 껍질을 깨지 않으면 새는 날아오를 수 없다.

문제는 모든 새가 껍질을 깨고 나와 혼자 날지는 못한다는 점이다. 여러 선수가 최나연을 명분으로 부모님과 독립했는데 이후 오히려 성적이 떨어진 선수들도 있다. 최나연에게 다른 선수들이 물어봤

부모에게 독립선언한 최나연.

다. "독립하면 잘 칠 수 있느냐"고. 최나연은 "그렇다고 말하기는 어렵다. 독립도 타이밍이 굉장히 중요하다. 성적이 떨어지는, 안 풀리는 추세라면 주변에 누가 있어서 도와줘야 한다. 혼자 할 수 있겠다, 할 수 있다 라는 마음을 먹을 때 독립해야 한다"고 말했다. 그가 말한 독립의 성공 조건 타이밍이다. 더 중요한 건 선수들의 의지다.

최나연의 아버지 최병호 씨도 1세대 골프대디를 본받아 강한 편이다.

"처음에는 혼도 많이 났다. 초중고 때는 무서운 호랑이 감독 같았다. 연습장에서 일곱 시간, 열 시간 아무 말 없이 내가 연습하는 것을 지켜보신다. 화장실 갈 때만 잠시 쉴 뿐이었다. 무섭게 감독하는 그런 분으로 알았다. 그런데 2009년 삼성월드챔피언십에서 멘탈 코치인 피아 닐슨 등을 처음 알게 됐고, 10월에 올랜도 시합에서 피아 닐슨을 다시 만났는데 피아 선생님이 아빠랑 얘기해보고는 '네 아버지가 이미 내 책을 다 읽으셨더라'고 하더라. 나도 모르는 사이에 아빠도 좋은 부모의 행동이 뭔지를 연구하고 공부했던 것 같다. 그래서 독립을 얘기했을 때 허락을 하셨고, 심리치료를 받겠다는 내 뜻도 허락했고, 트레이너와 영어 선생님을 고용하겠다는 계획도 허락하신 것 같다. 사실 돈이 많이 든다. '굳이 이렇게 해야 하냐'고 반대할 수 있다. 주위에서는 뭣 하러 그러냐고 한다. 그러나 부모님은 한 번도 그런 얘기를 한 적이 없다. '내가 편하면 그렇게 하라'고 하셨다. 부모님이 골프 쪽으로 많이 공부하셨기 때문에 허락하신 걸로 본다."

최병호 씨는 이제 골프 얘기를 거의 안 한다. "독립 전에는 연습장에 따라오셔서 항상 연습하는 모습을 보시고 깊숙한 스윙 얘기는 아니더라도 어드레스 정도의 기본적인 것은 지적하셨다. 퍼트에 대해서는 특히 많이 얘기하셨다. 독립 후 지난 3년 동안은 아예 골프 얘기를 안 하신다. 레슨 때도 한 번도 안 오신다. 올랜도에 가끔 놀러 오시지만 연습장 간다고 하면 캐디백만 차에 실어주시고 골프 얘기는 안 하신다."

10여 년 동안 딸의 골프를 만든 최 씨가 지금도 얼마나 간섭하고 싶을까. 최나연은 "지금은 안 그런 것 같다. 처음 독립했을 때는 모르겠지만…"이라고 말하며 웃었다.

# I round
## 유선영, 유소연 66타로 공동선두

1라운드에서 두 명의 유 씨 낭자가 나란히 6언더파 66타를 치면서 공동 선두로 나섰다. 유선영과 유소연이다. 수잔 페테르센과 함께 공동 선두였다. 메이저 우승 경력을 가진 두 유 씨의 결과는 같았지만 경기 내용은 사뭇 달랐다. 10번 홀에서 경기를 시작한 유선영은 첫 9홀에서 보기 없이 버디 6개를 잡아냈다. 후반 들어서도 상승세는 이어졌다. 3, 4, 6번 홀에서도 타수를 줄여 9언더파까지 올라갔다. 마지막 두 홀에서 사고가 났다. 파3인 8번 홀에서 유선영의 티샷은 그린을 20야드 넘어가 버렸고 어프로치샷은 그린에 올라가긴 했지만 홀과 가깝지 않았다. 유선영은 이 홀에서 3퍼트를 하면서 더블보기를 기록했

공동 선두에 오른 유소연(좌)과 유선영(우).

다. 유선영은 마지막 홀에서도 3퍼트를 하면서 보기를 했다. 유선영은 "마지막 두 홀은 별로 기억하고 싶지 않지만 6언더파는 좋은 스코어이기 때문에 내일 새로운 마음으로 경기를 하겠다"고 말했다.

유소연은 출발이 좋지 않았다. 경기 전 "컨디션이 좋지 않아 크게 기대를 하지 않는다"고 했던 터였다. 그러나 첫 홀에서 버디를 잡았고, 3번 홀에서 그린을 놓쳐 맞은 위기를 잘 넘기면서 상승세를 탔다. 그는 마지막 홀에서는 디봇에 들어가 있는 공을 거의 홀인 시킬 정도로 좋은 샷을 쳤고 버디로 기분 좋게 경기를 마쳤다. 유소연은 "최근 최종라운드 경기를 잘하지 못해 우승 문턱에서 몇 차례 주저앉았는데 이번 주에는 정말 우승컵을 만지고 싶다"고 말했다.

귀족대회답게 스타 선수들이 상위권에 올랐다. 최나연과 크리스티 커가 5언더파 공동 4위다. 신지애는 브리티니 린시컴, 카린 이셰르 등과 함께 선두와 2타 차인 4언더파 공동 7위에 자리했다.

### 천국과 지옥의
### 갈림길

시즌 마지막 대회인 CME 타이틀홀더스 대회장에는 2부 투어에서 상위 성적을 거두고 내년 LPGA 투어 시드를 확보한 선수들이 견학을 왔다. LPGA 선수들은 "Q스쿨도 거치지 않는 행운아들"이라고 했다.

LPGA로 오는 길은 두 가지가 있다. 첫째, Q스쿨을 통과하는 것, 둘째, 2부 투어 상금랭킹 상위에 오르는 것이다. 흔치는 않지만 비회원으로서 LPGA 투어 대회에서 우승하거나 상금랭킹 상위권이 되면 회원이 될 수 있다. 신지애와 서희경이 그런 케이스다. Q스쿨은 단거리 달리기, 2부 투어는 마라톤에 비유할 수 있다.

웬만한 주말 골퍼라면 스킨스 10만 원이 걸린 두 발자국 퍼팅에 몸이 굳을 것이다. 만일 걸린 돈이 1억 원이라면 얼마나 떨릴까. 혹시 10억 원이라면, 한 사람의 인생이 걸렸다면, 천국과 지옥의 갈림길이라면….

각 투어는 늦가을 이듬해 투어 출전권을 놓고 선발전을 치른다. Q스쿨은 공식적인 명칭은 퀄리파잉 대회Qualifying Tournament다. 그러나 모두들 Q스쿨이라고 부른다. 이 어려운 시험을 학교라고 하는 이유는 과거 합격한 선수들에게 룰과 에티켓, 티칭방법에 대해서 가르치는 수업이 있었기 때문이다.

학교가 연상되는 낭만적인 이름이지만 Q스쿨의 압박감은 어떤 대회보다 크다. 최경주는 "인생에서 가장 긴장된 샷은 메이저대회 우승 경쟁을 하던 때가 아니라 PGA 투어의 합격 여부가 달린 Q스쿨에서의 2m짜리 퍼트였다"고 했다.

최나연은 "Q스쿨은 너무 힘들다. 다시는 못 갈 것 같다"고 했다. 그는 "한국 Q스쿨(시드전)에서도 마지막 홀 긴 퍼터가 들어간 덕에 겨우 합격했다. 내가 간신히 Q스쿨을 통과할 정도의 실력은 아니라고 생각하는데, 부담이 크다. 통과 못하면 직업이 없어지는 거나 다름 없으니까, 한 타에 먹고 사는 것이 갈라지니까. Q스쿨이라는 부담감 때문에 진땀이 나고 숨도 못 쉬겠더라"고 말했다.

미국 골프계에서는 긴장감이 극도로 큰 이 대회가 메이저대회처럼 재미있는 제 5의 메이저대회이며 중계를 해야 한다는 의견도 있다. 그러나 대회에 참가한 선수들은 단순한 압박감이 아니라 고문을 당하는 수준이다. 공식적으로 발표되지는 않지만 미국에서 Q스쿨에 낙방한 후 목숨을 끊는 골퍼가 가끔 나오는 것으로 알려졌다.

합격과 불합격의 차이가 얼마나 되기에 이런 일까지 생길까. 2013년 LPGA 투어 대회의 총상금은 4,880만 달러, 각 대회당 평균 상금은 175만 달러 정도다. 2부 투어는 시즌 총상금이 175만 달러 정도다. 대회가 16개인 것을 감안하면 상금 규모는 1부 투어인 LPGA 투어의 16분의 1에 불과한 것이다. 실제 체감 상금은 훨씬 더 적다. 2013년 10월 1일 현재 LPGA 투어 상금랭킹 1위 박인비의 상금은 218만 달러다. 시메트라 투어 1위 P.K. 콩크라판의 상금은 4만3천달러다. 50배 이상 차이가 나는 셈이다. 상금랭킹 30위를 기준으로 봐도 차이는 크다. LPGA 30위 미카 미야자토는 36만3천 달러이고, 시메트라 투어 30위 제시 갭하트는 1만4천 달러다. 30배 정도 차이가 난다. 시메트라 투어 대회의 우승 상금은 1만5천 달러, 10등 하면 2천 달러 정도다.

들어가는 돈은 1부 투어 못지않다. 1부 투어보다 엔트리피(대회 참가비)가 많다. 5백 달러다. LPGA 투어 선수들이 원하기만 하면 얻을 수 있는 하우징(공짜 민박)이 시골이라 많지 않다. 그래서 호텔비를 꼬박꼬박 내야 한다. LPGA 투어 선수들은 공항에서 호텔까지 다닐 때 조직위의 차량을 이용할 수 있지만 2부 투어에선 전혀 기대할 수 없다. 차량도 렌트해야 한다. 대신 캐디피는 훨씬 적다. 하루에 25달러인데 성적이 아주 좋으면 2백 달러를 준다.

2005년 US오픈 챔피언으로, 현재 2부 투어에서 뛰는 김주연(버디 김)은 "아끼고 아껴도 한 대회당 2천 달러 이상 들어간다. 10등 안에 들지 못하면 적자다. 대회에 참가한 144명 중 134명이 돈을 손해본다"라고 말했다.

사실 돈을 벌려고 뛰는 것이 아니라 최고 무대인 LPGA에 가려고 돈을 투자하는 것이다. 김주연은 "돈을 벌려면 차라리 레슨하는 것이 훨씬 낫고 실제로 레슨을 해서 경비를 충당하는 선수가 상당수다. 나도 짬짬이 레슨을 한다. 레스토랑에서 서빙을 하는 2부 투어 선수들도 적지 않다"고 말했다.

LPGA로 갈수 있는 Q스쿨 합격과 불합격은 특급호텔-여관, 비행기 1등석-버스의 차이다. 상금뿐 아니라 거액의 스폰서 계약, 공짜자동차 등 LPGA 투어 선수로서 얻을 수 있는 수많은 혜택이 있다. 전세비행기를 타고 특급호텔만 다니는 메이저리그 팀과 눈물 젖은 빵을 먹으며 버스로 이동하는 마이너리그 야구팀의 차이다.

물론 실력이 모자라면 당연히 이 차이는 감수해야 한다. 문제는 이 거대한 차이가 단 한 타에 결정될 수 있다는 사실이다. 1cm 빗겨나간 퍼트, 5cm 짧은 퍼트에 인생이 바뀌는 경우도 흔하다.

LPGA 투어 Q스쿨 최종전은 5라운드다. 5라운드 합해 361타-360타의 한 타 차로 운명이 갈린다. 마이너리그 선수는 좋은 성적을 내면 시즌 중에라도 메이저리그에 발탁될 수 있다. 그러나 골프는 아니다. 내년에 하면 된다고 위안할 수 있지만 그리 쉬운 것은 아니다. 큰 무대에 올라가지 못했다는 불안감이 1년 동안 그를 위축시킨다. 재수해서 성공한 사람 없다는 대입 속설은 골프계에서도 뿌리가 깊다.

미국 남자 투어인 PGA투어는 2013년부터 Q스쿨을 없앴다. 2부 투어를 활성화하고 유러피언 투어 등을 견제하기 위해서다. 이전까지 미국 PGA 투어 Q스쿨 제도는 4개의 관문을 지나야 했다. 유러피언 투어는 3단계 관문이다.

스포츠에서 Q스쿨 같은 긴박한 현장은 찾기 힘들다. 대부분 스포츠에서는 실수를 해도 만회할 기회가 있다. 테니스는 두 번째 서브가 있고, 야구는 스트라이크가 3개이며 미식축구는 한 번 공격에 다운 4번을 할 기회가 있다. Q스쿨에서 실수에 대한 용서는 없다. 너무 많은 사람이 너무 적은 자리를 놓고 경쟁하기 때문이다. 5라운드 중 단 한 라운드라도 망가져선 안 된다. 이틀 정도는 미친 듯 쳐야 하고 단 한 라운드라도 망가지면 합격이 어렵다.

마지막으로 갈수록 긴장감은 더 강해진다. 3타 여유를 가지고 가다가 마지막 두 홀을 남기고 더블보기와 트리플보기를 해 카드를 따지 못한 선수들이 허다하다. 긴장감이 심해 라운드 속도가 매우 느리다.

LPGA Q스쿨은 2차에 걸쳐 본다. 첫째는 지역 예선이다. 미국 캘리포니아와 플로리다에서 각각 지역 예선이 있다. 시간적으로 겹치지 않기 때문에 양쪽 대회 모두에 참가할 수 있다. 한 곳에만 신청하면 4천 달러, 두 대회 모두 나가려면 5천 달러의 참가비를 내야 한다. 두 대회 중 하나만 30위 이내에 들면 최종 Q스쿨에 참가할 수 있다.

Q스쿨 최종전은 11월 말에서 12월 초 LPGA 본부가 있는 플로리다주 데이토나비치에서 열린다. 지역예선 통과선수 60명과, 2부 투어 상위권 선수, 그해 LPGA에서 뛰다가 카드를 잃은 선수 등이 참가한다.

참가비는 없고 5라운드를 거쳐야 한다. 40위까지 LPGA 회원이 될 수 있다. 20위까지는 풀 필드full field 대회(144명이 참가하는 대회) 참가자격이 주어진다. 참가선수 수가 적은 '귀족대회'나 메이저대회 등은 별개의 자격 조건을 갖춰야 한다. Q스쿨에서 받은 카드로는 일반 대회만 참가가 가능하다. 공동 20위가 나왔을 경우 플레이오프를 통해 순위를 가려야 한다. 21위에서 40위는 LPGA 회원이기는 하지만 조건부 참가자격이다. 일종의 대기 순번으로 대회에 참가자가 미달할 경우 참가할 수 있다. 참가 순번은 2부 투어 상금랭킹 6위가 1번이고, Q스쿨 21위가 2번째다, 상금랭킹 7위, Q스쿨 22위순이다.

- **돈 놓고
  돈 먹기**

LPGA 2부 투어의 이름은 시메트라 투어다. 시메트라라는 보험회사가 돈을 주고 투어에 이름을 붙였다. 이전에는 퓨처스 투어라고 불렸는데 2006년부터 2010년까지는 더레임이라는 제약회사가 돈을 내 더레임 퓨처스 투어라고 썼다. 이 투어가 생긴 건 1981년이었다. 플로리다주 템파베이 인근에 템파베이 미니 투어가 2부 투어의 원조격이 된다. LPGA를 지망하는 여성 프로들을 위한 미니 투어로 주최측은 참가자들로부터 돈을 거둬 최소한의 경비를 제외하고 상금으로 썼다. 기업들이 상금을 내놓는 것이 아니라 참가자들이 낸 돈이 상금이 된다. 이른바 돈 놓고 돈 먹기다. 1983년 이 투어는 퓨처스 투어라고 이름을 바꿨다. 타이틀 스폰서를 구해 상금을 건다. 그러나 그 액수가 너무 적어 선수들에게서 참가비를 걷어 상금에 보탠다. 1999년 LPGA 투어와 협약을 맺고 2부 투어 형식이 됐다. 퓨처스 투어의 상금랭킹 상위권자가 LPGA 투어 회원이 되는 자격을 갖게 된 것이다. 박지은, 로레나 오초아 등이 퓨처스 투어를 통해 LPGA에 입성했다. 2007년부터는 LPGA가 아예 퓨처스 투어를 운영하게 됐다. 퓨처스 투어가 재정난을 겪기도 했고, LPGA는 선수 공급처인 2부 투어를 직접 운영해야 할 필요도 있었다. PGA 투어, 유러피언 투어 등 다른 투어들도 2부 투어를 직접 운영한다.

최나연은 LPGA 1차 Q스쿨에서는 1위를 했다. 그런데 최종전에서는 마음대로 안됐다고 한다. "4라운드 중 하도 답답하니까 아버지가 캐디에게 나오라고 하고 가방을 맸다. 솔직히 나도 부담 많이 되는데 내가 못 치고 싶어서 그런 것도 아니고, 아버지가 들어오니까 더 잘 쳐야 되겠다는 부담이 더 많아졌다. 1차에서 1위 했으니까 나에 대한 기대도 많았고, 한 타 한 타가 모든 걸 좌우하니까 어떻게 생각한 대로 뇌시가 않았나"고 밀했다.

최운정은 2부 투어와 1부 투어 Q스쿨을 모두 경험했다. 미국에 온 2007년 가을 2부 투어 Q스쿨에 3위를 해 너끈히 통과했다. 2부 투어에서는 상금랭킹 16위에 올랐다. 당시 2부 투어 10위까지는 LPGA 회원자격을 준다. 그러나 6위부터 10위까지는 조건부이기 때문에 출전 자격을 높이려고 Q스쿨 최종전에 응시한다. 15위까지는 1차 Q스쿨을 치르지 않고 최종전에 직행할 수 있다. 최운정은 1명 차이로, 단 몇 백 달러 차이로 16위가 됐다. 1차 예선부터 참가해야 했다.

1차 예선 2곳 중 처음 열리는 곳이 캘리포니아 란초미라지 미션 힐스다. 나비스코 챔피언십이 열리는 곳이다.

최운정의 아버지 최지연 씨의 회고다. "미션 힐스 골프장에 와 보니 아이가 2부 투어 치르느라 피로하기도 했고, 우리 아이 경기 스타일하고 안 맞더라. 미션 힐스는 전장이 길고, 그린이 딱딱하고 대부분의 그린이 오른쪽으로 휘어있기 때문에 장타에 페이드를 치는 선수에게 유리하다. 그린 왼쪽은 공간이 짧고 넘어가면 함정이 많다. 운정이가 실망할까봐 불리하다는 얘기를 못했다. 운정이는 지역 예선에서 떨어졌다. 우리 아이가 30명 안에 들어가지 못할 실력은 아니다. 퓨처스 투어에서 상위 15명이 1차 예선 면제로 여기에 나오지 않고, LPGA에서 뛰다 온 선수들도 1차 예선은 면제받는다. 이곳에 온 선수들은 2부 투어 하위권 선수, 외국에서 온 선수, 고등학교, 대학교 선수들로 아마추어다. 우리 아이가 한두 타 차도 아니고 3~4타 차로 떨어졌다. 실망이 컸다. 그래도 2차 지역 예선이 있으니까 마음을 추슬렀다. 1차에서 잘 치는 선수 30명이 빠져나갔으니 2차 30명에 들기는 훨씬 더 쉬웠다. 플로리다에서 열리는 지역예선까지는 20일 정도 시간이 있었다. 대회장인 플로리다 베니스로 갔다. 코스는 미션 힐스와 달리 운정에게 잘 맞았다. 2차에서 1등을 했다. 나흘간 9언더파를 쳐 선두를 달리던 베아트리체 레카리를 따라잡고 역전해서 1등으로 통과했다."

아무리 순위가 큰 의미 없는 Q스쿨이라도 1등으로 통과하면 기분이 좋다. 업그레이드된다. 파이널대회에 까지 한두 달 정도 시간이 있었다. 최운정에겐 매우 중요한 시기였다. 그래서 그때 시끄러운 대도시 올랜도에서 조용한 잭슨빌로 옮겨 연습했다. 파이널이 다가왔다.

- **챔피언
  코스**

최종전은 LPGA 본부가 있는 데이토나비치에서 열린다. LPGA 본부에는 두 코스가 있다. 레전드와 챔피언 코스다. 챔피언은 거리가 필요하고, 레전드는 정확도를 요구한다. 대부분 레전드 코스에서 최종전을 치렀다. 거리가 길지 않은 대신 정교한 최운정과는 잘 맞는 코스였다. 그러나 2008년 Q스쿨 파이널은 넓고 긴 챔피언 코스에서 치렀다. 최지연 씨는 "당시 미셸 위가 Q스쿨을 치렀는데 장타자인 미셸 위를 위해서 챔피언 코스로 옮겼다는 얘기가 돌았다"고 말했다. 최운정에게는 불리한 조건이었지만 상황에 관계없이 무조건 통과해야 했다. 그의 목표는 하루에 1언더파씩 5일간 총 5언더파를 치는 것이었다. 그 정도면 통과할 것으로 보였고 하루에 1언더파씩 칠 수 있다는 자신감이 있었다. 첫 나흘간은 목표대로 됐다. 4라운드가 끝났을 때 딱 4언더파였다. 그런데 마지막 날은 달랐다.

최운정은 "퍼터가 안 됐다. 짧은 거리의 퍼트를 넣지 못한 것이 많다. 최종전 마지막 라운드라는 압박감에 식은땀이 줄줄 흐르고 정신이 몽롱했다"고 말했다. 그래도 버텼다. 끝까지 포기하지 않았고 17번 홀에서 제법 긴 퍼트를 넣으면서 이븐파가 됐다. 5라운드 합계 4언더파였다. 공동 21등이었다. 조건부 시드다. 최지연 씨는 "미국 온 지 1년 만에 21등이면 못한 성적이 아니다. 내년 조건부 시드로 1년에 약 10경기 정도는 나갈 수 있다고 한다. 그 정도도 잘 했다. 만족한다고 여겨라"라고 딸을 위로했다. 딸만이 아니라 자신도 위로하려 했다. 그러나 그게 아니었다. "클럽하우스에서 음식을 먹는데 밥맛이 하나도 없었다. 입에 음식이 들어가지가 않더라. 위축되고 분위기가 너무 이상했다. 그래서 우리 돌아가서 정신 좀 차리자고 하고 집으로 돌아갔다." 20분 이상 차로 달리고 있는데 전화가 왔다.

"플레이오프를 해야 하니까 빨리 오라 하더라. 그래서 플레이오프라면 공동 21등 4명이 다시 순위를 가리는 것이라고 생각했다. 그 순위까지 그렇게 가려야 하나 하는 생각도 했다. 그런데 함께 있던 장재식 프로가 '이건 뭔가 매우 중요한 일인 것 같다'고 했다. 무슨 일인지 100% 이해하지는 못했지만 행운일 수도 있겠다는 생각이 들었다. 우리가 골프장에서 멀리 떨어져 있다고 하면 우리는 빼고 플레이오프를 치를까봐 '잠깐 밥 먹으러 나왔다'고 하고 차를 돌렸다. 고속도로니까 신호도 없고 엄청 밟았다. 속도는 기억이 안 난다. 내리니까 타이어 타는 냄새가 엄청 나더라는 것뿐. 경찰이고, 제한속도고 안중에 없었고 그냥 빨리 가야 한다는 생각밖에 없더라."

대회장으로 돌아와 보니 LPGA 풀시드 두 자리가 남아서 생긴 플레이오프를 치른다고 했다. LPGA 상금랭킹 80위 안에 드는 선수 두 명이 Q스쿨을 치렀고 상위권에 있었다. 시험 삼아 Q스쿨을 치렀는지, 80위 밖으로 떨어질 걸 대비해서 그랬는지 몰라도 2명은 이미 시드를 확보한 선수이기 때문에 2자리가 추가로 생긴 것이다. 플레이오프에 나설 4명의 선수 중 아직도 한 선수가 돌아오지 못하고 있었다. 현재 일본에서 뛰고 있는 김나리 프로다. 그는 공항에서 급히 돌아오고 있는 중이라고 했다. LPGA 투어 경기위원회에서 "한 명이 오고 있는데 어쩔거냐"고 물었다. 최 씨는 "우리도 헐레벌떡 돌아온 터라 그 마음을 알겠더라. 우리가 기다리자"고 했다.

네 선수가 플레이오프를 치렀다. 9번(파5), 10번(파4), 18번(파4) 세 홀 플레이오프를 치러 성적순으로 두 명을 선발하기로 했다. 결정이 되지 않으면 이후 서든데스로 치른다. 네 선수 모두 실력이 탄탄했다. 9번 홀에서 모두 5야드 안 버디 찬스를 잡았다. 두 명은 좀더 멀고 최운정과 리아이유가 약 2.5야드로 가까웠다. 멀리서 친 김나리 등 두 선수는 버디를 못했다. 최운정과 리아이유만 남았다. 최운정의 가방을 멘 최지연 씨는 "거리는 비슷했지만 우리 공이 약간 더 가까워 보였다. 그러나 '우리 공이 더 머니 우리가 먼저 치겠다'고 자원했다"고 말했다. 골프는 나중에 치는 것이 유리하다. 특히 그린에서는 브레이크를 볼 수 있기 때문에 가능하면 다른 선수의 퍼트를 참고하고 나서 치려 하는 것이 일반적이다. 당연히 리아이유는 동의했다.

최 씨는 "정규 경기 때 핀 위치와 같았고 우리가 퍼트를 한 바로 그 자리에 공이 있었다. 정규 경기에서는 그린을 잘못 읽어 넣지 못했다. 그러니 이번엔 자신 있었다. 우리가 본 라인이 맞다고 확신했다. 아이에게 '우리가 먼저 하자. 우리가 본 라인이 확실하니 위축되지 말고 자신 있게 스트로크만 해라'고 말했다. 우리가 맞았다. 운정이의 버디가 들어갔다"고 했다. 먼 곳에서 먼저 버디를 넣으면 홀을 막는다는 이야기가 있다. 마지막에 버디 퍼트를 한 리아이유는 넣지 못했다. 최운정은 내리막이라 더 어려웠고 리아이유는 오르막이었는데도 그랬다. 최운정이 첫 홀에서 혼자 버디를 잡고 앞서 나갔다.

10번 홀은 짧다. 리아이유는 홀에서 7야드 정도 되는 그린 프린지에서 버디 기회를 잡았다. 평지여서 버디를 잡을 수 있는 곳이었다. 엘리슨 하나와, 김나리는 핀과 3야드 정도의 내리막 버디 퍼트였다. 최운정은 그린에 올라가긴 했지만 핀과 멀었고 왼쪽으로 휘었다가 내리막을 타는 고약한 라인이었다. 직선거리는 7야드 정도였지만 90도로 꺾이는 곳이어서 실제 거리는 15야드 정도였고, 내리막에서 스피드가 붙어 공이 홀을 지나가면 3퍼트가 나오기 십상인 곳이었다. 설상가상으로 리아이유가 칩샷을 넣어버렸다. 더 부담이 됐다. 플레이오프 참가자 4명 중 최운정을 제외한 세 선수는 그 해 LPGA에서 조건부 시드를 받고 뛴 선수들이다. 객관적으로 검증된 실력이고 최운정보다 경험 등에서 한 수 위인 것이 사실이었다. 최운정 부녀는 위기감을 느꼈다.

최 씨는 딸에게 "절대 버디가 아니라 파를 노려야 한다. 절대 욕심내서는 안 된다. 어떤 경우라도 브레이크를 더 많이 보고 쳐라. 1야드 안에만 붙이면 대성공"이라고 말했다. 그런데 공이 들어갔다. 나머지 두 선수도 모두 버디를 잡았다. 마지막 18번 홀은 거리도 길고 어려운 홀이었다. 23도 하이브리드 클럽으로 그린을 약간 넘겼으나 어프로치샷을 붙여 파를 잡았다. 다른 선수들 모두 파를 했다. 최운정이 2언더파로 1위를 했고 나머지 세 선수는 1언더파로 서든데스를 치러야 했다.

## 골프교습 산업 창시자
## 레드베터

오랜만에 골프 코칭 분야의 거목 데이비드 레드베터가 직접 경기장에 나타나 미셸 위를 응원했다. 레드베터는 플로리다 올랜도에 아카데미를 열고 있다. 네이플스와는 멀지 않다. 그러나 거물 교습가의 응원 결과는 좋지 못했다. 미셸 위는 첫 홀에서 티샷을 훅을 냈다. 선수들이 별로 신경을 쓰지 않을 정도로 멀리 떨어져 있는 왼쪽 해저드 쪽으로 날아갔다. 다행히 물에 들어가지 않았다. 미셸 위는 경사지에서 그린에 올려 파 세이브에 성공했다. 위기를 넘겼는가 싶었는데 다음 홀 티잉그라운드에서 불안한 모습이 역력했다. 3번 홀에서 또 다시 훅이 났다. 이번엔 물에 빠져 버렸다. 이 홀에서 더블보기를 한 미셸 위는 이후 드리플보기와 더블보기 등을 하면서 참담한 표정으로 경기했고 9오버파 81타로 경기를 마무리했다. 참가선수 73명 중 최하위였다. 이 대회 전까지 미셸 위는 슬럼프 탈출 조짐이 있었다. 그러나 1라운드 경기 직전까지 레드베터에게 레슨을 받은 것이 오히려 역효과를 낸 것처럼 보였다. 생각이 많으면 스윙이 안 된다. 아마추어나 프로나 마찬가지다.

"나와 골프 게임을 해서 이기는 교습가가 있다면 그에게 배우겠다."
　프로골퍼 리 트레비노는 1980년대 데이비드 레드베터가 자신의 스윙에 대해 이러쿵저러쿵하자 이렇게 말했다. 트레비노처럼 당시 프로골퍼들은 대부분 스윙 교습가들을 신뢰하지 않았다. '그렇게 잘하면 직접 하지 왜 남을 가르치느냐'는 논리였다. 레드베터는 트레비노의 스윙을 두고 "아주 엉망이긴 한데 통하기는 하는 스윙"이라고 한 터였다.

레드베터는 1952년 영국의 워딩에서 태어났다. 어려서 천식을 앓았다. 뛰지 못해 놀림을 받으면서도 그는 친구들이 뛰어다니는 모습을 관찰하는 것을 즐겼다고 한다. 영국 공군 대위였던 그의 아버지는 아들이 7살 때 남아공의 로데샤로 이주했다. 공기가 맑은 로데샤의 환경이 천식에 도움이 될 것으로 기대해서다. 레드베터의 건강은 호전됐다. 그러나 정상적인 아이들보다는 못했다. 뛰는 것이 힘겨워 달릴 필요가 없는 골프를 선택했다.

레드베터는 호기심이 많았다. 골프 스윙에 관한 책들을 항상 들고 다녔다. 암실에서 드라이버 헤드에 랜턴을 붙여 놓고 헤드 움직임을 촬영하는 등의 실험도 했다. 그는 완벽한 스윙을 추구한 벤 호건과 골프 기자인 허버트 워렌 윈드가 함께 쓴 《파이브 레슨스》를 성경처럼 끼고 다녔다.

그는 스윙을 제대로 알면 뛰어난 골퍼가 되리라고 믿었다. 그러나 분석하는 것과 직접 실행하는 것은 다르다. 불행히도 레드베터는 운동신경이 좋지 않았다. 실패할수록 레드베터는 더 철저히 스윙을 분석했다. 좌절감만 더 커졌다. 레드베터는 "1976년 유러피언 투어 Q스쿨 마지막 날 한 타 차로 투어카드를 따는 데 실패한 후 자신이 좋은 샷을 치겠다는 꿈을 접었다"고 했다.

무명 프로의 얘기를 듣는 사람이 없었다. 1980년대까지 스윙 이론은 제각각이었다. 달려와서 공을 때린다든지, 눈을 감고 퍼트를 한다든지, 백스윙 없이 스윙을 한다든지 하는 기묘한 이론들까지 난립했다(수잔 페테르센은 2013년 롯데 챔피언십에서 눈을 감고 퍼트하면서 우승했다. 기묘한 이론이 전혀 안 통하는 것은 아니다).

레드베터는 전통적인 이론과 달리 하체가 아니라 몸통에서 힘이 나온다고 생각했다. 몸통 회전이 모든 걸 통제해야 한다고 봤다. 일부 감각적인 골퍼는 팔과 손으로도 뛰어난 샷을 할 수 있지만 압박감 속에서 손은 믿을 수 없는 존재가 된다고 여겼다. 불안정한 히코리 샤프트 시절엔 손이 클럽을 지켜줘야 했지만 스틸 샤프트가 나온 이후엔 손은 덜 쓸수록 좋고 골퍼는 예술가가 아니라 기계가 되어야 한다고 믿었다.

그의 말에 공감하는 프로골퍼도 있었지만 1980년대 1급 프로골퍼들은 이론보다는 본능을 믿었다. 스윙 코치를 두긴 해도 안 될 때 잠깐 들르는 정도였고 투어에서는 캐디들이 스윙을 점검했다.

닉 프라이스가 그를 찾아왔다. 프라이스는 1974년 월드 주니어 챔피언십에서 우승한 유망주였다. 그는 레드베터와 정반대로 뛰어난 운동신경을 가졌지만 스윙 메커니즘은 잘 몰랐다. 주니어 챔피언십에서 우승한 지 8년이 지나도 발전이 없자 그는 어릴 적부터 알던 '스윙 박사'를 찾은 것이다.

프라이스는 끈질겼다. 하루에 1천 개씩 8번 아이언만 치면서 연습했다. 레드베터를 만난 지 8년이 지나도록 큰 대회에서 우승을 못 했지만 레드베터를 믿고 따랐다. 그는 1992년 PGA 챔피언십에서 우승했고 1993년과 1994년 올해의 선수상을 받았다. 1994년엔 오픈 챔피언십과 PGA 챔피언십을 제패했다.

또 다른 닉, 닉 팔도도 그를 찾아왔다. 20대 초반 여러 차례 우승하고 영국 최고 선수가 됐지만 메이저대회에선 우승을 앞두고 번번이 무너졌던 그다. 1983년 디 오픈과 1984년 마스터스에서 역선냉하면서 영국 언론으로부터 'Foldo'(fold는 '주저앉다'라는 뜻)라는 별명을 얻은 그는 스윙을 완전히 바꾸겠다고 결심했다. 팔도는 레드베터의 이론대로 어떤 압박감 속에서도 흔들림 없는 스윙 머신이 되고 싶어 했다.

레드베터는 스타 선수인 팔도에 모든 걸 걸었다. 오랜 친구인 닉 프라이스보다 팔도에 훨씬 많은 시간을 투자했다. 투어에도 따라 나갔다. 무릎 사이에 농구공을 끼운 채 드라이브샷을 하는 팔도와 그를 지도하는 레드베터를 보고 다른 선수들이 비웃었다. 상관하지 않았다. 팔도의 성적은 점점 더 나빠졌다. 1986년엔 투어카드를 잃을 위기에 처할 정도였다. 그러나 팔도는 일관된 샷을 칠 수 있다는 확신을 얻는 중이었다. 1987년 오픈 챔피언십 마지막 라운드에서 팔도는 모든 홀에서 또박또박 파를 기록하며 역전 우승을 차지했다. 그는 "처음 스윙을 바꿀 때는 평생 뒤로 걷던 사람이 앞으로 걷는 것처럼 어색했다. 그러나 그 험난한 길은 가치가 있었고 스윙을 다시 만들어 준 레드베터에게 영광을 바친다"고 말했다. 팔도는 이후 10년 동안 오픈 챔피언십 3회, 마스터스를 3회씩 우승하면서 최고 선수가 됐다.

이후 많은 선수들이 레드베터를 찾아왔다. 1996년 마스터스에서 팔도에게 역전패한 직후 자존심이 센 그레그 노먼까지 레드베터 밑으로 들어왔다. 레드베터가 워낙 잘 나갔기 때문에 삼성의 후원을 받는 박세리도 미국에 진출하면서 그의 문하생으로 갔다. 최고 스타들이 레드베터의 지도를 받았다. 선수들은 레드베터의 얼굴을 직접 보기가 쉽지 않았다. 레드베터에게 직접 지도를 받는 시간을 놓고 서로 질시했다. 팔도가 가장 심했다. 레드베터는 그에게 가장 많은 시간을 할애했지만 팔도는 만족하지 못했다.

    레드베터의 아버지는 1998년 여름 피부암으로 세상을 떴다. 자신의 천식 때문에 태양이 뜨거운 남아공으로 이사 갔다가 아버지가 피부암에 걸린 것으로 레드베터는 생각했다. 그래서 그의 슬픔은 더 컸다. 레드베터는 이후 영국에 머물렀는데, 투어에 동행해주기를 바란 팔도는 기분이 상했다. 레드베터가 브리티시 여자오픈에서 박세리와 함께 있다는 것을 들은 팔도는 13년 동안 함께 일한 사부를 해고했다.

    팔도는 1년도 안 돼 자신의 골프 아카데미를 차렸다. 레드베터는 배신감이 들었다. 이전에 이런 일도 있었다. 팔도와 레드베터는 스윙을 교정할 때 벤 호건을 신봉했다. 둘 모두 호건을 만나고 싶어 했다. 임종 직전 호건은 팔도를 초청했다. 팔도가 "레드베터가 꼭 뵙고 싶어 한다"고 했지만 호건은 거절했다. 결국 교습가는 선수의 뒤에서 움직이는 조연에 불과하다는 것을 깨달았을 것이다.

    미셸 위는 레드베터 밑에서 일하던 보조 코치 게리 길크리스트가 발굴했다. 길

크리스토도 남아공 출신으로 선수들에게 신망을 받는 코치였다. 미셸 위가 스타덤에 오르자 레드베터는 길그리스트에게 미셸 위를 데려오라고 했고 자신이 직접 가르쳤다. 길크리스트는 "레드베터가 미셸 위를 가로챘다"고 꼬집었다.

레드베터는 팔도에게 그랬던 것처럼 미셸 위에 모든 걸 걸었다. 미셸 위가 15세 때 레드베터는 "미셸 위의 스윙 스피드는 남자 프로와 여자 프로 중간쯤인데 아직 어려서 여자대회에 나가다가 3~4년 후에 남자대회에 주력하면 된다"고 조언했다. 그는 또 "미셸 위는 유연하고 머리가 좋아 스윙의 원리를 제대로 이해하고 실행하며, 그런 보석을 닦는 것은 큰 기쁨"이라고 말했다. 그러나 미셸 위는 기대와 달랐다. 레드베터는 남자대회에 참가하는 등의 무리한 미셸 위의 일정이 옳지 않다고 생각했지만 강력하게 반대하지 못했다. 그가 미셸 위 집안의 정책을 반대한다면 그의 부모가 그를 해고하고 부치 하먼이나 길크리스트에게로 갈 수 있다고 판단한 듯하다. 주위에서는 레드베터가 미셸 위를 통해 타이거 우즈를 키운 부치 하먼이나 행크 헤이니를 이기고 싶었을 것이라고 본다.

레드베터의 스윙은 찬사만큼 비판도 받는다. 지나치게 기술적이어서 선수들이 자신감과 창의력이 부족하다는 말도 듣는다. 길크리스트는 "레드베터 때문에 미셸 위의 부드러운 템포가 사라진 것이 문제"라고 했다. 기계처럼 완벽한 스윙을 원하기 때문에 로봇 같은 스윙을 하게 되고 입빅김 속에서 더 어려워진다는 것이다. 그의 수제자인 찰스 하웰이나 어니 엘스, 미셸 위 등은 멘탈이 강한 선수는 아니라는 평을 받는다.

레드베터는 골프 교습을 새로운 분야의 비즈니스로 만든 개척자이다. 한국을 포함한 13개국에 30개의 아카데미가 있다. 7권의 레슨 책을 내 2백만 권 이상 팔았다. 10여 개의 DVD와 여러 가지 골프 트레이닝 기구도 발명했다. 전성기 때 그의 레슨비는 시간당 3천5백 달러였고 하루에 1만 달러나 됐다. 한국에 있는 데이비드 레드베터 아카데미 지점에서도 시간당 레슨비가 33만 원이었다.

리 웨스트우드, 트레버 이멜먼, 이언 폴터 등도 레드베터의 제자였다. 그러나 송아리, 10대 천재로 활약하던 타이 트라이언 등 그의 밑에서 스윙이 망가진 선수도 많다. 김주연은 "비싼 레슨비 내고 이름(버디 김) 하나 받은 것이 유일한 소득이었던 것 같다"면서 "기계적인 스윙을 가르치기 때문에 감을 중시하는 선수들은 맞지 않을 수 있으며 나의 경우 레드베터 아카데미에 간 후 드라이버 입스에 걸렸다"고 말했다. 그와 적이 된 길크리스트는 LPGA 투어에서 최나연, 김송희, 수잔 페테르센 등 뛰어난 선수를 가르쳤거나 가르치고 있다.

## 2 round
## 트러블 샷

타이틀홀더스는 조편성도 일반 대회와 달랐다. 2라운드 티타임은 1라운드 후 성적을 기준으로 재편성됐다. 6언더파 공동 선두인 유소연과 유선영이 마지막 조에서 경기했다. 바로 앞 조에 최나연, 그 앞 조에는 신지애 선수가 있었다. 유선영은 첫 홀 보기를 했다. 전날 마지막 2홀에서 3타를 잃은 유선영이다. 전날 포함 이어진 3개 홀에서 4타를 잃은 셈이다. 그래도 유선영은 올해 메이저대회인 나비스코에서 챔피언이 된 선수다. 이후 잘 풀어갔다. 전반에 오히려 한 타를 줄였다.

최나연은 4타를 줄여 중간합계 9언더파로 선두 미야자토 아이에 1타 차 2위로 올라갔다. 2승을 거둔 미야자토 아이는 이날 8타를 줄이며 수직 상승했다.

최나연은 숫자로 나타난 스코어보나 훨씬 더 기분이 좋았다. 그는 "경기 내내 자신감이 있었다. 이틀간 나의 경기에 대해 아주 만족하며 3, 4라운드도 똑같이 쳤으면 좋겠다. 누군가 나보다 잘 치는 사람이 나와 우승을 가져가도 좋다. 오늘처럼만 칠 수 있다면 아주 행복할 것"이라고 말했다.

그가 말한 '오늘처럼'은 매우 뛰어난 드라이브샷과 클러치 퍼트였다. 최나연은 전날 연습장에서 드라이버를 친 것이 아주 잘 맞았고 오늘 그대로 이어졌다고 했다. 클러치 퍼트는 꼭 필요한 때 반드시 성공시키는 능력을 말한다. 타이거 우즈나 마이클 조던 같은 스포츠의 황제들은 전성기에 이런 클러치 능력이 매우 뛰어났다. 일반 선수들은 평소에 잘하다가도 중요한 순간엔 머뭇거린다. 이런 순간을 부담스러워하기 때문이다. 우즈나 조던 같은 선수는 이런 클러치 상황을 즐겼다. 우즈는 절뚝거리며 경기한 2008년 US오픈에서처럼 필요한 퍼트는 꼭 넣고, 큰 게임에서 유달리 강했다. 위대한 선수들은 기질상 긴장된 상황을 좋아하고 큰 무대에 섰을 때 아드레날린을 팍팍 분비하는 것으로 보인다.

농구 황제 마이클 조던은 다른 선수들처럼 쉬운 슛을 놓치는 경우가 간혹 있었지만 NBA 결승 7차전의 1점 차 시소경기 막판에 상대의 겹수비 속에서 던진 결승 슛은 거의 실수하지 않았다. 니클라우스도 비슷하다. 그는 고교 시절 매우 뛰어난 농구 선수였다. 슈팅가드로 오하이오주 대표에 뽑힐 정도였다. 그는 "경기 막판 상대가 파울 작전으로 나올 때 나에게 파울을 했으면 좋겠다고 생각했다"고 한다.

평범한 건 아니다. 잘하는 선수라도 패배의 책임을 질 것이 두려워 중요한 순간 자신에게 공이 오지 않기를 바라는 선수가 대부분이다. 니클라우스는 긴장된 상황이 좋았고, 그런 때 자유투를 더 잘 넣을 자신이 있었다. 일종의 킬러 본능이기도 하고 클러치 능력이기도 하다. 뉴욕 양키스의 전설적인 마무리 투수 마리아노 리베라가 위기 상황에서 더욱 힘을 내는 대표적인 선수로 보인다. 아마추어 수준에서도 기질의 차이는 쉽게 찾을 수 있다. 연습장에서만 잘하는 사람, 실전에서 실력을 발휘하는 사람이 있다

최나연은 "여러 차례 약 3~4m 정도의 애매한 거리에서 퍼트를 해야 했는데 전혀 걱정이 되지 않았고 실제로 모두 성공시켰다"고 말

했다. 마지막 홀에서 4m 파 퍼트가 이날의 백미였다. 최나연이 시즌 최종전에서 우즈와 니클라우스 같은 자신감을 보여준 것이다.

챔피언조에서 경기한 유선영과 유소연은 1언더파와 이븐파를 기록해 공동 3위, 공동 7위로 순위가 하락했다. 유선영의 경기 내용을 보니 안타까웠다. 유선영은 5, 6번 홀과 12, 13번 홀에서 줄 버디를 잡아 9언더파까지 올라갔다. 그러나 9언더파가 되자마자 다시 문제가 생겼다. 유선영은 1라운드에서도 9언더파가 되자마자 더블보기와 보기를 하면서 6언더파로 추락했다. 9가 뒤집혀 6이 된 것이다.

### • 소파 위의 재판관

다시 9언더파로 올라선 2라운드 14번 홀. 유선영이 친 드라이브샷이 약간 오른쪽으로 휘어져 러프에 들어갔다. 지기가 쉽지 않은 곳이었다. 드롭을 하는 게 낫겠다 싶었는데 그냥 치기로 결단을 내렸다. 나쁜 결정이었다. 공은 더 깊은 러프 속에 박혀 버렸다. 그는 언플레이어블 볼을 선언하고 드롭을 했다. 5온에 2퍼트, 더블보기로 이 홀을 마치는 듯했다. 그러나 시청자 중 누군가 방송국에 제보를 했다. 유선영이 드롭할 때 팔의 위치가 너무 낮았다는 것이었다. 실제로 재생 화면에서 유선영의 팔 위치는 규정인 어깨 위치보다 낮았다. 어느 정도 비슷했다면 어깨 높이에서 드롭했다고 주장할 수 있었겠지만 너무 차이가 났다. 거의 허리 높이에서 드롭을 했다.

유선영의 트러블샷.

미국 골프 채널은 중계를 하면서 이 장면을 집요하게 리플레이했다. 평소라면 유선영의 드롭은 아무 문제없이 지나갔을 것이다. 그러나 유선영이 당시 선두를 달리고 있었기 때문에 카메라가 따라 붙었고 이에 따라 시청자의 제보가 나온 것이다.

미국 골프 채널이 유선영 혹은 한국선수가 미워서 계속 이 장면을 재생한 것은 아니다. 미국 TV가 가장 좋아하는 폴라 크리머나 미셸 위라도 같은 상황이라면 TV는 집요하게 물고 늘어졌을 것이다. 미국 방송사는 이런 사건사고가 시청률을 높이는 데 좋다는 사실을 안다. 또 TV는 이런 일을 일종의 특종으로 본다.

골프에서 시청자가 TV를 보다가 선수의 발목을 잡는 사건은 종종 일어난다. 이런 사람들을 소파에 누워 TV를 보다가 전화나 이메일로 신고한다고 해서 카우치 룰러couch ruler, 소파 위의 심판이라고 한다. 카우치 룰러를 얘기할 때 1987년 PGA 투어 샌디에이고오픈에서 크레이그 스태들러의 수건 사건이 가장 흔히 거론된다. 당시 스태들러가 친 공이 나무 밑으로 들어간 것이 사건의 발단이었다. 무릎을 꿇고 치면 탈출이 가능한 상황이었다. 스태들러는 바닥에 깔린 송진을 바지에 묻히지 않으려 수건을 깔고 그 위에 무릎을 꿇은 뒤 샷을 했다. 샷은 꽤 멋졌다. 다음 날 아침 방송사가 이 장면을 진기명기로

유선영이 2라운드 경기 후 경기위원으로부터 드롭 위반에 관해 설명을 듣고 있다. 시청자 제보를 통해서 유선영은 1벌타를 받게 됐다.

내보낼 정도였다. 진기명기에 나가지 않았다면 아무 문제가 되지 않았을 것이다. 이를 본 한 시청자가 수건을 깐 건 스탠스 취하는 데 도움을 받은 것 아니냐는 질문을 했다. 스태들러는 다음날 경기를 하고 있었다. 2위를 달리는 중이었는데 전날 라운드 스코어카드에 이미 사인을 한 상황이어서 스코어 오기로 실격됐다.

유선영은 스코어카드에 사인하기 직전 이에 대한 설명을 듣고 벌타를 추가했다. 만약 스코어카드에 사인한 후였다면 실격을 당했을 것이다. 유선영은 "선수들 모두 팔의 위치에 신경 쓰면서 드롭을 하지는 않는다. 억울하다. 그러나 이번 일로 많은 것을 배웠다. 잊고 내일 새로 시작하겠다"고 말했다.

유선영이 속인 것은 아니다. 손 높이를 낮게 해서 도움을 받으려는 의도는 전혀 없었다고 봐야 한다. 드롭하는 장소가 경사진 지역이었기 때문에 만약 좋은 곳에 공을 놓고 치려던 것이라면 팔 위치를 내리지 않고 오히려 더 올려 높은 곳에서 떨어뜨려 공이 튕긴 후 구르게 했을 것이다. 공이 떨어진 자리에서 일정 거리 이상 벗어나면 다시 드롭을 해야 하고 또 같은 상황이 반복되면 드롭이 아니라 공을 손으로 놓는 플레이스를 할 수 있는 상황이 된다.

유선영 드롭 사건을 계기로 골프대회가 카우치 룰러에 의해 좌지우지되는 것이 옳으냐는 논란이 또 나왔다. 그러나 골프를 직업으로 하는 프로선수라면 룰을 정확히 알고 있어야 한다는 의견도 만만치 않았다.

### 자벌레 inchworm

스타급 선수는 속임수를 사용했을 경우 발각될 위험이 크다. 관심이 집중된 선수에게는 TV 카메라와 갤러리, 기자 등 수많은 눈이 따라다닌다. 고의적인 속임수는 아니었겠지만 사소한 룰 위반이 몇 차례 드러난 미셸 위도 억울한 측면이 있다. 비인기 선수였다면 충분히 그냥 넘어갈 수 있는 상황이었는데 수백만 개의 눈이 그를 쫓아다니기 때문에 사소한 규칙위반도 드러나게 마련이다. 그러나 일반 선수들은 아니다. 그린에서 공을 마크하는 과정에서 조금씩 홀에 가깝게 놓는다든지, OB가 나면 볼을 몰래 떨궈놓는 이른바 '알까기' 등을 할 여건이 된다. 속임수도 동료와 캐디가 묵인한다면 완전범죄가 될 수 있다. 정직한 게임임을 강조해야 하는 투어는 완전한 증거가 있지 않다면 조용히 덮고 넘어가는 쪽을 택한다.

그래서 발각되는 경우는 빙산의 일각일 수도 있다. 골프를 '명예의 스포츠', '정직의 게임'이라고 유달리 강조하는 이유는 실제 그렇지 못할 가능성이 크기 때문인지도 모른다. 자신을 제외하곤 아무도 보지 못한 공의 미세한 움직임을 자진 신고하고 스스로 벌타를 받는 프로골퍼의 미담이 가끔 나온다. 그러나 "누가 알까기를 하고 타수를 속였다"는 이야기도 투어에서 종종 들린다.

LPGA 투어에서 뛰다 은퇴한 어느 한국선수는 "그린에서 공을 마크했다가 다시 놓는 과정에서 홀 쪽으로 조금씩 밀어 넣기는 기본이고, 알까기, 러프에서 볼을 옮겨 놓기 등 속임수를 쓰지 않은 선수는 없을 것"이라고 말했다. 과장된 것으로 보인다. 속임수를 쓰는 선수는 정상급 선수가 되기 어렵다. 어니 엘스는 "아무리 뻔뻔스러워도 마음속에 죄책감을 가지고 우승할 수 있는 선수는 극소수"라고 말했다. 카메라와 항상 함께 다녔던 타이거 우즈와 안니카 소렌스탐은 적어도 코스 안에서는 누군가를 속일 수 있는 환경이 안 됐다.

그러나 너서 속임수에 대한 얘기도 들린다. LPGA 투어의 정상급 미국선수인 C는 캐디와 크게 싸운 후 결별했는데 그 이유는 C가 몰래 알까기를 한 사실을 안 캐디가 "양심선언을 하라. 부정직한 선수와 함께 할 수 없다"고 주장했기 때문이라는 소문이 널리 퍼졌다. C는 슬럼프를 겪다가 그 캐디와 다시 합치면서 좋은 성적을 내고 있다. C는 "과거 우리는 성격이 맞지 않았는데 이제 어른이 됐다"고 의미심장한 말을 했다.

한국선수들도 LPGA 투어에서 문제가 된 경우가 더러 있다. 한국선수들이 LPGA 투어에 진출한 초창기, 코스 밖으로 나간 공을 아버지가 던져 줘서 말썽이 일기도 했다. 1세대 부모는 자식이 샷을 할 때 낙구 지점에 서 있는 경우가 대부분이다. 혹시 공이 러프에 들어갔을 경우 위치를 확인해주기 위해서다. 그러나 주위에 아무도 없다면 깊은 러프 속으로 들어가거나 코스 밖으로 나간 공을 던져주고 싶은 유혹이 드는 것도 당연하다. 그래서 몇몇 선수의 아버지는 코스에 출입이 금지됐다.

LPGA에는 부정행위 스캔들이 여럿 있었다. 가장 유명한 건 1972년 제인 블라럭 사건이다. 블라럭은 1969년 신인왕이었다. 1972년 그녀는 2주 연속 우승을 차지한 후 다음 경기 도중 실격됐다. 경기위원회는 블라럭이 17번 홀 그린에서 공을 원래 있던 자리에 마크하지 않았다고 했다.

2주 후 LPGA는 블라럭의 선수 자격을 1년간 정지시켰다. "조직의 윤리 코드에 어긋나는 행동을 했다"는 이유였다. LPGA는 이전에도 블라럭이 그린에서 공을 마크하면서 여러 차례 공을 원래 있던 자리보다 앞에 놓는 부정행위를 했다고 설명했다. 증인도 여럿 있으며 본인도 이를 인정했다고 부연했다. 영국에서는 그린에서 마크하는 과정에서 공을 조금씩 앞으로 옮기는 행위를 자벌레inchworm라고 한다.

LPGA 선수 27명이 '블라럭이 부정행위를 한 것을 본 적이 있다. 대회에서 실격되는 정도로는 부족하다'는 문서에 사인을 했다. 블라럭의 코치인 밥 토스키는 "그녀는 우승에 대한 강박관념이 있다. 정신과 치료를 받아야 한다. 내가 벌써 세 번이나 그에게 경고를 했다"고 했다. LPGA는 블라럭에게 부정행위 관련 자격정지를 공개하지 않을 테니 허리가 아파서 1년간 쉰다고 발표하라는 제안도 했다.

블라럭은 LPGA 투어에 소송을 제기했다. 그를 옹호하는 선수도 있었다. 산드라 파머는 "함께 경기한 마커가 블라럭이 부정행위를 한 것을 보고도 사인을 했다면 공범이었고 오래전 일을 들춰내는 건 정당하지 않다. 나는 블라럭이 룰을 속인 것을 한 번도 본 적이 없다"고 했다. 파머는 LPGA로부터 블라럭에 관해 더 이상의 언론에 말을 하지 말도록 주의를 받았다.

블라럭은 법원으로부터 소송이 진행되는 동안 경기를 계속할 수 있도록 허가를 받았다. 대신 이 기간 중 받는 상금은 LPGA가 보관하고 소송에서 이기면 추후 상금을 받을 수 있게 했다. 물론 소송에서 지면 상금을 받을 수 없다.

블라럭은 소송을 하던 1972년 2승을 더 했다. 소송에서도 블라럭이 이겼다. 1974년 법원은 LPGA가 블라럭에게 4천5백 달러를 주라는 판결을 했다. 이듬해엔 법정비용 9만5천 달러를 더 지급하라고 했다. LPGA는 항소하지 않고 블라럭과 합의를 했다.

그녀를 비난했던 빕 도스기는 1986년 챔피언스 두이에서 블리럭과 똑같이 그린 마크 과정 부정행위의 논란을 겪었고 잠시 은퇴하기도 했다. 블라럭은 1987년까지 투어에서 활동하면서 27승을 거뒀다. 299경기 연속 컷 통과 기록도 세웠다. 블라럭은 그러나 메이저대회 우승이 없고 올해의 선수상이나 베어트로피를 타지 못했다. 명예의 전당에도 들어가지 못했다.

2010년 캐나디언 여자오픈에서 정일미와 안시현의 오구 실격 사건도 뒷맛이 떨떠름하다. 두 선수는 경기가 끝난 후 공이 바뀐 것을 알게 되어 신고하고 자진 실격했다고 했다. 당시 이를 문제 삼은 한 캐디는 "두 선수가 경기 중 공이 바뀐 것을 알면서도 벌타를 더하지 않은 스코어카드에 사인했다가 다른 사람의 지적을 받고 나서야 사실을 털어놨다"고 주장했다. LPGA 투어는 진상을 조사한 후 두 선수가 스코어카드에 사인한 후 공이 바뀐 사실을 안 것으로 결론지었다.

문제를 제기한 캐디는 제3자인데다 한국선수에 반감이 많은 사람이어서 선수들과 LPGA 투어의 결론이 옳은 것으로 보였다. 그러나 LPGA 투어의 결정 후 안시현의 캐디를 맡았던 캐디 팀 헤냐가 양심선언을 했다. 그는 "18번홀 그린에서 공이 바뀐 것을 알고 안시현에게 알렸고 정일미에게도 말을 해야 한다고 했다. 그런데 안시현은 아무 대답도 하지 않고 벌타를 부과하지 않았다. 안시현은 '그 누구에게 어떤 말도 하지 말라'고 했다. 이 말을 LPGA 투어 조사에서 얘기했는데 LPGA 투어가 이를 무시했다"고 한 블로그에 증언했다. 그의 말을 곧이곧대로 믿을 수는 없다. 그렇다 해도 개운치는 않다.

요즘 프로들은 "아마추어들이나 룰을 속이지 프로들은 그렇지 않다"고 주장한다. 그러나 골프 초창기 사람들의 생각은 반대였다. 프로와 아마추어가 처음으로 벽을 헐고 함께 경기한 1861년 디 오픈 챔피언십에서 룰을 위반하는지 감시하고 스코어를 체크하는 마커는 프로들만 따라다녔다. 주최측은 젠틀맨인 아마추어는 스코어를 속이지 않을 거라고 믿었고 프로는 타수를 속일 거라고 생각했기 때문이다. 당시 아마추어 골퍼들에게는 명예가 가장 중요했고 프로들에겐 돈이 가장 큰 가치였다. 아마추어들이 속임수를 쓰지 않았는지는 알 수 없다. 그러나 내기 골프 등으로 생계를 유지하던 프로들은 실제 많은 속임수를 썼던 것으로 기록되어 있다.

## 스테이시 루이스의
## 행운권

2라운드가 끝난 후 일부 선수들은 드레스로 갈아입었다. 척추에 철심이 박혀 있는 '철녀' 스테이시 루이스도 그중 한 명이었다. 루이스는 대회장 인근 리츠칼튼 호텔에서 열린 롤렉스 2012년 LPGA 투어 올해의 선수상 시상식장에서 레드카펫에 올랐다. 최장신인 산드라 갈이 레드카펫에서 사회를 봤는데 키가 작은 미야자토 아이가 왔을 때는 일부러 구두를 벗었다. 그래도 키 차이가 많이 났다. 아자하라 무뇨스, 제시카 코르다 등 미녀 선수들도 이런저런 상을 받으러 시상식에 모습을 드러냈다.

옷맵시가 최고는 아니었지만 루이스는 2012년 가장 빛난 선수다. 4승을 했고, 톱10에 16번이나 들었다. 평균타 수(70.26) 2위, 상금(186만 달러) 2위, 그린 적중률(75%) 2위, 그린 적중시 퍼트 수(1.75) 2위였고, 버디 수(251)와 이글 수(11)에서는 1위였다. 한때 다른 세상에 살고 있는 것 같던 청야니도 루이스의 사정권에 들어와 있는 상태였다.

그녀는 대상 시상 연설을 하다가 인자하게 생긴 한 신사를 가리키며 "이분이 억지로 산 행운권 하나가 나를 이 자리에 서게 했다"면서 뜨겁게 포옹했다. 이 신사는 의사인 게리 브락이다. 행운권의 사연은 이렇다. 11세 때 척추 뼈가 휘는 척추 측만증 진단을 받은 루이스가 18살 때 척추에 티타늄 고정물과 5개의 나사를 삽입하는 대수술을 받은 사실은 잘 알려져 있다. 루이스는 불굴의 의지로 병마를 이겨내고 정상급 선수가 됐다. 그러나 의지만으로 세상일이 다 해결되지는 않는다. 이때 루이스에게 하늘이 내려준 행운이 찾아온다.

행운권에 당첨된 사람은 루이스가 아니다. 그의 집도를 담당한 의사 브락이다. 브락은 루이스를 치료하면서 환자가 골프선수임을 알고는 있었다. 그러나 아칸소 대학에 골프 특기생으로 들어갈 정도의 뛰어난 실력자란 사실은 몰랐다

스테이시 루이스 철심 집도를 한 의사 게리 브락. 그의 행운권 추첨 때문에 루이스는 2012년 올해의 선수상에 오르는 행운을 얻었다.

고 한다. 수술을 앞둔 어느 날 브락이 자선 행사에 갔을 때다. 당첨자에게 골프 프로의 레슨을 받을 수 있는 유료 행운권 추첨 행사가 있었다. 의사는 골프 레슨에 별 관심이 없었다. 그의 친구가 이 행운권을 갖고 싶어 했다. 친구가 사는 바람에 브락도 그냥 따라 행운권을 샀다는데 정작 그가 당첨되고 말았다. 브락은 프로골퍼에게 레슨을 받았는데 그가 바로 스테이시 루이스의 골프 코치였다. 그는 브락에게 골프를 가르치면서 루이스가 얼마나 뛰어난 골퍼가 될 재목인지도 알려줬다고 한다.

그래서 브락은 루이스에게 물었다.

"본래 계획은 몸에 티타늄 파이프 2개를 꽂는 것이다. 안전하지만 골프를 하기는 쉽지 않다. 골프를 위해서는 몸에 티타늄 파이프를 하나만 꽂는 수술을 할 수도 있다. 유연성이 좋아지고 몸통 회전도 낫다. 대신 스크류를 5개 넣어야 한다. 활동하다가 갈비뼈가 부러질 수 있고 동맥이 상할 수도 있다. 수술할 때 위험도 높다. 시간도 오래 걸리고 회복 기간도 두 배나 걸린다. 그래도 파이프를 하나만 꽂을 것인가?'

루이스는 골프를 위해 그 위험을 감수하겠다고 했다. 그리고 이후 동화의 주인공이 됐다. 브락은 "루이스는 정신력이 강한 선수다. 내가 그냥 파이프 2개를 꽂는 수술을 했더라도, 혹은 다른 일이 있었더라도 루이스는 포기하지 않았을 것"이라고 말했다. 루이스는 그러나 "아마 그건 운명이었던 것 같다. 그때 브락이 행운권에 당첨되지 않았으면 나는 이 자리에 서지 못했을 것"이라고 말했다.

- "사랑해요, 엄마!"

박인비는 올해의 선수상 포인트에서 루이스에 이어 2위였다. 만약 브락이 행운권을 사지 않았다면 2012년 LPGA 투어 올해의 선수상은 박인비가 받았을 것이다.

신인상을 수상한 유소연은 "지난해 서희경 언니의 연설이 너무나 멋져서 부담이 된다"고 했다. 그러다 "한국 대상 시상식에서는 춤도 췄는데 그것보다는 훨씬 낫다"고 마음을 편하게 먹었다.

서희경은 2011년 신인상 수상 연설에서 "신인상을 받으러 차를 타고 오다 문득 백미러에 비친 문구를 봤다. '거울에 비치는 사물은 보이는 것보다 가까이 있다'였다. 청야니도 멀리 있지 않다고 생각했다. 기다려라 청야니!"라고 해서 청중들을 웃겼다. 유소연은 담담하게 연설했다. "두 번째 기회를 얻기가 쉽지는 않다. 2008년에 한국 투어에서 신인왕을 놓친 후, 그때 그 홀에서 버디 퍼트를 넣었다면, 저 홀에서 드라이버가 아니라 3번 우드를 썼다면 하는 후회가 들었다. 그러나 세계 최고의 골퍼가 되는 꿈을 그런 것 때문에 포기하는 것은 바보 같은 일이라고 생각했다. 그때 느꼈던 실망을 최고의 골퍼가 되는 동력으로 썼다. 신인상을 탈 마지막 기회를 잃지 않아 해피엔딩이 됐다"고 했다. 그녀는 연설 말미에 한국말로 "사랑해요 엄마!"라고 외쳤다. 그녀의 어머니 조광자 씨가 눈물을 글썽였다.

**3 round**
**여자 골퍼에게 하이힐은 무리**

2라운드에서 2위로 올라선 최나연은 3라운드에서 LPGA 투어에서 가장 스윙 템포가 느린 미야자토 아이, 가장 빠른 브리트니 린시컴과 경기했다. 미야자토 아이는 템포가 극단적으로 느린 반면 브리트니 린시컴은 극단적으로 빠르다. 둘의 스윙을 비교한 유튜브의 동영상이 있다. 둘이 동시에 스윙을 시작했는데 미야자토가 테이크백을 겨우 마쳤을 때 린시컴은 백스윙과 다운스윙을 모두 끝내고 공을 때렸다. 최나연은 "템포가 완전히 다른 두 선수와 함께 경기해 혼란스러웠지만 같이 경기한 경험이 많아 큰 문제는 없었다"고 말했다. 그는 "경기 중 미야자토와 한국, 일본, 키우는 개 등에 대해 얘기했다"고 말했다.

최나연의 샷감은 좋았다. 평균 드라이브샷 거리가 275야드였고 그린을 놓친 홀은 두 홀에 불과했다. 그러나 퍼트감이 전날만 못했다. 퍼트 수 33개로 2라운드보다 6개가 많았다. 3번 홀에서는 3퍼트를 했고 16번 홀에서 약 2m 버디 퍼트를 넣지 못한 것도 아쉬웠다. 그러나 17번 홀에서 여섯 걸음 거리의 버디 퍼트를 성공하면서 분위기를 확 바꿨다. 최나연은 "오늘 가장 멋진 샷은 이 퍼트였다"고 말했다. 결국 최나연은 3타를 줄여, 중간합계 12언더파로 1타 차 단독 선두로 도약했다. 2라운드에서 무려 8타를 줄이며 선두로 치고 나온 미야자토는 최나연과 동반 경기한 3라운드에서는 들쭉날쭉한 경기로 1타를 줄이는 데 그쳐 10언더파 2위로 밀려났다. 최나연은 출전 선수 73명 중 유

시상식장의 미녀들. 좌측부터 아자하라 무뇨스, 유소연, 산드라 갈과 제시카 코르다. 유소연도 아름다운 드레스에 하이힐을 신었는데, 어쩌면 이 높은 구두가 그의 CME 타이틀홀더스 우승을 앗아갔는지도 모른다.

일하게 사흘 연속 60대 타수를 기록하는 안정된 모습을 보여줬다.

유소연은 상대적으로 어려운 전반 9홀에서 뛰어난 활약을 펼쳤다. 5번부터 8번 홀까지 4연속 버디를 잡았다. 그러나 비교적 쉬운 후반에 들어서는 고전했다. 10번 홀에서 보기를 하고 버디를 잡아야 할 홀들에서 파에 그쳤다. 허리가 아팠다고 한다. 유소연은 "전날 신인왕 수상식에서 하이힐을 신었는데 그것 때문에 아픈 것 같다. 평소에 하이힐을 거의 신어보지 않아서 더욱 그렇다. 허리는 무리를 하면 가끔 아픈데 하루 지나면 낫곤 하니 큰 걱정거리는 아니다"라고 했다. 신인왕도 공짜가 아니었다.

전날 선두권을 달리다 드롭 실수로 벌타를 받은 유선영은 3라운드에서 2타를 잃었다. 5언더파 공동 14위까지 밀려났다. 신지애와 박인비는 4언더파 공동 17위에 자리했다.

스테이시 루이스도 수상식 후유증을 앓았다. 18년 만에 나온 미국 국적의 올해의 선수라 여기저기서 인터뷰 요청이 많았다. 과거 루이스는 원래 말수가 적었는데 성격이 밝아져 말을 잘한다. 성적이 좋아져서 성격이 밝아졌는지, 성격이 활달해져 성적이 좋아졌는지는 확실하지 않다. 그는 미디어의 천사가 됐다. 한국 미디어까지 일일이 응해줬다.

올해의 선수상 수상 다음날인 3라운드 성적은 이븐파에 그쳤다. 최저타상 경쟁자인 박인비와 4타 차이가 났다. 그러면서 베어트로피 경쟁은 박인비 쪽으로 기울었다. 박인비가 마지막 라운드에서 72타를 치면 루이스가 64타 이하, 74타를 치면 67타 이하를 쳐야 역전이 가능했다. 박인비는 2012년 하반기 들어 거의 오버파를 치지 않았다.

사실상 99% 박인비의 베어트로피 수상이 확정적이었다.

올해의 선수상을 받지는 못했지만 박인비는 2012년 LPGA 투어의 여왕벌이다. 타이틀홀더스 전까지 226만 달러를 벌어 상금왕에다 베어트로피(시즌 평균 최소타)를 눈앞에 두고 있었다. 그런데도 그녀는 평소처럼 무덤덤한 표정이었다. 그녀는 감정을 드러내지 않는 재능이 있다. 전성기에 짙은 선글라스 속에 눈을 감추고 감정을 읽히지 않았던 데이비드 두발과 비슷하다. 상대 선수들은 박인비의 포커페이스를 매우 두려워한다. 미국 언론은 그녀를 조용한 암살자silent assassin라 부른다.

그녀의 억양에도 감정이 크게 드러나지는 않는다. 그러나 속마음까지 그렇지는 않다. 박인비는 마음이 따뜻하고 일단 친해지면 매우 유머러스한 선수다. 그녀는 "상이라면 다 좋다. 상금왕과 베어트로피 모두 소중하다. 두 개 다 타고 싶고 그러기 위해 내일도 최선을 다할 것이다. 그러나 만약 상을 타지 못한다고 하더라도 올해 성적에 만족하고 감사한다. 올해 내 목표를 훨씬 넘는 성적을 내서 나 자신을 칭찬해주고 싶다"고 진솔하게 말했다. 그는 미국뿐 아니라 일본에서도 상금을 벌었다. 합쳐서 30억 원 정도다. 웬만한 직장인은 평생 일해도 벌지 못할 돈이다. 박인비는 "어머니와 함께 KIB라는 음료수병 회사를 만들었다(그녀의 아버지는 음료수병 뚜껑 라벨 회사를 운영하고 있다). 엄마(김성자)가 김 씨여서 K가 들어가고 내 이니셜인 IB로 이름을 지었다. 내 지분이 50%"라고 밝혔다.

## 4 round
## 최나연과 유소연의 악연

• **최나연,
"더블보기 후 마음 편해져"**

챔피언조가 화려했다. 유소연은 2011년, 최나연은 2012년 US오픈 우승자다. 최나연이 세계랭킹 4위, 미야자토 아이가 8위, 유소연이 9위였다. 챔피언조에서 랭킹 10위 안에 드는 선수들이 경쟁하는 것은 흔한 일이 아니다. 일반 대회가 아니라 '귀족대회'여서 가능했으리라. 선수들 모두 상대가 거물인 것을 잘 알고 있었다.

최나연과 유소연은 악연이 있다. 2011년 한국에서 열린 한화 금융클래식에서의 벌타 사건이다. 당시 두 선수는 우승 경쟁을 했다. 12번 홀에서 최나연은 "해저드에서 유소연이 풀잎들을 치웠다"고 클레임을 걸었다. 유소연은 "안 했다"고 맞섰다. 양쪽 주장이 엇갈릴 때는 클레임을 건 사람이 증명을 해야 한다. 최나연은 증명할 수 없었다. 그래서 무혐의가 됐다. 그러나 두 선수는 두 홀이 지나 다시 12번 홀로 돌아가야 했다. 시청자들이 전화로 제보를 했다는 것이다. 최나연은 풀을 치우는 것을 봤다고 했는데 시청자들이 TV로 본 건 유소연이 해저드에서 클럽을 댄 것이었다. 판독 결과 사실이었다. 최나연은 "사실 난 소연이가 클럽을 땅에 대는 것은 보지 못했다"고 했다.

둘의 관계가 서먹서먹해질 만했다. 양용은은 2009년 PGA 챔피언십에서 우승 직후 한국에 와 신한동해오픈에서 배상문과 경기하다가 드롭 위치를 놓고 시비가 벌어졌고 오랫동안 사이가 좋지 않았다.

최나연-유소연의 벌타 사건에선 유소연이 현명하게 잘 대처했다. 유소연은 경기 후 최나연에게 "언니 미안하고 고마워요. 만일 오늘 같은 일 모르고 또 저질렀다면 더 큰일이 생길지 모르는데 많이 배웠어요"라고 했다.

두 선수에게 앙금은 남아 있지 않다. 물론 우승을 양보할 생각은 전혀 없다. 선두로 출발한 최나연이 먼저 어려움을 겪었다. 3번 홀에서 두 번째 샷이 당겨졌다. 칩샷을 포대 그린에 한 번에 올리지 못했다. 이 홀에서 더블보기를 하면서 3위로 밀려났다. 그러나 5번 홀에서 이글을 잡으면서 분위기를 바꿨다. 최나연은 "긴장해서 그런지 그립에 힘이 들어가서 초반 샷이 오락가락했다"고 말했다.

미야자토 아이는 세 선수 중 유일하게 메이저 우승 경험이 없다. 우승 기회를 잡으면 잘 놓치지 않는 것으로 유명한 미야자토이지만 평소와 달리 3퍼트를 하는 등 쇼트게임에서 흔들렸다. 10번 홀까지 보기만 4개를 하면서 우승경쟁에서 사라졌다.

이제 두 선수의 대결이었다. 유소연의 뚝심은 강했다. 12번과 13번 홀에서 버디를 잡으면서 13언더파로 공동 선두로 올라섰다. 최나연보다 2타 뒤진 채 최종라운드를 시작했기에 이제 유소연이 사실상 주도권을 가지고 있었다. 그러나 쫓다가 선두가 되면 부담은 커지고, 쫓기다가 공동 선두가 되면 부담은 줄어들 수 있다. 최나연은 선두를 내줬다고 쉽게 포기하는 선수가 아니다.

유소연에게 운이 없었다. 14번 홀에서 두 발걸음 내리막 퍼트가

챔피언조에서 맞붙은 세 선수. 좌측부터 유소연, 미야자토 아이, 최나연.

홀을 돌아오면서 3퍼트가 됐다. 버디를 잡아야 할 짧은 파4인 16번 홀에서도 파에 그쳤다. 최나연은 이 홀에서 여유 있게 버디를 잡아 타수차를 2로 늘렸다.

유소연에게 기회가 또 있었다. 파3인 17번 홀에서 최나연의 티샷이 그린 오른쪽으로 밀렸다. 그러나 유소연의 티샷도 그쪽으로 갔다. 유소연이 핀에 더 가깝게 붙였지만 최나연이 약 2.5m 파 퍼트를 넣어버려 의미가 없었다. 최나연은 버디 3개, 이글 1개, 보기 1개, 더블보기 1개를 묶어 2언더파를 쳤다. 총 14언더파로 유소연을 2타 차로 눌렀다.

최나연은 최종라운드에서 더블보기를 하고도 우승하는 특별한 선수가 됐다. 그녀는 "올해 US오픈 마지막 날 트리플보기를 하고도 우승해서 배운 것이 많았다. 그때를 생각하면서 버틴 것이 우승의 원동력이 됐다. 초반 상당히 긴장했다. 이상하게 들리겠지만 3번 홀에서 더블보기를 한 후 마음이 편해졌다. 단독선두였다가 공동선두가 된 것은 실질적으로는 내가 다른 선수를 쫓게 된다는 것인데 그 이후 마음이 편해져 공격적으로 경기를 할 수 있었다"고 심경을 밝혔다.

최나연은 우승 후 "월요일 올랜도에서 새 집을 보러 가기로 했는데 좀 큰 집을 살 수 있을 것 같다"고 농담을 했다.

- **얄미운**
  **NYC**

최나연은 다른 선수들의 부러움을 받는 선수다. 2011년 사임다비 말레이시아 우승으로 LPGA 투어 한국선수 100승의 기념비에 이름을 새겼다. 또 한국에서 열린 하나은행 챔피언십에서 2번이나 우승했다. 박세리가 1998년 US오픈에서 우승했던 블랙울프런에서 2012년 우승하면서 매스컴의 주목을 한 몸에 받았다.

미국에서도 인기다. 그의 이름 이니셜이 NYC여서 뉴욕시의 별명인 '빅애플'이라는 별명이 붙었다. 외모가 빼어난 최나연을 한국 TV는 물론 미국 TV도 좋아한다. 그는 한국선수 중에서는 유일하게 미국 골프 채널 아침 프로그램에 두 번이나 초대되어 나갔다. 안니카 소렌스탐, 폴라 크리머 같은 인기 선수들이 출연한 프로그램이다.

최나연이 2012년 우승한 US 여자오픈과 CME 타이틀홀더스는 상금이 첫 번째, 두 번째로 많은 대회다. 두 대회 우승 상금으로만 108만6천 달러다. 두 대회에서는 한 번 칠 때마다 약 550만 원, 6백만 원씩 번 셈이다. LPGA 투어에서 최나연은 얄미울 정도로 잘 풀리는 선수다. 최나연은 상금도 많이 벌지만 스폰서십이 더 많다. 실력도 좋고 외모도 좋은 그녀에게는 스폰서 10여 개 회사가 따라붙는다. SK 텔레콤에서 옵션을 포함해 최대 연 15억 원을 받는 것으로 알려졌다. 국내 골프계에서 최나연은 '걸어 다니는 광고판'으로 불린다.

어릴 때 최나연은 짓궂은 개구쟁이였다. 경기도 오산에서 한 살 터울 오빠와 프로레슬링을 하면서 컸다. 최나연은 "내가 잘하는 프로레슬링 기술은 여럿 있었지만 주무기는 크로스 라인이었다"면서 웃었다. 링으로 세게 밀고 튕겨 나오는 상대를 팔로 목을 치는 기술이다. 놀랍게도 최나연은 오빠에게 질 때보다 이길 때가 더 많았다. "오빠는 착했고 내가 보기보다 힘이 세다"고 했다. 최나연은 "울면 지는 것이라고 생각해서 끝까지 울지 않았고 이기려고 용을 썼다"고 했다. 오빠가 맞고 들어오면 최나연이 쫓아가 "우리 오빠한테 누가 그랬어?"라면서 때려주기도 했다고 한다.

최나연은 "아빠는 초등학교 때 동네 남자 아이들하고도 씨름을 시켰는데 줄을 서서 덤벼도 내가 거의 이겼다"고 말했다. 겨울이면 최나연은 벼농사가 끝난 논에서 동네 오빠들과 축구를 했고 사고도 많이 냈다. 유치원 때부터 유리창을 깨고 다닌 유명한 사고뭉치였다. 외출했다 들어오면 주머니에 돌 같은 잡동사니를 넣고 와 어머니에게 혼도 많이 났다고 한다. 그래도 엄마는 딸에게 공주처럼 머리를 기르게 하고 드레스와 예쁜 옷만 입혔다. 최나연은 "여자는 옷을 그렇게 입어야 하는 걸로 생각했다"고 한다.

그러나 어느 날 모든 것이 확 바뀌었다. 최나연은 "운동을 시작하는 날 머리칼을 짧게 잘랐다. 땀도 나고 불편하며 운동선수의 자세가 아니라고 생각했다. 이후 치마를 입지 않았다"고 말했다. 최나연에게 골프는 그냥 취미가 아니었다.

"아버지는 청년시절에 프로골퍼가 되고 싶어 하셨다. 아버지는 자신이 못 이룬 꿈을 우리가 이뤄주기를 바라신 것 같다. 초등학교 3학년이던 어느 날 오빠와 나를 골프 연습장으로 데려갔다. 오빠는 골프가 재미없다고 했고 나는 해보겠다고 했다. 아버지는 '너를 후원하겠으나 대신 이걸 단순한 취미로만 생각하지 말라'고 하셨다. 이왕 하려면 세계 최고가 되라는 말씀이셨다. 그런 말을 듣지 않았어도 나도 당연히 그렇게 해야 되는 걸로 생각했다. 한 번 칼을 뽑으면 끝장을 봐야 하는 것이 내 성격이었기 때문이다."

이후 최나연은 골프에 모든 에너지를 쏟았다. 겨울엔 전지훈련을 가서 땀을 흘렸고, 전지훈련이 끝나고 나서도 경기도 오산에서 훈련했다. 밤에는 아버지가 운영하는 시골 주유소에서 시간을 보냈다. 군고구마를 까먹고, 기름을 넣으려는 손님이 오면 꼬마 최나연이 달려 나가 주유하기도 했다. 밤이면 주유소 사무실에서 웨지샷 연습도 했다. 1m 앞에 있는 난로를 넘기는 연습이었다. 아버지 최병호 씨는 야구 글러브로 이 공을 받았다. 공을 잘 띄울 수 있어야 훌륭한 선수가 될 수 있다는 생각이었다. 최나연은 "그 난로 앞 훈련 때문에 쇼트게임을 잘하고, 롱아이언도 높이 잘 띄우고, 전장이 긴 코스에서도 다른 한국선수들에 비해 좋은 성적을 내는 것 같다"고 말했다.

쉽지는 않았다. 아버지가 주유소를 운영했지만 오지여서 생활이 여유롭지 못했다. 골프를 하는 데는 돈이 많이 든다. 이런 일화도 있다. 주니어시절 지방대회에 나갈 때는 경비가 부족했다. 아버지가 따라갔지만 방 2개를 빌릴 형편이 안 됐다. 아버지는 좁은 여관에서 다 큰 딸과 함께 자는 것이 좋지 않다고 생각했고, 최나연은 방에 들어가 창문으로 아버지에게 베개를 던져 줬다. 아버지는 그 베개를 받아 차에서 잤다.

- **Nothing to Lose**

세계적으로 성공한 한국의 골프선수들은 다들 이런 어려움을 겪고 자랐다. 김경태는 돈을 아끼려고 밑창이 떨어진 골프화를 신고 대회에 나가기도 했다. 신지애는 어머니의 교통사고로 받은 사망 보험금 중 빚을 갚고 남은 1천7백만 원을 가지고 골프를 했다. 그는 "어머니의 목숨과 바꾼 돈으로 운동을 해서 물러날 수 없었다"고 말했다. 최경주도 양용은도 그렇게 피어났다. 최나연은 과거에 겪은 어려움을 창피하다고 여기지 않는다. 그녀는 "그런 헝그리 정신이 성공하는 데 도움이 된 것 같다"며 "친척 동생이 골프를 시작했는데 어려움도 겪어보게 하는 것이 더 좋을 것 같다고 친척들에게 조언했다"고 말했다.

최나연은 20대 초반에 성공했고 다른 사람들이 평생 벌기 어려운 큰돈을 벌었다. 서울 강남에 5층짜리 빌딩도 샀다. 요즘 취업난을 겪는 20대 청년들의 눈엔 기적 같은 일이다. 좌절한 또래 친구들에게 어떤 말을 해줄 수 있느냐고 물었다. 최나연은 "운도 좋았지만 나는 당당하게 말할 수 있다. 14년 넘게 골프를 하면서 즐거웠던 날도 많았고, 괴로웠던 날도 많았지만 단 하루도 후회한 날이 없다. 기적은 하루아침에 이뤄지는 것이 아니지 않느냐?"고 말했다. 후회 없는 하루하루가 14년간 쌓여 한국 최고의 여성 골퍼 최나연이 만들어졌다.

최나연이 처음부터 고속도로를 타고 LPGA에 온 건 아니다. 신지애는 2008년 비회원으로 LPGA 투어에서 3승(브리티시 여자오픈, 미즈노오픈, ADT 챔피언십)을 거둬 Q스쿨 없이 LPGA에 무혈입성한 반면 최나연은 조건부 시드를 달고 LPGA를 시작했다. 최나연의 회고다.

"Q스쿨 최종전을 치르고 나서 전체 21등, 조건부 시드 4등이라는 성적표를 받아 보고 LPGA 투어에서 뛰어야 하나 심각하게 고민했다. 조건부 시드여서 몇 경기나 뛰게 될지도 몰랐고 돌아갈 한국 투어가 있어서 그랬는지도 모르겠다. 퓨처스 투어를 뛰기도 어렵고 언제 출전권이 나올지 모르는 LPGA 투어 대회를 무작정 기다리기도 어려웠다. 월요 예선을 다 쫓아다니는 것도 부담이었다."

그러나 최나연은 한국과 일본이라는 안락한 둥지를 다 버렸다. "내가 정말 가고 싶었던 곳이 어딘가라는 질문에 답은 미국뿐이었다. 그리고 앞뒤 보지 않고 그냥 결정했다. 아버지랑 선생님이랑 아예 밑바닥에서 다시 시작하자는 마음으로 미국에 왔다. 미국에서는 잃을 것이 없었다. 한국에서의 최나연이 아니라, 미국에서 아무도 모르는 무명 선수 최나연으로 시작하기로 했다. 그래서 하나라도 더 배울 수 있었고 한순간도 쉴 수가 없었다. 그래서 지금 주니어 선수들 보면 아예 일찍 오라고 얘기한다. 한국에서 뭘 좀 해놓고 오면 그게 아까워서 고민한다. 아예 일찍 오면 이뤄놓은 것이 없기 때문에 잃을 것도 없고, 와서 잘 배우고 쌓아가기만 하면 된다."

최나연은 밑바닥에서 바로 나왔다. 2008년 신인으로서 27개 대회에 출전해 2번 준우승하는 등 톱10에 9번이나 자리했다. 상금랭킹 11위. 조건부 시드 루키로선 전례 없는 대활약이었다. 그러나 우승은 없었다. 우승 문턱에서 번번이 미끄러져 뒷심 부족이란 말을 들었다. 뒷심부족이란 말을 언론에서 쉽게 사용하곤 한다. 하지만 과용해서는 안 되는 말이다. 선수들은 이 말을 들으면 안 그러다가도 경기 후반 무너지는 경향이 생겨버린다. 고약한 부적 같은 말이다.

2008년 에비앙 마스터스가 가장 안타까웠다. 최나연은 4홀을 남기고 4타를 앞서고 있었다. "우승이 눈앞에 있다고 생각하니 긴장이 되고 덜덜 떨렸다. 헬렌 알프레드손이 쫓아왔다. 클럽을 잡고 있기도

페어웨이를 함께 걸으며 담소를 나누고 있는 유소연(왼쪽)과 최나연.

무서울 만큼 떨렸다. 최나연은 결국 연장 끝에 준우승했다. "연장 세 번째 홀에서 많이 울었다. 울어도 달라지는 것은 하나도 없다는 것이 더 슬펐다. 공항까지 가는 1시간 30분 동안 차에서 엉엉 울었다. 누가 밀 엄두도 내지 못할 정도로 울었다. 공항에서 인비랑 (오)지영이랑 만났는데 친구들이 내 얼굴 퉁퉁 부은 것을 보고 깜짝 놀라더라. 그때 누군가에게 진다는 것이 어떤 느낌인지 알았다."

최나연은 그 악몽 같은 역전패를 가장 소중한 기억이라고 여긴다. "내가 실력이 모자란다는 것을 알았을 때 가장 성장한다고 생각한다. 신인이었는데 큰 대회에서 어려움 없이 우승했다면 자만했을 것이고 지금 이 자리에 오지 못했을 것이다. 그때의 아픈 역전패 때문에 나를 좋아하는 팬도 많이 생겼다."

첫 우승은 2009년 삼성 월드챔피언십에서다. 최나연은 2008년 남자 US오픈을 개최한 샌디에이고의 토리파인스 남코스에서 3라운드 9언더파로 자신의 최저타를 쳤다. 그러나 4라운드에선 9번, 10번, 11번, 15번 홀에서 잇달아 보기를 범했다. 4타를 줄이고 추격한 미야자토에게 밀려나 2위가 됐다. 운이 좋았다. 앞선 조에서 경기한 미야자토의 18번 홀 세컨샷이 물에 빠져 보기를 했고 최나연은 버디를 잡아 1타 차로 우승했다.

- **패배가 더
소중하다**

다들 삼성 월드챔피언십을 최나연의 가장 중요한 대회라고 여기지만 최나연은 첫 우승보다 에비앙의 기억이 더 소중하다고 여긴다. 그 기억이 그를 계속 움직이게 하는 동력이 된다고 여기기 때문이다. 패배의 기억이 소중하다고 여기는 골퍼는 많지 않다. 최나연은 특별한 골퍼다.

2011년 8월 열린 세이프웨이 클래식에서는 3타 차 선두로 출발해 연장전에서 수잔 페테르센에게 패했다. 최나연은 연장전에서 두 번째 샷을 물에 빠뜨렸다. 최나연은 "그날도 후회 없는 날"이라고 했다. "당시 그 홀을 공격할 때 오른쪽으로 약간 휘어지는 페이드샷이 아니면 안 된다고 판단했다. 결과가 좋지 않아 물에 빠졌지만 최선을 다했기에 후회하지는 않는다"고 말했다. 최나연은 2011년 하나은행 챔피언십에서 청야니와 우승 경쟁을 벌이다 패했다. 그날은 마음이 아팠다. 꼭 이겼어야 했다고 최나연은 생각한다. "끝나고 집에 들어가서 울었다. 최선을 다했는데 저 선수가 나보다 고수구나. 청야니는 한국선수들이 생각도 못했던 전략(4라운드 13번 홀에서 옆 홀로 질러 친 것) 등 코스 매니지먼트에서도 한 수 위구나라는 생각도 했다"고 말했다.

그러나 최선을 다하면 된다는 신념을 가졌기에 바로 다음 대회인 사임다비 LPGA 말레이시아에서 우승했다. 최나연은 청야니에 대해 이렇게 말한다. "청야니는 남자들도 하기 어려운 농구 코트 하프라인 슛을 할 수 있고, 당구도 프로 수준이며, 모든 스포츠에 만능이다. 운동신경도 아주 좋다. 올해 아주 잘하고 있고 그걸 나도 인정한다. 그러나 아직 소렌스탐 같은 골프 여제가 된 것은 아니라고 본다. 소렌스탐처럼 오랫동안 실력을 유지해야 여제라는 칭호를 들을 수 있는 것 아닌가."

청야니와 최나연은 어릴 적부터 친구다. "중학교 2학년 때 국제대회에 나가 처음 봤는데 너무 웃겼다. 남자 아이 같은 더벅머리도 그랬지만 앞니가 몇 개 없는 상태였기 때문이다. 넘어졌다 그랬나, 싸웠다 그랬나 잘 기억이 나지 않지만 아주 웃겼다. 아직도 집에 있는 옛날 주니어 대회 팸플릿 어딘가에 앞니 빠진 청야니 사진이 있다"고 했다. 이후 둘은 친하게 지냈다. 청야니가 아마추어시절 국내 대회에 참가했을 때 최나연의 집에서 묵었다. 국가대표로 국제대회에서 자주 만나 어울려 다녔다. LPGA 투어에 진출한 후 두 선수 모두 올랜도 근처에 산다. 가끔 청야니가 최나연 집에 놀러 와서 밥을 먹고 간다. 청야니는 한국음식을 매우 좋아하며 넉살도 좋다고 한다. 대회 참가로 여행 다닐 때도 한국어로 "밥 줘요"라면서 최나연의 호텔 방으로 종종 찾아온다. 최나연은 "야니는 삼겹살에 김치를 좋아하고, 된장찌개에 밥을 두 공기씩 먹고 간다"고 말했다.

최나연은 "팬들이 청야니를 혼내주라고 하는데 내가 청야니를 보고 골프를 하는 것도 아니고, 그가 목표도 아니다. 부럽지도 않다"고 말했다. 최나연의 목표는 올림픽에서 금메달을 따는 것이고 또 하나는 교수가 되는 것이다. 최나연은 "이를 위해 요즘도 하루하루를 후회 없이 살고 있다"고 말했다.

실력과 이미지, 인성 등 모든 것을 갖춘 최나연은 LPGA 선수들이 가장 좋아하고, 가장 부러워하는 선수다. ⓒ JNA

## 4

Orlando,
Florida

## 플로리다의 오아시스

#올랜도

- **엘리베이터 딸린 저택**

미국 플로리다 주 올랜도는 어린이들의 천국이다. 디즈니 월드와 유니버설 스튜디오가 있다. LPGA 투어 선수들에게도 천국이다. 골프 스타 박세리의 집은 미국 플로리다주 올랜도에 하나, 캘리포니아 팜 스프링스에 하나가 있다. 박세리가 주로 머무는 플로리다의 집은 올랜도의 청담동이라고 불리는 '닥터 필립스' 지역의 비스카야 주택 단지에 있다. 이 단지 입구 게이트에는 2중 차단기가 있다. 거주자는 리모컨으로 차단기를 열고 들어갈 수 있지만 비거주자는 미리 방문 약속을 해야 하고, 경비원에게 신분증을 제출한 후에야 출입할 수 있다.

비스카야는 고급 레스토랑 밀집지와 쇼핑몰이 지척이고 공항과도 가깝다. 또 샌드레이크라는 이름의 호수를 끼고 있다. 미국 부동산 시세가 폭락하던 2008년에도 이 동네는 집값이 거의 내리지 않았고, 요즘도 이 단지의 매물이 나오기를 기다리는 사람들이 줄을 서 있다고 전해질 정도로 인기 있는 단지다.

특히 박세리의 집은 호수를 남쪽으로 끼고 있어 이 단지에서 가장 노른자위 집들 중 하나다. 미국을 비롯한 서양에서는 물가에 있는 집waterfront house의 가치를 높이 쳐준다. 박세리의 집은 특히 해가 질 때 낙조의 풍경이 매우 뛰어난데 "이 경치 값이 1백만 달러"라고 동네 사람들은 얘기한다. 비슷한 집이라도 호수를 끼지 않은 집들과는 1백만 달러 차이가 난다는 것이다.

박세리의 집은 대지는 약 250평, 건평은 약 180평쯤 된다. 미국의

박세리와 이지영 집 앞에 있는 샌드레이크 호수. 물이 맑아 수상 레저스포츠에 좋은 곳이다.

건평은 한국과는 다르다. 실내에 냉난방이 되는 공간만 건평으로 계산된다. 창고 같은 곳은 건평에서 제외된다. 3층인데도 집에 엘리베이터가 있을 정도로 호화롭게 지어진 집이다. 집과 호수 사이에는 뜨거운 물이 나오는 자쿠지jacuzzi가 포함된 수영장이 있는데 정원의 야자수들 때문에 매우 이국적인 분위기가 난다.

비스카야 단지에는 LPGA 투어 선수들이 많이 산다. 유선영, 박희영, 양희영, 장정 등이 이 단지에 집을 가지고 있다. 박세리처럼 호수를 낀 집에 사는 선수는 노르웨이의 최고 골프 스타 수잔 페테르센, 2005년 나인브릿지 클래식에서 우승해 신데렐라로 등극한 이지영 선수다. 세 선수는 이웃이다. 이지영 선수의 옆집이 페테르센의 집이고 한 집 건너 박세리가 산다. 이지영과 박세리의 집 구조는 같은데 페테르센의 집은 이보다 넓다. 이지영 선수는 집 안에 연습 그린을 만들어놨고 페테르센은 마당에 연습 그린이 있다. 이지영은 엘리베이터를 거의 사용하지 않는다. 1층에 영화를 볼 수 있는 방이 있고, 헬스 시설, 연습 시설도 있다.

박세리처럼 유명한 프로골퍼들은 대부분 미국 플로리다주에 산다. 올랜도는 겨울엔 쌀쌀하기도 하고 여름엔 습하므로 날씨로 보면 캘리포니아주 샌디에이고나 애리조나주 피닉스 쪽이 좀 나은데도 단연 플로리다가 최고 인기다. 캘리포니아주에 사는 선수들이 있기는 하다. 미국선수로는 필 미켈슨, 한국선수로는 김인경 등이 미국 최고의 날씨로 꼽히는 샌디에이고 인근에 산다. 그러나 캘리포니아에 살면 세금 때문에 손해가 크다.

특히 2013년 미국 정부가 부자 증세를 단행해 상황이 더 나빠졌다. 버락 오바마 행정부는 고소득층의 소득세율을 39.6%로 올렸다. 돈 많이 버는 프로골퍼들은 '세금폭탄'이라고 속으로 억울해 한다. 그러나 이건 돈 많이 버는 미국 사람이라면 누구나 내야 하는 세금이라 참을 수도 있다. 그런데 캘리포니아 주 정부 역시 올해 개인소득세 최고 세율을 10.3%에서 13.3%로 인상했다. 그 돈으로 복지를 강화하겠다는 것이다. 미켈슨은 세금에 대해 공개적으로 반발했다가 "돈 많이 버는 프로선수가 욕심만 많다"는 여론의 질타를 받고 사과했다. 그는 연 6천만 달러 정도를 버는 것으로 알려졌다.

반면 플로리다나 텍사스, 네바다주 등에 살면 소득세가 없다. 미켈슨이 낸 소득세 13.3%를 내지 않는다. 한국의 최경주, 양용은 등

박세리는 올랜도 닥터필립스 말고도 캘리포니아 팜스프링스 인근 빅혼에도 집이 있다. 집앞 뜰에 마련된 수영장에서 활짝 웃고 있는 박세리.

남자 선수들은 대부분 텍사스주 댈러스에 산다. 댈러스는 미국의 가운데에 있고 큰 공항이 있어 올랜도보다 이동하기에 편하다는 장점이 있다. 삼성전자가 이곳에 자리 잡아 한국인 커뮤니티도 크다.

타이거 우즈는 캘리포니아주에서 자랐지만 프로로 선향하면서 일찌감치 플로리다로 이주했다. 부자들에 대한 세금이 높은 유럽의 골프선수들도 바다 건너 플로리다주에 자리를 잡는 경우가 흔하다. 소득세가 없는 대신 플로리다는 재산세가 비싸다. 그래도 부자들은 플로리다가 훨씬 낫다고 여긴다.

올랜도의 최고 부자들이 사는 곳은 윈드미어의 아일워스 단지다. 박세리가 사는 비스카야가 서울의 청담동이라면 아일워스는 평창동 혹은 성북동쯤 되는 곳이다. 특히 스포츠 스타들이 많이 산다. 전 농구선수 샤킬 오닐과 그랜트 힐, 야구선수 켄 그리피 주니어 등이 거주한다. 타이거 우즈도 2011년까지 이곳에서 살았다. 2009년 섹스 스캔들 노출의 도화선이 된 소화전에 차를 들이받는 사고를 낸 곳도 여기다.

당시 이 동네에는 우즈와 그의 전 부인 엘린 노르데그린을 취재하기 위해 파파라치 수백 명과 유명인 폭로 전문 인터넷 매체가 전세 낸 헬리콥터들이 진을 치고 있었다. 아일워스 단지의 철통 보안 시스템은 그 많은 파파라치들에게서 우즈의 집을 방어했다.

- **나는 어디서 왔는가**

최나연은 아일워스의 바로 옆에 있는 킹스 포인트 주택 단지에 산다. 최나연은 지난해 11월 LPGA 투어 시즌 마지막 대회인 CME 타이틀 홀더스 우승 직후 이 집을 샀다. 현재 집보다 작은 집을 사려고 했는데 우승 상금이 50만 달러인 이 대회에서 덜컥 우승하면서 좀더 큰 집을 골랐다. 2013년 1월 올랜도에서 열리는 PGA 용품쇼 기간에 가 본 최나연의 새집의 대지 면적은 200평 정도이고 건평은 100평쯤 됐다. 방이 4개인데 최나연이 쓰는 마스터룸에는 옷방이 2개다. 샤워룸은 웬만한 한국 40평대 아파트의 안방만 하다. 뒷마당에는 야외 그릴 시설이 있다. 박세리의 집처럼 호수를 끼고 있고 수영장도 있다.

그래도 인근 아일워스의 호화저택에 비하면 작고 박세리의 집과 비교해도 검소한 편이다. 최나연이 이곳으로 이사온 이유는 좋은 집 때문이 아니라 좋은 골프장 때문이다. 이웃에 있는 아일워스 단지의 골프장은 플로리다 최고로 꼽힌다. 완벽에 가깝게 관리되어 겨울에 훈련하기에 가장 좋은 곳이다. 그녀는 "1년에 올랜도에 있는 기간은 10주 정도에 불과하지만 짧은 기간에도 가장 효율적인 연습을 하기 위해서 투자를 해야 했고, 아일워스 골프장 바로 옆에 집을 사겠다"고 했고 2013년 1월 4일 입주했다. 청야니 등을 초대해 집들이를 했다.

최나연은 "대회에 나가려면 집을 비우는 시간이 많은데 이런 집들은 단지에서 관리도 해주고 보안도 좋아 마음에 든다"고 말했다. 그의 화장대에는 스물여섯 숙녀에게는 다소 검소해 보이는 화장품들이 있었다. 거울에는 메모지들이 붙어 있다. 그 중 하나는 "I always try to remember my roots, where I came from(나는 항상 내가 어디서 왔는지, 나의 근본은 무엇인지 기억하려 한다)"이다. integrity(성실), dignity(품위)라는 말도 적혀 있다. 영어 공부를 위한 메모이기도 하고 자신의 신념을 다지는 글이기도 하다.

고급 주택에 살지만 초심은 그대로다. 신발장에 구두는 하나도 없었다. 골프화, 운동화, 단화들만 있었다. 옷도 죄다 운동복뿐이었다. 최나연은 "한국에는 구두와 다른 옷가지들이 있긴 하지만 이곳에서는 운동에 전념하고 싶다"고 말했다. 최나연은 2016년 리우 올림픽에 정식종목이 되는 올림픽에 국가대표로 나가서 금메달을 따고 싶다"고 한다. 새로 산 이 집이 그 목표를 향한 디딤돌이 될 것으로 최나연은 기대한다.

그는 동계훈련 기간 중 매일 아침 8시 30분에 아일워스 골프장으로 가서 오후 6시 30분쯤 집으로 돌아온다. 정상급 선수로서는 훈련량이 많은 편이다. 그는 "이 정도 했으면 됐다고 생각해 본 적이 없다.

위  인근 아일워스 호화저택에 비하면 검소한 최나연의 집.
대지면적은 200평 정도로 집 뒤쪽에는 호수를 끼고 수영장이 있다.
아래  "I always try to remember my roots, where I came from."
최나연의 화장대 거울에 붙어 있는 말이다.

아직도 내가 갈 길은 멀다"고 했다. 20대 중반이 되면서 경쟁자들을 신경 쓰지 않고 자신의 신념과 방법을 믿고 갈 수 있게 된 것이 큰 수확이라고 최나연은 여긴다. 그는 나이가 드는 것에 대해 "유연성이 떨어지는 걸 느낀다. 아무리 스트레칭을 많이 해도 고등학교 때만큼 유연하지 않다. 인정하고 싶지 않지만 인정할 건 인정하고 살기로 했다"고 말하며 웃었다.

시설이 좋고 보안도 완벽해서 많은 프로골퍼들이 이곳 아일워스에서 훈련을 한다. 찰스 하웰 3세, 로버트 앨

최나연 선수의 신발장을 빼곡이 채운 건 모두 골프화, 운동화이다. 옷방에도 운동복뿐이다. 초심을 잃지 않은 그의 모습을 발견할 수 있었다.

런비, 스튜어트 애플비, 대런 클락, 폴라 크리머, 마크 오메라 등이 이곳에 집을 가지고 있다. 최나연처럼 이곳을 주 훈련지로 쓰는 LPGA 선수는 독일 출신의 섹시 골프 스타 산드라 갈이 있다. 이 골프장의 멤버십을 가진 프로골퍼들은 인근 다른 골프장의 프로골퍼들과 타비스톡컵이라는 동네 대항전도 한다. 골프 방송에서 이 동네 대항전을 중계했고 시청률도 꽤 높았다. 어니 엘스, 그레이엄 맥도웰, 안니카 소

렌스탐, 폴라 크리머 등 워낙 유명한 선수들이 많이 나왔기 때문이기도 하고, 회원만 들어갈 수 있는 아일워스 골프장과 인근 집들을 화면으로 엿볼 수 있는 기회이기도 했기 때문이다. 타비스톡컵의 주역은 역시 타이거 우즈였다. 사실 우즈 때문에 만든 대회다. 최나연은 "아일워스에서 우즈는 떠났지만 골프장, 클럽하우스 등 곳곳에 우즈의 우승 사진과 메이저 우승 깃발 등 그의 흔적이 남아 있다"고 말했다.

캘리포니아 팜스프링스에 있는 박세리의 두 번째 집은 건평 2천 평방피트(약 56평) 정도로 박세리에겐 아담한 집이다. 안니카 소렌스탐에게 샀다. 프로 골프선수들은 동료의 집을 선뜻 산다. 특히 성적이 좋은 선수의 집이 잘 팔린다. 타이거 우즈가 소화전을 들이 받은 사고를 낸 아일워스 집은 또 다른 골프 스타 버바 왓슨이 사서 새로 집을 지어 입주했다. 최나연은 "동계훈련 동안 버바 왓슨의 집 공사 때문에 골프장에 먼지가 좀 났다"고 말했다.

청야니의 올랜도 레이크 노나 단지의 집도 안니카 소렌스탐에게서 산 것이다. 소렌스탐은 이 집을 골프 교습가인 데이비드 레드베터에게서 샀다. 두 사람 모두 이 집에 사는 동안 더 성공했고, 더 큰 집을 사서 이사했다. 청야니도 이 집을 산 이후 랭킹 1위로 올라섰다. 청야니는 "소렌스탐의 우승 트로피를 채웠던 거대한 방을 나의 트로피로 장식하겠다"고 말한 적이 있다. 은퇴한 소렌스탐은 올랜도 인근에서 안니카 소렌스탐 아카데미를 운영하고 있다. 그는 큰 대회를 앞두고는 문자메시지를 통해 청야니를 응원한다.

최나연은 현재 2채의 집을 가지고 있다. 예전에 살던 올랜도의 또 다른 집을 팔지 않았다. 그는 "미국 부동산 가격이 폭락해서 현재 팔기에는 너무 아깝다"고 했다. 그의 집은 일본 투어에서 활약하다 올해 LPGA 투어로 진출한 아리무라 치에가 임차해 쓰고 있다. 아리무라도 세계랭킹 2위까지 오른 최나연의 정기를 받고 싶어 했는지 흔쾌히 집을 계약했다고 한다.

커다란 집이 반드시 좋은 것만은 아니다. 이지영 선수의 아버지 이사원 씨는 "집이 커지면서 가족들 얼굴을 보기가 힘들어졌다. 커다란 집이 꼭 행복한 것인가에 대해서는 생각해 볼 문제"라고 말했다.

- **인터내셔널
크라운**

올랜도는 LPGA 투어에 오는 한국선수들이 꼭 들르는 정거장 같은 곳이다. 1세대 박세리, 김미현부터 대부분의 선수가 올랜도에서 LPGA 잔뼈가 굵었다고 해도 과언이 아니다. 한국선수들의 전지훈련의 메카이기도 하다. 요즘 새로 LPGA를 희망하고 오는 선수들도 대부분 올랜도에 정착해 기회를 찾는다.

최운정이 올랜도의 볼빅 부스에서 시간을 보내는 동안 용품쇼장에 LPGA 최고 스타들이 나타났다. 청야니, 최나연, 스테이시 루이스, 아자하라 무뇨스다. LPGA는 이 선수들을 모아놓고 2014년부터 격년으로 8개국이 참가하는 국제대회인 인터내셔널 크라운을 연다는 기자회견을 열었다. 총상금 160만 달러를 걸었다.

LPGA 투어 커미셔너 마이클 완은 "골프 투어와 올림픽은 어떤 선수가 가장 뛰어난지를 가리는 형식이다. LPGA는 글로벌화된 투어로서 어느 나라가 가장 강한지 겨룰 필요가 있다"고 말했다. 선수들의 참가 편의를 위해 이 대회는 당분간 미국에서 개최된다. 첫 대회는 2014년 7월 24일부터 27일까지 미국 볼티모어 인근 캐브스밸리 골프장에서 열린다. 참가국은 세계랭킹 500위 내 선수 중 국가별 최고 선수 4명의 랭킹 포인트를 합산해 상위 8개국이 출전한다. 기자회견이 열린 2013년 1월 기준으로 보면 한국·미국·일본·스웨덴·호주·스페인·대만·잉글랜드가 된다. 참가국 결정 시기는 2013년 LPGA 투어 마지막 대회이지만 참가선수는 2014년 첫 메이저대회인 나비스코 챔피언십을 기준으로 삼는다. 랭킹 포인트가 높아도 500위에 드는 선수가 4명이 되지 않으면 참가할 수 없다.

이 대회는 여자 골프 최강인 한국을 위한 맞춤 대회가 될 수 있다. 한국선수들은 기자회견 시점 세계랭킹 20위 내에 9명이 올라 있다. 최나연(2위)·박인비(4위)·유소연(7위)·신지애(8위)다. 2014년 첫 대회 우승후보 1순위다. 최나연은 "한국선수들이 워낙 잘하기 때문에 양궁처럼 (우승하는 것보다) 대표팀에 선발되는 것이 더 어려울 것 같다"면서 "대표가 되기 위해 열심히 해야 할 것 같다"고 말했다.

경기 방식은 기존 미국과 유럽연합팀의 대륙 간 대항전인 라이더컵(남자)이나 솔하임컵(여자) 등과 다르다. 이 두 대회의 기본 틀은 양팀 참가선수들의 일대일 대결 구도다. 하지만 인터내셔널 크라운은 국가 대 국가로 치르는 리그전League match 형식으로 치러진다. 사흘간 예선 2개 조로 나눠 4팀씩 라운드 로빈Round robin, 다른 모든 참가국과 순서대로 만나는 토너먼트 방식의 포볼 매치플레이로 예선을

인터내셔널 크라운 기자회견 장면. 왼쪽부터 스테이시 루이스, 청야니, 커미셔너 마이클 완, 아자하라 무뇨스, 최나연.

치른다. 이기면 2점, 비기면 1점을 얻는다.

마지막 날 결선에는 5개국만이 진출한다. 각 조 상위 2개 팀과 와일드카드다. 와일드카드는 예선 3위 두 팀이 플레이오프를 치러 결정된다. 최종일엔 싱글 매치플레이다. 종합 점수에 따라 국가별로 1번부터 5번까지 시드가 다시 부여되고 각 국가(선수 4명)는 다른 모든 국가들과 한 번의 경기를 치른다. 상대국 선수는 무작위 추첨이다. 우승팀은 40만 달러를 받는다. 매우 흥미로운 구도다. 마이클 완은 "솔하임컵보다 더 큰 대회가 될 수 있을 것 같다"고 기대했다.

청야니와 스테이시 루이스는 기자회견에서 "나라를 대표하는 것은 선수로서 가장 중요한 것"이라면서 "반드시 참가해 최선을 다하겠다"고 말했다.

## LPGA 헤드쿼터

인터내셔널 크라운은 LPGA 커미셔너인 마이클 완의 머리에서 나왔다. LPGA를 더욱 글로벌화하겠다는 의도다. 용품쇼가 열린 올랜도에서 1시간 정도 거리에 나스카NASCAR 자동차 경주로 유명한 데이토나비치가 있다. 이 도시를 남북으로 가르는 큰 도로는 LPGA 블루바드다. 이곳에 있는 LPGA 본부 때문에 이렇게 이름을 지었다. LPGA 본부는 두 골프코스(챔피언스 코스, 레전드 코스)를 끼고 있다. 이곳에서 LPGA Q스쿨 최종전이 열린다.

데이토나비치에 집무실이 있는 커미셔너 마이클 완은 매우 열정적인 인물이다. 2010년 취임 직후 그를 방문했을 때 집무실 안에는 '커미셔너 전용'이라는 푯말이 있었다. 커미셔너 방에 '커미셔너 전용' 표지판이라니. 의아해하는 기자에게 LPGA 사무국에서 일하는 한국인 변진형 씨는 "새로 부임한 총재가 '직원들과 함께 호흡하겠다'면서 직접 전용 주차공간 표지판을 떼어 낸 것"이라고 말했다. 홍보담당 직원인 마이크 스캔랜은 "새 총재가 오고 나서 권위적이던 전임 커미셔너 캐롤린 비벤스와는 상반된 unCarolynlike 일들이 LPGA 사

LPGA 헤드쿼터에서 만난 한국직원 변진형 씨.

무국에서 많이 일어났다"면서 "정열적이고 현명한 신임 총재 덕에 직원들의 사기가 크게 올라갔다"고 말했다.

마이클 완의 전전임자, 그러니까 캐롤린 비벤스 이전 LPGA를 이끌던 커미셔너 타이 보토는 유능하다는 평가를 받았다. 그러나 연애문제로 눈총을 받았다. 그는 현역 선수인 소피 구스타프손과 연인으로 지냈다. 후에 그는 구스타프손과 결혼했다가 이혼했다. 사임할 때 보토는 "소피와의 관계 때문에 선수들의 시선이 부담스러웠다"고 말했다.

- **스위트 캐롤라인!**

그래서 캐롤린 비벤스 부임 당시 LPGA 투어의 첫 여성 커미셔너로 큰 기대를 모았다. 그러나 비벤스의 인기는 최악이었다. 그는 권위적이고 일방적이어서 유능한 직원들 여럿이 사표를 냈다. 함께 사무국에 출근하던 비벤스의 남편이 커미셔너 역할을 한다는 불만도 나왔다.

협회의 주인인 선수들로서는 사무국 직원들의 이직은 큰 문제가 아닐 수도 있다. 결정적 문제는 비벤스가 LPGA의 인기를 떨어뜨릴 악수를 거듭 둔 것이었다. 2006년 비벤스는 "언론사에서 취재했더라도 LPGA 대회에서 나온 기사와 사진의 저작권은 협회에 있다"고 선언했다. LPGA 관련 콘텐츠의 소유권을 투어가 갖고 이를 통해 돈을 벌겠다는 계산이었다. 전문 경영인으로 커미셔너가 된 비벤스로서는 뭔가 눈에 보이는 큰 실적을 내야 한다는 생각을 가지고 있었다.

안니카 소렌스탐이라는 여자 골프 사상 최고 스타를 보유했으니 그래도 될 것이라고 계산한 듯하다.

오판이었다. 여자보다 인기가 있는 남자 골프 투어는 물론, 다른 종목에서 이런 예는 찾아보기가 힘들다. 함께 성장해야 할 동반자들의 이익을 가로채 혼자 배를 불리겠다는 욕심은 이기적이기도 하지만 생태계를 흔드는 위험한 결정이기도 하다. 언론사들은 황당하다는 반응이었다. 이후 미국의 주요 매체는 가급적 LPGA 투어를 다루지 않았다.

LPGA 투어는 부랴부랴 이 정책을 철회했지만 냉랭한 언론의 시선을 바꾸지는 못했다. 미국 내 LPGA 투어의 인기가 확 떨어졌다. 비벤스의 실수는 이것만이 아니다. 대회를 열고 싶다는 새로운 스폰서들이 나타나자 기존 스폰서를 무시했다. 비벤스는 21년간 충성스럽게 LPGA 대회를 열던 숍라이트 클래식의 대회기간을 일방적으로 옮겨 버렸다. 부동산회사 긴이 더 큰 상금을 내건 대회를 열 테니 그 기간 자리를 비워달라고 해서다. 이 때문에 숍라이트와 소송 일보 직전까지 갔다. 비벤스는 이에 그치지 않고 대회를 여는 데 드는 부대비용도 타이틀 스폰서가 내라고 일방적으로 선언했다.

그러면서 스폰서들이 LPGA 투어와 함께 일을 하기 어렵다는 생각을 갖게 됐다. 경기침체에 따라 비용을 줄이기 위해 방법을 찾던 스폰서들은 이 일을 계기로 LPGA와 관계를 끊기 시작했다.

골프장 옆 빌라 분양을 위해 시끌벅적하게 대회를 개최한 부동산회사 긴은 몇 차례 대회를 열다가 부동산 경기침체와 함께 슬그머니 빠져버렸다. 옛 친구도, 새 친구도 LPGA 투어를 떠났다. LPGA 투어

대회는 확 줄어들었다.

2009년 제이미 파 클래식에서 쿠데타가 일어났다. 맥도널드 LPGA챔피언십, 웨그먼스, 제이미 파 대회도 내년부터 열리지 못하게 된다는 소식들이 차례로 전해진 뒤다. 로레나 오초아, 폴라 크리머, 나탈리 걸비스, 크리스티 커, 줄리 잉크스터, 수잔 페테르센, 모건 프레셀 등 스타 선수들 12명이 만찬 회동을 했다. 캐롤린 비벤스에 대한 불만이 쏟아졌다. 비벤스가 물러나야 한다고 선수들은 의견을 모았다.

영어시험 정책도 비벤스를 물러나게 한 중요한 요인이었다. 비벤스는 2008년 "2년 이상 투어를 뛴 외국 선수를 대상으로 내년 말부터 영어시험을 치르고 불합격자는 2년 동안 대회 참가를 제한하겠다"고 밝혔다.

LPGA가 영어시험 카드를 꺼낸 이유는 한국선수에 대한 견제용이라는 것이 정설이었다. 한국선수는 당시 45명이었으며 더 늘어날 것으로 보였다. 비벤스는 대회가 없어지는 이유가 커미셔너의 무능과 녹선 때문이 아니라 한국선수 때문이라고 생각했다. 그러나 대놓고 이런 말을 할 수는 없다. LPGA가 내세우는 영어시험의 명분은 프로암대회였다. 프로암대회에서 한국선수들이 영어를 못해 동반자들에게 나쁜 인상을 가지게 하고, LPGA 투어의 수입에 악영향을 끼친다는 것이다. 일리가 전혀 없는 말은 아니었다.

실제로 한국선수와 프로암을 한 동반자들에게서 많은 불평이 나왔다. LPGA 투어는 프로암에서 한 조당 약 2만4천 달러를 버는 것으로 알려졌다. 참가자 중에는 대회 타이틀 스폰서의 사장 등 거물이 많다. 초창기 한국선수들은 공 잘 치는 것이 가장 중요했고, 프로암에서 코스 연구에 지나치게 집중하는 경향이 있었다. 프로암 동반자에 대한 배려보다는 샷 연습을 하고 야디지북을 적으면서 코스 공략법을 연구하는 쪽에 치중하는 선수들이 없지 않았다. 그렇다 해도 영어시험은 무리수였다.

한국에서라면 언어시험이 통할 수도 있다. 한국은 외국인에 대해 상당히 폐쇄적이다. 축구, 야구, 농구 등에서 외국인 진입 장벽인 쿼터제를 쓰고 있다. 팀당 외국인 선수 2명으로 규제하는 것 등이 그 예이며 한국의 운동선수들은 보호무역의 혜택을 누리고 있는 셈이다. 만약 중국 여자 골프선수들의 실력이 좋아져 한국 여자프로골프 투어를 점령한다면 "언어시험을 봐야 한다"는 주장이 나오고, 그 주장이 먹혀 실행될지도 모른다.

그러나 미국은 아니다. 미국인들은 인종·성별·종교 등에 따라 차별을 두지 않는 정신이 위대한 미국을 만들었다고 본다. 속으론 차별을 하더라도 겉으론 그렇게 행동한다. 또 영어시험은 누구나 실력만 있다면 최고가 될 수 있다는 스포츠 정신도 동시에 짓밟았다. 때문에 비난 수위는 매우 높았다. 〈뉴욕타임스〉는 "메이저리그에 중남미 선수가 많고 하키에 프랑스어를 하는 선수가 많지만 미국의 어떤 주요 스포츠 기구도 언어시험을 보지 않는다"고 했다. 로스쿨 교수의 발언을 인용, "LPGA가 프로 골프대회에서 영어 능력이 필요하다고 증명하지 못하면 소송을 당할 가능성이 있다"고 1면에 보도했다.

캐롤린 비벤스는 전 미국에서 쏟아지는 함포 사격을 혼자서 맞아야 했다. 내부에서도 그를 공격했다. 로리 케인은 "일본에서 뛸 때 일본어 시험을 보지 않았다"고 했고 로레나 오초아도 "과격하다"고 말했다.

이 일은 소수 민족에 대한 차별이라는 느낌이 매우 강했다. 아시아 인등을 상대로 비즈니스를 하는 기업들은 LPGA와 연결되어 있으면 기업 이미지가 나빠질 악영향을 우려했다. 영어시험 때문에 대회를 열지 않겠다는 스폰서도 나왔다. 비벤스는 영어시험에 대해서 사과하고 철회해야 했다. 그러나 한국선수가 LPGA를 망친다는 그의 생각에는 변함이 없었을 것이다.

### 구원투수

LPGA 투어는 여성 스포츠 단체로는 가장 오래됐다. 1950년 만들어졌다. 60년이 지난 2010년 초 구원투수로 LPGA에 온 커미셔너 마이클 완은 여덟 번째 커미셔너다. 마이클 완은 어릴 때부터 스포츠를 좋아했다. 학창시절 새벽 5시 30분에 일어나 잔디를 깎고 그 대가로 오후에 공짜로 골프를 쳤다고 한다. 골프를 하고 싶은 마음에 새벽잠을 물리치고 일어나 잔디를 깎았던 것처럼 LPGA 커미셔너 제의를 받았을 때도 눈이 번쩍 뜨였다고 한다. 그는 골프를 단순한 스포츠가 아니라 인생의 레슨이라고 여긴다. 선조가 스코틀랜드 출신이다. 대학 시절 스코틀랜드 세인트 앤드루스에서 아버지와 2주간 골프를 즐기기도 했다. 학창시절 풋볼 쿼터백을 했다.

1987년 프록터&갬블에서 일하면서 자신이 맡은 치약 부분을 성장시켰고 이후 윌슨 스포츠의 마케팅을 맡았다. 이후에도 자신이 좋아하는 스포츠 분야에 몸을 담았다. 테일러메이드에서 북아메리카

대상 수상식에서 유소연과 함께 선 LPGA 커미셔너 마이클 완(오른쪽).

제너럴 매니저를 맡았으며 그가 일할 때 70% 성장을 이뤘다. 쓰러져가는 미션 하키의 CEO로 일할 때도 혁혁한 전과를 냈다.

그가 골프보다 좋아하는 건 모험이다. 윌슨과 테일러메이드 등에서 부사장으로 일했는데 회사가 안정되고 나서는 재미가 없다면서 그만두고 어려운 회사를 살리는 역할을 했다. "나는 도전을 좋아하고 이런 도전을 만날 때마다 아드레날린이 솟구치는 걸 느낀다"고 말했다.

한국선수들은 LPGA의 아킬레스건이었다. 마이클 완은 한국선수 문제를 거꾸로 봤다. 한국을 비롯한 비非미국선수들을 LPGA의 강점으로 만들었다. 그는 "한국은 위대한 골퍼들을 공급하는 자원의 보고다. 또 한국 팬은 LPGA에 대한 관심이 대단하다. 한국 팬들이 특별한 점은 선수들과 골프에 대한 이해 수준이 매우 높다는 것이다. 경기를 제대로 볼 줄 아는 팬들이다. 한국 같은 수준 높은 팬들이 일본과 멕시코에서도 생기고 있다. LPGA의 모든 장면을 세계가 보고 있다. 뛰어난 브랜드는 당연히 글로벌로 가는 것이다. 세계 최고의 선수들은 모두 LPGA 투어에 있고 선수들은 전 세계에서 왔다. 팬들도 그것을 안다. 특정 지역의 선수가 우승할 때가 아니라 훌륭한 선수들이 최고 선수들과 경쟁하는 모습을 보여줄 때 LPGA가 승리한다. 최고의 선수와 좋은 코스를 공급하는 것이 나의 임무다."

맞는 말이다. 그러나 여성 스포츠의 한계도 있다. 남자 스포츠의 1등 선수는 대부분 남성적인 매력이 있지만, 여성 스포츠의 최고 선수가 여성적인 매력이 적은 경우가 있다. 그럴 경우 그 스포츠의 인기가 추락한다는 분석이 있다. 그는 어떻게 볼까. 완은 "스포츠에서 외모의 중요성은 과장됐다고 본다. 존 댈리가 잘 생겨서 팬들이 따라다니는 것은 아니다. 그의 독특한 인성이 팬을 부르는 것이다. 결코 선수의 사이즈나 외모가 중요한 것이 아니다. 팬들은 내면을 보고 싶어 한다. 골프에서는 그 내면이 위기에서 우승을 했을 때 등의 상황에서 나타난다. LPGA 투어에는 20대의 개성이 뛰어난 선수들이 아주 많이 있다"고 말했다.

'아시아 선수는 서양 선수보다 내면을 잘 표현하지 않는다'는 반문에 대해 이렇게 답하기도 했다. "우리는 여러 개성을 인정한다. 조그만 일에도 매우 즐거워하는 선수도 있고 큰일에도 무덤덤한 선수가 있다. 팬들도 좋아하는 선수가 다를 것이다. 신지애를 예로 들어보자. 가난하게 자란 데다 어머니를 교통사고로 잃은 그녀는 매우 열정적이었고 겸손했으며 진실했다. 그의 성장 스토리는 매우 감동적이어서 내가 신지애의 아버지가 된 것 같은 느낌을 받았다. 그래서 그 얘기를 아이들에게 들려줬다. 신지애는 내 아이들의 롤모델이 됐다. 선수에 대해 더 알려주기 위한 노력은 필요하다."

완은 끝없이 추락하는 것 같던 LPGA를 상향곡선으로 만들었다. 그의 부임 후 24개까지 줄었던 대회 수가 2013년 29개로 늘었다. 한때 LPGA는 미국에서 시청률이 낮은 시간에 녹화로 방송되기 일쑤였지만 2013년 93%가 라이브로 방송된다. 2010년에 비해 시청률이 57%가 늘어났기 때문이다. 마이클 완은 선수의 이야기를 알리기 위해 선수에 대한 미디어 트레이닝에 매우 신경을 썼다. 과거 "예"와 "아니오"로 단답식 대답을 했던 선수들이 인터뷰 교육 덕에 기자회견장에서 농담을 즐기고 자신에 대한 얘기를 술술 한다. 한국선수들도 완전히 달라졌다. LPGA 투어 주류인 1988년생들은 모두 인터뷰장에서 영어로 답한다. 영어 실력이 좀 처졌던 최나연은 영어 선생님을 데리고 다니면서 배워 이제는 또래 중 최고 수준이다. 영어로 자신을 잘 표현한 덕에 최나연은 청야니, 스테이시 루이스, 폴라 크리머 등과 함께 미국인들이 가장 좋아하는 여자 골프 스타가 됐다. 실력뿐 아니라 매너나 패션감각, 에티켓 등에서 한국선수들은 LPGA의 리더다.

- **여자 라커에
들어가는 남자**

변진형 씨는 LPGA 투어의 국제선수담당으로 일했다. 여자 선수 라커룸에 마음대로 들어가는 ID카드를 가지고 있었다. 선수와 경기위원을 제외하고 라커룸에 들어갈 수 있는 유일한 사람이다. 그렇다고 이상한 상상을 할 필요는 없다. 투어 대회의 라커룸은 일반인들의 라커룸처럼 옷을 갈아입는 곳이 아니라 가방 등을 맡기는 곳이기 때문이다. 선수들은 숙소에서 옷을 완전히 갈아입고 대회장으로 나온다. 그래도 여자 라커룸에 남자가 들어가는 것은 쑥스러운 일이다. 안젤라 스탠퍼드 등 장난기 심한 선수들은 옷을 입고 있으면서도 "남자가 들어왔으니 빨리 옷을 입으라"고 소리치는 등 짓궂은 장난을 하기도 했다.

또 대회가 자주 열리는 곳에서는 변 씨의 라커룸 입장을 막지 않지만 첫 대회나 해외에서 경기할 때는 자원봉사자나 경비원 등이 "남자가 왜 이곳에 들어가려 하느냐"며 저지하는 일이 자주 있다고 한다. 변 씨는 "아무리 설명해도 말이 안 통해서 고생한 게 한두 번이 아니다"라고 말했다.

그는 스포츠광이었다. 어려서 복싱과 농구를 좋아했다. 스포츠 분야에서 일하겠다고 마음먹고 14살 때인 1996년 미국으로 왔다. 테니스 선수를 했고 샌프란시스코대학 스포츠 매니지먼트 석사과정을 하던 2006년부터 2년 동안 롱스드럭스 대회에서 인턴을 한 인연으로 LPGA 투어에서 일하게 됐다. 샌프란시스코대학에서 교육학 박사과정을 밟다가 휴학했다. LPGA 일이 너무 바빴다.

LPGA 투어 영어시험이 불거졌을 때는 마음고생도 심했다고 한다. 그는 "한국선수들이 좋은 성적을 낼 때, 그냥 선수에서 마케팅 개념을 가진 프로선수로 성장할 때, 한국선수들이 내 도움 없이 혼자 인터뷰를 할 때 보람을 느낀다"고 말했다. 변 씨는 현재는 선수담당이 아니라 아시아지사를 만들고 있다. LPGA 투어가 아시아에서 여러 대회를 만들면서 성장한 데는 변 씨의 공로도 크다.

- **골프의 오아시스, 올랜도**

올랜도에 사는 선수들은 다른 곳으로 전지훈련을 가지 않는다. 불만은 전혀 없다. 올랜도의 겨울 날씨가 좋고 1년 내내 투어로 돌아다니기 때문에 오프 시즌에는 집에 있고 싶어 한다. 올랜도에 있는 골프장들은 LPGA 소속 선수들에게 저렴한 가격에 골프장을 마음대로 이용하게 한다. 텔레비전에서 보는 선수가 드라이빙 레인지에 있는 건 골프장으로선 일종의 광고다.

KLPGA 소속 선수들 중에도 이곳으로 전지훈련을 오는 선수가 많다. 식당에 가면 심심찮게 한국선수들을 만날 수 있다. 2013년 초엔 상금왕 2연패를 한 김하늘도 이곳에 왔다. 최나연, 청야니, 아리무라 치에와 함께 타이거 우즈가 연습하던 아일워스에서 라운드를 한 그는 "내년에는 미국에서 뛰고 싶다"고 말했다.

올랜도는 LPGA 선수들의 오아시스이고, LPGA 투어를 지망하는 선수들의 오아시스이기도 하다. 많은 선수들이 모이기 때문에 LPGA 중계방송사인 J골프도 올랜도로 온다. 한 해 동안 쓸 레슨 프로그램을 이곳에서 만든다. 한국선수는 물론 산드라 갈, 비키 허스트 등의 레슨을 찍는다.

올랜도에는 미국 골프의 중심이다. 미국 골프 채널이 올랜도에 있고 남자 PGA 투어, 여자 LPGA 투어, 골프 명예의 전당 등이 근처에 있다. 또 데이비드 레드베터를 비롯해 수많은 골프 아카데미가 올랜도에 몰려 있다. 아카데미들은 한국선수라면 언제나 대환영이다. 올랜도에서 훈련한다고 해서 모든 선수들이 LPGA에 갈 수 있는 건 아니다. 올랜도라는 골프의 오아시스는 LPGA를 지망하는 선수들의 꿈과 여행경비를 먹고 산다.

### 스톡홀름의 수줍은 소녀

안니카 소렌스탐이 운영하는 아카데미도 올랜도에 있다. 그는 골프에서 가장 강력한 여제였다. 그는 처음으로 여제라는 수식어를 달았고, 그에 부족함이 없었다. 완벽했다. 드라이브샷 거리, 아이언 적중률에서 1위, 퍼트에서 4위를 차지할 정도로 모든 것을 갖춘 선수였다. 타이거 우즈도 드라이버 샷의 정확성이 떨어지는 등 약점이 있었는데 소렌스탐은 구멍이 없었다. 마르티나 나브라틸로바가 테니스에서 그런 것처럼 소렌스탐은 넘을 수 없는 벽이었다. 소렌스탐의 지배는 너무나 강했기 때문에 그에 도전하던 여자 백상어 카리 웹과 맨발의 뚝심 박세리는 깊은 슬럼프에 빠지기도 했다.

 2008년 말 은퇴하기 전까지 소렌스탐은 90승을 거뒀다. LPGA 투어 우승은 72승이며 메이저 10승을 기록했다. 8차례 올해의 선수상을 받았다. 2004년 그가 기록한 평균 타수 68.7은 여자대회에서는 쉽게 깨지지 않을 기록으로 남을 것으로 평가된다.

소렌스탐은 1970년 스웨덴의 스톡홀름에서 태어났다. 어린 시절 소렌스탐은 테니스, 스키, 축구 실력이 매우 뛰어났다. 운동을 좋아하고 잘했지만 수줍음이 많은 소녀였다. 주니어대회에서 우승을 앞두면 조명을 받고 인터뷰를 하는 것이 두려워 일부러 3퍼트를 하고 2위에 머물곤 했다고 한다. 코치가 이를 알아채고 우승자는 물론 2위까지 인터뷰를 하게 했다. 이후 소렌스탐은 어차피 많은 사람을 만나야 한다면 우승하는 것이 낫다고 생각해 일부러 퍼트를 빼지 않았다고 한다.

그는 한국 여자 골퍼들이 그런 것처럼 10대 때부터 프로처럼 생활하지 않았다. 정상적으로 학교를 다녔다. 대학 때도 그랬다. 아마추어 때도 잘하긴 했지만 여제가 되리라고 기대할 실력은 아니었다. LPGA 투어 2년차인 1995년 US 여자오픈에서 첫 우승을 차지한 후에야 진정한 소렌스탐의 모습을 보여주기 시작했다. 그는 1990년대 말 카리 웹, 박세리와 치열하게 싸웠고 2000년대 들어 완승을 거뒀다. 2001년 소렌스탐이 8승을 했을 때 웹은 "내년에도 소렌스탐이 8승을 한다면 내 모자를 씹어먹겠다"고 했다. 2002년 소렌스탐은 11승을 기록해 웹의 코를 납작하게 했다.

그는 이듬해 더욱 강한 전사로 변모했다. 남자대회 출전을 결정하면서다. 윗몸일으키기를 하루에 8백 개 이상 하고, 태보(태권도와 복싱)와 달리기로 하체를 강화했다. 턱걸이를 한 번에 10개 이상 할 수 있었다. 드라이브샷 거리 1위에 강한 하체, 남자처럼 떡 벌어진 어깨 때문에 스테로이드 복용설도 나왔다. 그러나 명예의 전당 회원인

안니카 아카데미에 전시되어 있는 소렌스탐의 사진들.
맨 위 사진은 그가 기록한 59타 스코어카드.

줄리 랭킨은 "소렌스탐만큼 운동을 할 수 없는 선수들이 퍼뜨리는 루머에 불과하다"고 반박했다.

2003년 PGA 투어 콜러니얼 대회에 출전한 그는 1, 2라운드 71타와 74타로 4타 차 컷탈락했지만 PGA 투어에 58년 만에 나온 첫 여성으로서의 용기는 인정받았다. 소렌스탐의 모자챙에는 '54'라는 숫자와 '두려움에 맞서자'라는 글귀가 써 있다. 골프 사상 아무도 해보지 못한 매 홀 버디, 즉 18언더파 54타를 치겠다는 의지다. 훈련도 체계적이었다. 소렌스탐은 핸디캡 7의 골퍼이자 IBM에 근무하는 아버지 톰의 영향으로 자신의 모든 성적을 컴퓨터에 기록, 분석한다. 1999년 겨울엔 퍼팅을 향상하겠다고 마음먹고 6주 동안 다른 샷은 전혀 하지 않고 퍼팅에만 매달렸을 정도로 목표의식과 집중력이 강하다.

그는 2001년 스탠다드 레지스터 핑 2라운드에서 13언더파 59타를 치면서 여자 선수로는 유일하게 60타를 깼다. 마지막 홀에서 3m 버디 퍼트가 실패하면서 남녀 통틀어 최저타 기록을 세우지 못했다.

2001년 오피스디팟에서는 최종라운드에서 10타 차로 뒤지다 연장까지 가서 결국 역전승했다. 여자대회 사상 가장 드라마틱한 역전승이었는데 상대가 김미현이었다는 점이 안타깝다.

- **여제냐 여자냐**

"타이거 우즈가 자꾸 내 퍼터를 훔쳐 가는 게 지긋지긋해서."

소렌스탐이 2008년 은퇴 다음날 〈데이비드 레터맨 쇼〉에 출연해 밝힌 '내가 은퇴하는 이유 10가지' 중 하나다. 〈데이비드 레터맨 쇼〉는 코미디 토크쇼다. 물론 소렌스탐의 말도 웃자고 하는 조크였다. 소렌스탐은 이 밖에도 자신이 은퇴하는 이유를 "그린을 겨냥하는 게 점점 재미없어지고 대신 관중을 겨냥해 샷을 날리는 것에 관심이 많아져서", "스트레스가 심한 경기에서 티를 땅콩처럼 씹어 먹는 나를 발견해서", "(캐디가 아니라) 캐디백과 이야기하기 시작해서" 등이라고 했다. "기나긴 (미국) 대선 캠페인 때문에 인생이 지겨워져서"도 톱10 중 하나에 포함됐다. 그의 은퇴 이유 중 1위는 "요즘 내가 신경 쓰는 퍼트는 내 약혼자가 유일해서"였다.

소렌스탐의 농담은 방청객과 시청자들의 웃음보를 터뜨렸다. 우스갯소리라 해도 진실하지 않은 풍자는 공감을 얻을 수 없다. 소렌스탐의 농담 속엔 소렌스탐의 고뇌와 외로움이 담겨 있었다.

소렌스탐은 은퇴를 발표하면서 "1등 말곤 다른 것은 하고 싶지 않다. (게임에) 100% 진념힐 수 없다면 아예 아무깃도 하지 잃겠다"고 했다. 그는 이런 생각으로 투어 15년을 성공적으로 보냈다. 철녀 소렌스탐이지만 그렇기 때문에 세계랭킹 1위를 지켜야 한다는 부담감, 무명 선수에게 져서는 안 된다는 압박감이 그를 눌렀을 것이다. 소렌스탐은 "골프에 너무 많은 신경을 썼다. 잘 치는 것에 너무 많은 신경을 썼다"고 말했다.

정상의 운동선수로서 필요한 초인적인 집중력에도 한계는 있다. 농구황제 마이클 조던도 30대 초반부터 이런저런 이유로 코트를 떠났다가 돌아왔다가를 반복했다. 다른 스포츠에선 30대 중반이면 은퇴하는데 골프는 그렇지 않다. 체력의 한계가 명확하지 않은 골프라는 스포츠의 특성은 장점도, 단점도 될 수도 있다.

그랜드슬램을 기록한 골프의 성인 바비 존스는 전성기이던 28세에 은퇴했다. 항상 이겨야 하는 압박감을 견디기 어려워서다. 골프 역사에 길이 남을 11연속 우승을 달성한 바이런 넬슨도 역시 최고의 샷을 구사하던 34세에 은퇴했다. 은퇴할 때까지 바이런 넬슨은 동갑 나기 벤 호건과 샘 스니드와의 경쟁에서 압도적으로 우위를 지켰지만 그는 정신적으로 더 이상 피폐해지기 싫었다.

완벽주의자인 소렌스탐도 마찬가지다. 항상 핀 옆에 공을 올려야 한다는 강박관념에 오랫동안 시달리다 보면 그린이 아니라 관중을 겨냥하고 싶은 충동이 들 때도 있고 아이들이 긴장하면 손톱을 물어 뜯 듯 티를 물어뜯고 있는 자신을 발견할 때도 있으리라. 15년 동안 그렇게 살아왔다면 어쩌면 미치지 않은 것이 다행일지도 모른다.

그런 그에게 좋은 친구는 타이거 우즈였다. 정상에 서 있는 두 사람은 서로의 열정과 외로움을 이해했다. 2003년 소렌스탐이 남자대회에 나가겠다고 선언했을 때 둘은 친구가 됐다. 당시 비제이 싱은 "여자가 여기서 뭘 증명하려는 거냐"며 "소렌스탐과 한 조가 되면 기권하겠다"고 불쾌감을 드러냈다. 싱은 총대를 멨고 침묵하는 다른 남자선수들의 반응도 거의 그랬다. 소렌스탐이 외로울 때 우즈가 그를 도와줬다.

우즈는 소렌스탐을 초청해 함께 연습하면서 남자대회에서 필요한 롱게임과 쇼트게임의 기술을 알려줬다. 그때 우즈는 소렌스탐에게 자신이 아끼는 웨지를 줬고 소렌스탐은 퍼터를 우즈에게 선물했

여제 소렌스탐. ⓒJNA

다. 이후 두 선수는 메이저대회 우승 수를 놓고 경쟁하고, 문자 메시지로 축하하는 등 영혼의 동반자로 지내고 있다.

소렌스탐은 여제 이전에 여자다. 정상에 서있는 동안 그는 아이를 갖고 싶다는 의사를 여러 차례 밝혔다. 골프와 가족을 놓고 오랫동안 고민을 한 흔적이 역력하다. 2004년 호주 골드코스트에서 열린 ANZ 레이디스 마스터스 전날 열린 칵테일파티에서 만나 그의 솔직한 심경을 들을 수 있었다. 그는 "가장 중요한 것은 가족이며 골프 때문에 아이를 낳을 시기를 놓칠지도 모른다는 생각에 안타깝다"고 말했다. 단호해 보이는 코스에서의 모습과는 달리 사석에서 소렌스탐은 매우 따뜻하다.

자신이 부상으로 부진한 동안 로레나 오초아라는 강적이 등장하자 소렌스탐은 자신의 목표였던 그랜드슬램과 통산 최다승 기록에 대한 미련을 버린 것으로 보인다. 이혼 후 2005년에 만난 새로운 사랑과 함께 소렌스탐은 투어 생활에 찌든 골프 여제에서 가족에게로 돌아가려는 생각을 굳혔다. 그는 PGA 투어 선수였던 제리 맥기의 아들이자 4살 연하의 마이크와 재혼했고 두 아이를 낳았다. 마이크와 함께 '안니카' 브랜드를 단 의류와 골프 아카데미 등을 운영하고 있다.

- **아디오스 오초아**

소렌스탐을 밀어낸 로레나 오초아도 소렌스탐이 떠난 2년 후인 2010

년 4월 "1등 말고는 다른 것은 하고 싶지 않다. (게임에) 100% 전념할 수 없다면 아예 아무것도 하지 않겠다"고 했다. 소렌스탐과 똑같은 이유로 필드를 떠난 것이다.

LPGA 투어 27승을 거둔 오초아는 2009년 12월 멕시코 항공사인 아에로 멕시코의 CEO인 안드레스 코네사와 결혼했다. 오초아는 결혼 직후인 2010년 1월 멕시코시티의 자택에서 한 J골프와의 인터뷰에서 "결혼반지가 투어에서 행운을 가져다 줄 것이며 여느 때보다 열심히 훈련했다"고 말했다. 그러나 2010년 성적이 좋지 않았다. 그의 측근들은 "오초아가 과거처럼 골프를 즐기지 못하고 있다"고 말했다.

오초아는 선수 시절 내내 골프보다 중요한 것은 가정이라고 누누이 말했다. 오초아는 가정을 가진 상태로 최고가 아닌 2류 선수로 경기하는 것보다 명예로운 은퇴를 선택한 것으로 보인다.

여제 이전에 여자라고 하지만 골프에서 28세 은퇴는 너무 이르다. 오초아도 소렌스탐처럼 모든 것을 갖춘 선수였다. 공을 멀리 치고 아이언은 정교하며 퍼드까지 에리했다. 코스 밖에서는 음지의 사람들에게까지 자상한 손길을 내미는 천사였다. 그런 오초아는 2008년 하반기부터 흔들리기 시작됐다. 아이 셋을 가진 이혼남인 안드레스 코네사가 골프장에 나타나기 시작하면서다. 둘은 12살 차이가 났다. 오초아는 과달라하라에서 '오초아 그룹'을 운영하는 재벌집안의 딸이다. 집안 반대가 심했다. 2008년 말 바티칸은 독실한 가톨릭 신자인 오초아에게 전세계 홍보대사직을 제의했다. 그가 교황청 관계자에게 코네사와의 관계를 얘기한 뒤 제안은 취소됐다고 전해졌다. 오초아는 큰 상처를 받았다고 한다.

로레나 오초아의 샷.

종교와 사랑 사이에서 성적은 뒷걸음질 했다. 2009년 가까스로 올해의 선수상을 지키기는 했지만 이전의 오초아가 아니었다. LPGA 투어에서 가장 상냥한 선수라는 얘기를 듣던 그가 짜증을 못 이겨 공을 발로 차고 그린에 던져버리는 일이 가끔 목격됐다. LPGA 투어 사람들은 58번 함께 경기에 나가 21승을 만든 캐디 데이브 브루커를 해고한 일도 같은 맥락으로 본다. 둘은 따뜻한 배려를 하는 사이였다. 2007년 얘기다. 오초아는 브루커에게 "아이들을 세례 시키라"고 설득했다. 브루커가 듣지 않자 "내가 몇 번 우승하면 생각을 바꿀 거냐"고 물었다. 브루커는 "브리티시 여자오픈에서 우승하면 하겠다"고 했다. 메이저대회에서 한 번도 우승하지 못했던 오초아는 그 대회에서 우승했다. 그런 그가 브루커를 해고한 것이다.

오초아는 코네사의 자식 넷을 키운다. 자신이 낳은 아이는 2011년생인 페드로뿐이다. 가장 큰 아이는 19세다. 오초아와 12살 차이가 난다. 오초아는 결혼과 함께 고향인 과달라하라를 떠나 무장 경호원이 삼엄하게 경비하는 멕시코시티의 최고급 아파트로 거처를 옮겼다.

오초아는 세계랭킹 1위에 장기간 군림했지만 명예의 전당에 들어가지 못할 가능성도 있다. 입회 포인트는 따놓았으나 투어에서 10년을 뛰어야 한다는 조항을 채우지 못했다. 오초아가 10년을 채우려면 2012년까지 뛰어야 했다.

## 5
Carlsbad, California

# 블랙버드

#칼스배드
기아 클래식

- **신데렐라의 슬럼프**

캘리포니아주 샌디에이고의 위성도시 칼스배드. 이지영은 오랜만에 푸근한 마음으로 대회장에 도착했다. 기아 클래식이 열리는 아비애라 골프장 연습 그린 옆에 이지영은 캐디백을 내려놓고 남캘리포니아의 투명한 햇살 속에서 몸을 풀었다. 이지영은 지난 주 애리조나주 피닉스의 와일드파이어 골프장에서 열린 RR 도넬리 파운더스 컵에서 오랜만에 뛰어난 활약을 보였다. 첫 라운드 7언더파, 둘째 라운드에서는 8언더파를 쳤다. 지난 2년간 깊은 슬럼프를 겪었던 이지영은 "첫 라운드에서 계속 버디를 하는데 리더보드를 보니까 내가 1등인 거예요. '내가 왜 이러는 거지? 곧 내려가겠지'라는 생각이 들었는데 이틀 연속 그렇게 치니까 '아, 내가 옛날에 그런 적도 있었지'라는 기억이 나더라"고 말했다. 사슴처럼 커다란 이지영의 눈에서 생기가 넘쳤다.

"2년 동안 이렇게 올라가다가 한꺼번에 까먹은 경우가 워낙 많으니까 방심하지 말자고 다짐했죠. 2년 동안 죽을 쑤면서 경기 중 말이 거의 없어졌는데 그날은 캐디 아저씨가 말을 시켜서 말도 많이 했어요."

2라운드까지 무려 15언더파 선두로 나선 이지영은 3, 4라운드에서는 큰 활약을 못 했다. "오랜만에 챔피언조에 가니 정말 이상했어요. 몸은 굳고 카메라는 따라 다니고, 또 함께 경기를 한 스테이시 루이스와 미야자토 아이가 샷도 좋고 퍼트도 매우 잘하는데 기싸움에 약간 밀렸다고 할까?" 이지영은 3라운드에서는 이븐파에 그치고 마지막 라운드에선 1타를 줄이는 데 그쳤다. 공동 4위를 했다. 우승은 놓쳤지만 2년 만에 들어본 톱10이었다. 100명 이내의 선수가 참가하는 첫 메이저대회인 나비스코 챔피언십 참가자격도 다시 따냈다. 한국 등 아시아에서 열리는 가을대회에 참가할 수 있는 보루도 쌓았다. 그것보다 더 중요한 건 할 수 있다는 자신감을 다시 얻은 것이었다.

이지영은 2005년 나인브릿지 클래식에서 우승했다. 안시현에 이어 2대 신데렐라로 등극한 선수다. 미국에 와서도 이지영은 두각을 나타냈다. 드라이브샷이 LPGA 최고였다. 이지영보다 멀리 치는 선수는 더러 있었지만 이지영만큼 똑바로, 멀리 치는 선수는 없었다. 그의 호쾌한 샷에 동갑내기인 폴라 크리머가 반했다. 미국 최고 스타인 그가 이지영을 가장 졸졸 따랐다. 이지영은 루키이던 2006년 톱10에 6번, 2007년엔 톱10에 7번 들었다. 메이저대회인 브리티시 여자오픈 등 큼직한 대회에서 3번이나 2위를 했다.

자신감을 회복 중인 이지영.

남캘리포니아의 투명한 햇살 아래 아름다운 아비애라 골프장 전경.

- **1억 원이 걸린**
  **1m 퍼트**

2007년 브리티시 여자오픈에서는 운이 나빴다. 로레나 오초아가 우승했는데 당시 이지영은 매우 날씨가 좋지 않은 상황에서 경기했고 오초아는 반대였다. 더욱 아쉬운 경기는 킹스밀에서 벌어진 미켈롭 울트라오픈이었다. 수잔 페테르센과 벌인 연장 3번째 홀에서다. 3m 정도의 버디 찬스를 잡았다. 브레이크도 어렵지 않았다. 넣지 못했다. 실망감에 1m 정도의 파 퍼트를 마크하지 않고 그냥 툭 치다 뺐다. 황당한 실수였다. 페테르센에게 우승을 헌납한 셈이었다. 상금 차이는 1억 원이 훨씬 넘었다. 돌이켜보면 1억 원은 빙산의 일각이었다. 챔피언 트로피를 앞에 두고 번번이 좌절하던 페테르센은 이 우승 후 날개를 달았다. 2007년 5승을 하면서 정상급 선수로 올라갔다.

이지영은 이후 우승을 못했다. 만약 그때 우승했다면 이지영이 페테르센의 자리에 올라가 있을지도 모른다. 그래도 큰 문제는 아닌 듯했다. 이지영은 LPGA 투어의 차세대 라이징 스타였고 정상급 선수로 올라가는 건 시간문제로 여겨졌다. 손목이 아픈 것만 제외하면 그랬다. 손목은 2005년 한국에 있을 때부터 아팠다. 원래 찍어 치는 스타일이라 다른 선수들보다 임팩트 때 충격이 좀더 크다.

"아팠다 안 아팠다 했는데 2007년에 더 아프기 시작했고 2009년에는 많이 아팠지요. 2010년도엔 손목을 조금만 움직여도 통증이 왔어요. 2010년에도 성적이 좋았기 때문에 그냥 버텨볼까 생각도 해봤는데 도저히 안 되겠더라고요. 자면서 손이 조금이라도 눌려 있으면 손목부터 손가락이 저리고 어깨까지 전이되고 너무 아파서 잠이 깨는 경우도 잦았어요. 물론 공 칠 때는 더 아프지요. 어디로 칠까, 어떻게 칠까가 아니라 어떻게 하면 안 아프게 칠까, 하는 생각이 들기도 했었지요. 땅에서 칠 때뿐 아니라 티에 올려놓고 칠 때도 아팠어요. 숍라이트 대회 같은 곳은 땅이 아주 딱딱한데 클럽이 땅에 확 박히면 손목이 그냥 나가는 것 같더라구요. 수술 고민을 거의 1년 반 정도 하다가 2010년 하나은행 챔피언십 끝나고 수술 날짜를 잡았어요."

이지영은 수술 후 3개월 정도 쉬고 퍼터와 가벼운 웨지샷으로 다시 골프를 시작했다. 2011년 초 열린 태국, 싱가포르 대회 등은 다 기권했다. 재활이 오래 걸렸고 치료비도 비쌌다. 고통은 인대 환자 등의 재활처럼 죽고 싶을 정도로 힘든 것은 아닌데, 지루하고 진전이 없었다. 의사는 아예 통증이 없어지도록 신경선을 잘라 버리자고 권유했다. 거절했다. 신경선이 없으면 쇼트게임 감이 없어지기 때문이다. 재활 중에는 연습을 안 하면 괜찮고 연습하면 아프고 하는 상태가 반복됐다. 이지영은 그래서 연습을 덜 한다. 다른 한국선수의 절반보다 약간 넘는 수준 정도일 것이다. 대신 퍼트 등 쇼트게임은 많이 하는 편이다.

2011년엔 예선에서 거의 다 떨어졌다. 초반에는 그러려니 했다. 그런데 가면 갈수록 이게 아닌데 라는 생각이 들었다. 초조해지고 이렇게 하느니 아예 골프를 그만두고 싶은 마음도 자주 들었다. "재작년엔 골프 그만두겠다는 말을 입에 달고 살았어요. 성적도 안 나고 스트레스만 받으니까요. 원래 골프 오래하고 싶지 않았어요. 빨리 제2의 인생을 살아보고 싶은 소망이 있었어요. 연애를 해야 하는데, 쩝."

이지영의 집은 풍족하다. 아버지 이사원 씨는 사업을 하는데 강남에 빌딩도 있다. 여유가 있고 인터넷으로 근무를 할 수 있기 때문에 딸을 따라 다닌다. 이지영은 다른 선수들처럼 헝그리 정신으로 LPGA에 온 게 아니었다. 언제 골프를 그만둬도 상관이 없었다. 그래도 그냥 그만두긴 어려웠다. "이미 바닥을 쳤으니까 더 칠 곳도 없다는 생각을 했죠. 자존심도 상했고요. 그만둘 때 그만두더라도 자존심은 회복하고 그만두자는 오기가 생기더라구요."

과거와 달라진 것은 거리다. 그의 표현대로 하면 "폭삭" 줄었다. 기록상으로는 큰 차이가 없으나 아이언은 10야드, 드라이버는 15야드 정도 줄었다고 한다. 장타자들은 말로는 거리가 별 거 아니라고 하는 경우도 있지만 마음속으로는 거리에 대한 자긍심이 아주 강하다. "예전에는 어느 지점까지 갔었는데 요즘은 턱도 없죠. 엄청 답답하죠. 한동안은 거리 줄어든 것을 인정을 못 하겠더라구요. 같은 클럽을 잡고 그 거리 나갈 때까지 계속 치곤 했죠. 그런데 꼭 부상 때문만이 아니라 나이가 들어서 그런 것 같기도 해요."

쇼트게임은 좋아졌다. 하도 공이 똑바로 안 나가니까 자연스럽게 트러블샷할 기회가 많아졌고 실력이 늘었다. 그런데 퍼트는 2년 동안 더 나빠졌다. "퍼트 생각하면 욕 나올 지경"이라고 말했다. 쓰리퍼트를 밥 먹듯 했다. 지난해 캐나다에서는 나흘 동안 퍼트 수가 35, 36, 33, 37개였다. 총 141개. 일반적으로 LPGA 선수들의 4라운드 대회의 퍼트 수는 120개 정도다. 샷이 괜찮은 선수가 110개 정도의 퍼트를 했다면 우승권이다. 이지영의 퍼트 수는 투어 평균 보다 20개 이상 많았다. 그래도 컷을 통과할 정도로 샷은 좋았다. 퍼트가 평균만

손목 부상에서 시작된 슬럼프에서 회복할 조짐을 보인 이지영의 샷.

됐다면 쉽게 우승할 수 있었을 거다.

이지영은 "차라리 이렇게 짧은 버디 퍼트 빼고 계속 화가 나느니, 아예 그린에 올리지 말고 어프로치로 붙여 원퍼트로 해보자는 생각도 했다"고 했다. 퍼트는 연습해도 잘 안 됐다. 해도 해도 더 어려운 퍼팅 때문에 퍼터를 다 부러뜨리고 나서는 이 지긋지긋한 골프를 집어치우자는 생각도 여러 번 했다. 그런데 지난겨울 퍼터를 바꾸고 좋아졌다. 코치인 케빈 스멜츠가 권한 퍼터를 쓰기 시작하면서 퍼트감이 다시 왔다. 갑자기, 완전히 잡힌 것은 아니고 조금씩 좋아졌다.

이지영의 슬럼프가 길어진 건 스폰서 문제도 컸다. 수술 후 쉬어야 했는데 다 낫지 않은 상태에서 대회에 나가야 했다. 이지영도 볼빅과 계약했다. 이지영의 아버지는 "손목이 아파서 병가를 내고 쉬어야 했는데 성적을 기대하는 스폰서에 대한 의리 때문에 그러지 못했다. 아예 스폰서 계약을 하지 않았어야 했다"고 말했다.

잘 나가던 이지영은 가끔씩 2년 동안의 마음고생이 말에서 묻어났다. 시니컬한 얘기들이 더러 나온다. "8언더파, 7언더파를 친 것은 내 실력이 아니라 날랐다고 봐야죠. 작년 60대를 친 것이 서너 번에 불과한데 내가 무슨⋯." 슬럼프에서 완전히 돌아온 것은 아니다. "지금도 의욕이 없진 않은데 거리가 예전 같지 않으니까 좀 짜증이 날 때도 있고, 예전처럼 완전히 신나게 공을 치지는 않아요. 연애를 해야 하나 봐요."

8년 전 20살 때 신데렐라로 불린 이지영은 이제 20대 후반이다. 사랑의 호르몬이 필요할 수 있다. 이미 연애를 하고 있는지도 모른다. 그는 연습을 마치고 휴대폰으로 누군가와 메시지를 주고받았다.


### 김송희,
### 소렌스탐 맞먹는 카리스마

지난해 병가를 내고 쉬었던 김송희도 올해 이 대회에 처음으로 모습을 드러냈다. 원래 호리호리한 체구의 김송희는 지난해보다 더 말라 보였다. 아버지 김춘배 씨는 "나도 송희가 어떻게 되는지 잘 모르겠어요. 본인이 잘하고 있다니까 잘 되겠죠"라고 답했다. 스윙과 골프에 대해서는 이제 아버지가 상관하지 않기로, 그래야 가족에 대한 부담이 줄어들고 성적이 날 테니까, 딸과 합의한 것처럼 보였다. 김송희도 이지영만큼 심한 슬럼프를 겪고 있다. 이지영은 올해 살아날 기미를 보였다. 김송희는 이제 겨우내 담금질한 실력을 보여 줄 차례다.

김송희는 연습그린에서 동료들과 웃으며 얘기를 하고 있었다. 속마음은 LPGA 데뷔전만큼 매우 긴장될 것이다.

최나연은 "그렇게 잘 치던 송희가 성적이 안 나는 걸 보면 골프가 정말 무서운 스포츠"라고 말했다. 두 선수는 '절친'이다. 두 선수 모두 씩씩한 이미지가 있으며 1988년생 동갑이다. 최나연은 호적상 1987년생이지만 88년생으로 컸고 88년생과 함께 학교를 다녔다. LPGA 투어에는 둘 이외에도 신지애, 김인경, 박인비, 이일희, 오지영 등 88년생이 수두룩하지만 둘이 가장 친하다. 둘은 중학교 2학년 때 처음 알게 됐고 같은 선생님 밑에서 골프를 배웠다. 이웃에 산다. 최나연은 김송희의 권유로 올랜도에 있는 김송희의 집 근처에 집을 얻었다.

둘 다 거리도 제법 나고, 아이언샷은 정교하면서 스핀을 걸고, 쇼트게임도 뛰어나다. 스윙과 샷 구질은 LPGA에서 가장 좋은 선수들이다. 2010년까지 두 선수는 앞서거니 뒤서거니 했고 세계랭킹도 10위 근처로 비슷했다. 2009년 최나연의 평균 타수는 70.51이었고 김송희는 70.52였다. 통계로는 막상막하였지만 큰 차이도 있었다. 김송희는 2009년 톱10에 12번 들었으나 우승을 못했다. 톱10에 11번 들어간 최나연이 2승을 했다. 둘의 타수 차는 0.01에 불과했지만 상금은 30만 달러 이상 차이가 났다. 우승은 그만큼 중요하다.

2007년 김송희가 LPGA 투어에 들어올 때는 사뭇 달랐다. 김송희는 소렌스탐에 비견되는 대형선수로 LPGA에 입성했다. 2006년 LPGA의 2부 투어인 퓨처스 투어에서 김송희가 센세이션을 일으켰기 때문이다. 시즌 5승에, 톱10에 15번 들었다. 미국 ESPN은 "집중력이 좋고 게임 흐름을 지배한다"며 "상대가 스스로 무너지게 하는 힘을 가

세계랭킹 10위 이내에 있다가 2013년 10월, 392위로 추락한 김송희.
멘탈이 강했던 김송희의 추락은 골프가 얼마나 예민한 스포츠인지 보여주는 좋은 예다.

진 김송희에게서 안니카 소렌스탐의 카리스마를 볼 수 있다"고 했다.

김송희의 앞길엔 고속도로가 펼쳐진 듯했다. 그는 자신감에 넘쳤다. 그는 LPGA 투어 데뷔를 앞두고 기자와 만나 자신의 장점을 '연장불패'라고 했다. 김송희는 "아마추어까지 합하면 연장 5경기를 했고 9홀 연장을 해본 적도 있는데 다 이겼다"고 했다. 멘탈이 강하다는 얘기였다. 그는 주니어 시절 라이벌이었으며 국내 투어에서 지존으로 성장한 동기인 신지애를 두고 "겨뤄 보고 싶다"고 자신 있게 말했다.

그러나 2007년 LPGA 신인으로 김송희는 상금랭킹 97위에 머물렀다. 갑상선이 좋지 않았다고는 하지만 의외였다. 2008년 상금랭킹이 14위로 뛰었다. 우승은 없었다. 당시 두 차례 선두로 출발했지만 공교롭게도 절정의 기량을 보인 로레나 오초아와 소렌스탐에게 각각 밀려났다.

2009년에 더 잘 쳤다. 미켈롭 울트라오픈 마지막 라운드에서 중반 단독 선두로 뛰쳐나왔다. 그러나 16번 홀에서 더블보기를 하면서 미끄러졌다. P&G 아칸소 챔피언십에서는 65-68타로 2타 차 선두로 나섰다. 그러나 마지막 날 72타로 타수를 줄이지 못했다. 운이 없었다. 우승컵은 최종 라운드에서 64타를 휘두른 신지애가 가져갔다. 제이미 파 클래식에서도 우승 경쟁을 했지만 마지막 날 신들린 듯, 언더파를 몰아친 이은정에게 밀려 3위에 그쳤다. 징크스는 삼성 월드챔피언십에서도 계속됐다. 66타 공동 선두로 시작했으나 3라운드 6오버파를 친 탓에 8위에 그쳤다. 이때 우승자가 최나연이었다. 최나연은 김송희가 78타를 친 3라운드에서 63타를 쳤다. 둘의 타수 차이가 15타였다. 그리고 LPGA 투어 첫 우승을 차지했다. 우승컵에 입을 맞추기 전까지 최나연도 우승 문턱에서 여러 차례 미끄러져 2위 징크스가 생기던 터였다. 최나연은 첫 우승 테이프를 끊은 뒤 한 달 만에 국내에서 벌어진 하나은행-코오롱 챔피언십에서도 우승했다.

2010년 두 선수는 다 잘했다. 김송희는 메이저대회인 LPGA 챔피언십과 나비스코 챔피언십에서 2위, 3위에 올랐다. 하나은행 챔피언십이 두 선수에겐 갈림길이었다. 김송희는 1타 차 선두로 최나연과 챔피언조에서 겨뤄 역전패했다. 가장 친한 친구들의 대결로 평소보다 훨씬 더 큰 관심을 모은 대회였다. 최나연은 이 우승으로 신지애를 제치고 LPGA 상금랭킹 1위로 올라섰다. 최고의 자리에 올라서는 순간, 그 희생양이 된 사람이 가장 친한 친구였다는 사실이 아이러니다. 88년생 김송희는 LPGA 88경기 만에 우승을 하겠다는 다짐을 실현시키지 못했다. 이후 성적이 나빠졌다. 쳤다 하면 톱10이었던 김송희는 2011년 톱10이 2번밖에 없었다. 상금랭킹은 35위로 밀렸다. 2012년 전반기 더욱 나빠졌다. 그 해 김송희의 드라이브샷 적중률은 45%로 떨어졌고 하반기 김송희는 복 부상을 이유로 멍가들 내고 내회에 나오지 않았다. 2012년 김송희가 번 돈은 1만 달러에 불과했다. 2년 전 김송희는 120만 달러를 벌었다.

톨 포피 신드롬tall poppy syndrome이라는 말이 있다. 이른바 키 큰 양귀비 증후군이다. 조화와 균형이 중요한 꽃밭에서 키가 큰 양귀비는 목이 잘린다는 말로, 튀고 잘나가는 사람을 용납하지 않는 문화를 말한다. 이런 문화에서 자란 사람은 튀면 목이 잘릴 수 있다는 걱정을 의식적 혹은 무의식중에 하게 되고 1등을 앞에 두고도 물러서는 경향이 있다고 한다. 키 큰 양귀비 증후군이 가장 만연한 나라가 호주다. 일본과 한국 등 동아시아와 북구에서도 비슷한 문화가 있다.

골프에서 다 잡은 우승을 날려 버리기로 가장 유명한 선수는 호주사람 그레그 노먼이다. 호주의 키 큰 양귀비 증후군적 경향이 그의 골프에도 영향을 미쳤을지 모를 일이다. 노먼은 튀기 싫어서 우승을 일부러 날려 버린 것은 아니라고 말할 것이다. 그러나 노먼을 키 큰 양귀비 증후군의 전형적 케이스로 생각하는 심리학자가 여럿 있다. LPGA 루키인 이미향 등 골프선수의 심리 치료를 담당한 이택중 신경정신과 박사는 "두려움이 많은 사람이 깡패집단에 의탁하기 위해 깡패가 되고, 다른 사람이 무서워 자신이 걸핏하면 병을 깨는 등 깡패처럼 행동하는 경우도 있다"고 말했다.

스웨덴에서 자란 소렌스탐은 공개적으로 고백했다. "주니어 선수 시절 1등을 하면 인터뷰를 하게 되는데 그게 두려워 일부러 3퍼트를 하고 2위를 하곤 했다"는 것이다. 키 큰 양귀비 증후군이다. 그런 소렌스탐은 성인이 되어서는 모자챙에 'no fear'라고 쓰고 다니면서 두려움 없는 여제로 성장했다. 튀는 것이 두려웠던 소렌스탐을 전사로 변화시킨 코치가 피아 닐슨이다.

최나연은 피아 닐슨에게 배우면서 2위 증후군에서 벗어났다. 이후 김송희도 닐슨에게 배웠지만 좋아지지 않았다. 최나연은 "김송희는 이렇게 성적이 좋지 않기에는 너무 좋은 선수"라고 말한다. 그러나 김송희는 절박하다. 2012년처럼 안정적이지 못한 골프가 계속된다면 투어 시드가 사라져버릴 수 있다. 우승이 없기 때문에 그에게 안전망은 없다. 너무 잘했던 선수여서 곤두박질쳐본 경험이 없는 것도 아쉽다.

- **No One to Blame**

프로 골프투어는 매우 냉정하다. 겉보기에는 화려한 것 같지만 그건 잘 치는 선수 얘기다. 부진한 선수는 은퇴식도 없이 바람과 함께 사라진다. 변명거리는 없다. 가령 축구에서는 심판을, 무능한 감독의 나쁜 작전을, 좋은 패스를 하지 않은 동료를, 반칙을 저지른 상대를 탓할 수 있다. 원정경기 관중의 응원이나 그라운드 상태 등 모든 것을 탓할 수 있다. 골프는 탓할 사람이 없다. No one to blame. 아마추어 골퍼는 변명이 100가지도 넘는다고 하지만 프로의 세계에서 탓할 것은 기껏해야 그린의 잔디 상태나 카메라 소리 정도다.

결국 골프는 가장 외로운 스포츠다. 상금이 크다지만 보장된 것은 하나도 없다. 팀 스포츠에서 선수들은 비용이 전혀 들지 않는다. 팀에서 여행 경비와 호텔, 음식, 연습 시설에 옷까지 모두 마련해준다. 골프는 모든 것이 자기 부담이다. 캐디까지 고용해야 한다.

골프처럼 개인 스포츠인 테니스에 비해서도 부익부 빈익빈이 심하다. 테니스 선수들은 대회에 출전할 때 호텔이 공짜다. 1회전에서 떨어져도 어느 정도의 상금을 받는다. 그러나 골프는 모든 비용이 본인 부담인데다 컷탈락한 절반의 선수는 한 푼도 받을 수 없다.

다른 스포츠는 연습을 많이 하면 어느 정도 효과가 나타난다. 그러나 골프 스윙은 정해진 답이 없다. 어디로 가고 있는지 모르는 경우가 많다. 열심히 연습하는데 오히려 나쁜 습관을 강화시키기도 한다. 한 번 자신감을 잃으면 한도 끝도 없다. 코치를 바꾸고, 캐디를 해고

하고, 퍼터, 드라이버 샤프트, 연습장, 모두 바꿀 수 있다. 그러나 어떤 것도 해결책은 되지 못한다. 자신 말고는 아무것도 해결해주지 못한다. 공이 잘 맞지 않은 다음 날 선수들은 아무 일도 없었던 듯 아침 일찍 대회장에 나온다. 그런 선수들의 99%는 잠을 제대로 이루지 못한 상태다.

- **청야니의 늦잠**

"야니가 기권했다고?"

프로암이 열리는 수요일 연습 그린에서 선수들이 추락한 골프 여제에 대해 쑥덕였다. 지난 주 여자 골프 세계랭킹 1위에서 밀려난 청야니는 이날 프로암에 나오지 않았다. 기권의 공식적인 이유는 늦잠이었다. 청야니는 "요즘 몸이 좋지 않다. 잠을 이루지 못하다가 늦잠을 잤다"고 했다. 그러다 프로암에 제 시간에 나오지 못했고, 본 대회에도 기권하게 됐다는 거다. 공식적으로는 기권으로 기록되지만 실질적으로는 강제 실격이다. 각 투어는 대부분 프로암에 참가하지 않는 선수는 경기에 참가하지 못하게 한다.

그래서 선수들은 프로암 선수로 지명되면 공식 경기만큼 철저히 시간을 챙긴다. LPGA 투어는 "프로암 지각은 흔한 일이 아니다. 지난 2년 동안 이런 일로 기권한 선수는 한 명도 없었다"고 했다.

기아 클래식까지 청야니가 참가한 LPGA 투어 대회는 모두 125개였다. 그때까지 한 번도 티타임에 늦지 않았다. 그러나 1위에서 밀려난 후 첫 대회에서 공교롭게도 지각하는 일이 생겼다. 그래서 청야니가 화가 나서 일부러 프로암에 나오지 않았거나, 전날 밤 무슨 일이 생기지 않았는가 하는 의심이 나왔다. 다른 선수들이 "무슨 일이 생긴 것 아니냐?"고 소곤거릴 만도 하다.

기아 클래식은 청야니에게 의미 있는 대회다. 청야니는 지난해 기아 클래식에서 우승한 후 슬럼프에 빠졌다. 청야니가 마지막으로 우승한 대회가 기아 클래식이다. 청야니는 "지난해 초 8번 연속 톱10에 들다 한 번 떨어진 후 사람들이 야니에게 무슨 문제가 있는 거냐라고 물어보기 시작했다. 세계랭킹 1위는 실수를 하면 안 되는 사람 같아서 아주 부담감이 많았다. 그때 내 자신을 위해 골프를 하는 것 같지 않았다"고 했다.

청야니는 자신이 마지막으로 우승한 대회에서 1년 만에 재기를 노렸는데 물거품이 됐다. 청야니는 "기아 클래식은 내가 가장 좋아하는 대회였다. 알탐시계를 여러 개 사야겠다"면서 아쉬워했다. 청야니가 일부러 프로암에 불참한 것으로 보이지는 않는다. 세계랭킹 1위에서 밀려난다는 생각에 큰 스트레스를 받았고 그 고통 속에서 잠을 이루지 못했던 것으로 보인다. 지난 주 RR 도넬리 대회에서 청야니는 "올해는 세계 1위에 포커스를 두지 않겠다"고 했다. 그는 비공식 석상에서 "아예 1위에서 내려오는 것이 더 낫겠다"고 푸념했던 것으로 알려졌다. 그런데 이번 대회에선 "이번 대회에서 타이틀을 방어해 랭킹 1위 자리를 탈환하기를 기대했다"고 했다. 청야니는 랭킹 1위라는 자리에 대해 마음이 오락가락하는 것으로 보인다. 생각이 많

스테이시 루이스와 그의 캐디 트레비스 윌슨.

은 건 골프에도, 잠을 이루는 데도 도움이 되지 않는다.

- ### 캐디 실수로
  ### 2벌타 받은 루이스

청야니에겐 악몽 같은 이날이 새 세계랭킹 1위 스테이시 루이스에겐 아주 신나는 날이었다. 기아 클래식 프로암대회일에 루이스의 캐디는 처음으로 초록색 캐디 조끼caddie bib, bib은 아이의 턱받이나 스포츠에서 번호표를 일컫는다를 입었다. 루이스는 초록색 캐디빕을 입은 캐디의 사진을 "이거 멋지지?"라는 말과 함께 트위터에 올렸다. LPGA 투어는 랭킹 1위 선수의 캐디에게만 초록색 캐디빕을 입힌다. 2년 넘게 청야니의 캐디만 입었던 캐디빕이다.

프로암을 끝내고 나온 루이스에게 인터뷰를 요청하자 흔쾌히 응했다. 그녀의 캐디 트레비스 윌슨에게 "당신도 함께"라고 했더니 캐디는 "나는 안 된다"면서 허겁지겁 연습 그린 쪽으로 도망을 갔다. 루이스가 "트레비스, 돌아오세요!"라고 소리를 쳤지만 그냥 줄행랑이었다. 지난 주 사건 때문이다. RR 도넬리 파운더스컵에서 루이스는 캐디의 실수로 2벌타를 받았다. 3라운드 16번 홀(파4)에서 캐디가 발로 벙커의 상태를 테스트했기 때문이다. 그러고도 루이스는 다음날 역전 우승을 차지했다. 루이스에게 물었다.

"어떤 선수는 자기가 실수해도 캐디에게 화풀이하고 해고하기까지 한다."

루이스는 "벌타를 받은 카드에 사인을 하고 미디어센터에 갔다 왔더니 연습 그린에서 트레비스가 고개를 숙이고 아무 말도 못하고 있더라. 그래서 내가 박수를 치면서 '우리는 이 대회에서 우승할 건데 왜 그래?'라고 했다. 나는 놀라울 정도로 침착했고 오히려 2타를 손해 봐서 너 잘해야겠다는 생각이 들었다. 그는 4년 만 동안 힘께 한 나의 유일한 캐디다. 우리는 성격이 잘 맞고 앞으로도 그럴 것이다"라고 답했다. 그 말을 들으니 루이스의 빨간 볼이 더욱 멋져 보였고 털털하게 입는 반바지도 패셔너블해 보였다. 척추에 철심을 박고도, 캐디의 실수 때문에 벌타를 받고도 우승을 차지하고 세계랭킹 1위에 오른 루이스는 말 그대로 '쿨'했다. 인터뷰는 이어졌다.

**어떤 사람은 자신의 핸디캡을 스스로를 더 위대하게 만드는 데 쓰는 것 같다.**

내가 겪은 일은 너무나 고통스러웠다. 다른 사람들이 겪지 않았으면 좋겠다. 하지만 나는 그걸 이겨 내는 과정을 통해 인내심과 노력을 배웠다. 경기 중 나를 보고 어떤 사람이 '몸에 막대기 하나랑 나사 다섯 개가 들어가 있는 사람이 최고가 될지 누가 알았겠느냐'고 하는 말을 우연히 듣게 됐다. 무슨 일이든 가능하다는 메시지를 줘서 기쁘게 생각한다.

**철심을 낀 허리는 안 아픈가.**

아프지 않다. 이제 허리엔 문제가 없다.

**코스 내에서는 더러 불같이 화를 내고, 코스 밖에서는 성격 좋은 선수로 유명하다.**

경기 중 화가 났을 때 풀어야 한다. 그냥 가지고 있으면 계속 이어지게 된다. 나는 클럽으로 캐디백에 화풀이를 하고 잊어버린다. 팬들과 미디어, 스폰서뿐 아니라 주위 사람들에게 잘해야 한다. 그게 선수들의 의무다.

**초록색 캐디빕이 자랑스러운가.**

물론 그렇다. 트레비스도 매우 좋아하는 것 같더라.

**1위가 부담되지는 않는가.**

올해의 선수상을 받은 지난겨울, 미디어 인터뷰 등이 많아서 바빴다. 그러나 열심히 했다. 뭔가 타이틀이 있다는 것은 그만큼 부담이 되는 것이다. 청야니가 랭킹 1위를 부담스러워 했다는 것은 안다. 그러나 그렇다고 해서 그가 1위에서 내려오고 싶어 한 것은 아니다. 모두다 랭킹 1위에 오르고 싶어 한다. 나는 즐길 것이다. 랭킹 1위를 유지하려면 모든 경기에서 우승하지 못하더라도 매주 톱10에서 경쟁해야 한다. 그만큼 일관성이 중요하다.

RR도넬리 파운더스컵에서 벌타 사건을 만든 스테이시 루이스의 캐디 트레비스 윌슨. 그는 너무 창피해서 인터뷰를 못 하겠다며 도망 다녔다. 돌아가는 길, 랭킹 1위가 입는 초록색 캐디빕을 입고 숨어있는 그를 찾았다.

요즘 볼을 잘 쳤고 지난 몇 주 동안 퍼트를 아주 잘했기 때문에 앞으로도 잘할 것으로 기대한다.

루이스와 돌아가는 길에 숨어 있던 캐디를 찾아냈다. 트레비스는 "너무 창피해서 인터뷰를 할 수가 없다"면서 "내가 커다란 실수를 했는데도 우승한 루이스가 고맙고, 나는 가장 행복한 캐디인 것 같다"고 말했다.

루이스는 파운더스컵 기간에 캐디로부터 1964년에 나온 동전을 받았다고 한다. 마지막 날에 64타를 치고 역전 우승한 것은 그 동전 덕분이 아닐까 하고 생각한다고 말했다. 루이스의 캐디가 입은 초록색 캐디빕은 마스터스 우승자가 입는 그린재킷처럼 멋졌다.

**I round**
# 한 홀 5퍼트

기아 클래식이 열린 아비애라 코스는 샌디에이고에서 가장 멋진 코스 중 하나로 꼽힌다. US오픈을 여러 번 개최한 샌디에이고의 토리파인스 골프장이 남성적이라면 아비애라는 좀 여성적인 코스다. 특히 대회기간에는 꽃이 만개했다. 코스 곳곳에 핀 꽃은 아름다웠다. 그러나 일부 선수들은 꽃가루 알레르기 때문에 고생을 했다. 박세리와 강혜지 선수 등이 꽃가루 속에서 기침을 하고 콧물을 흘렸다. 박세리는 특유의 충청도 사투리로 "한국사람은 침 맞는 게 제일 좋은데 침을 맞지 못했다"고 했다.

아비애라 코스는 긴 편은 아니지만 페어웨이에 둔덕이 좀 있어서 내리막, 오르막 샷을 해야 하는 경우가 있다. 또 페어웨이에 있는 둔덕은 잘 친 샷을 안 좋은 곳으로 보낼 수도 있고 잘못 친 샷을 페어웨이 가운데로 보낼 수도 있다. 아예 그런 불확실성을 없애려면 매우 안전한 곳으로 쳐야 한다.

파5에서 장타자는 2온이 가능하다. 그러나 경사가 심하고 개울 등 함정이 많다. 자칫 잘못했다가는 보기나 더블보기 같은 나쁜 스코어를 낼 수도 있다. 스테이시 루이스는 핀이 어디에 있느냐에 따라서 2온을 할지 레이업을 할지 결정하겠다고 했다. 그린은 상당히 큰데 역시 그린 안에 작은 둔덕이 있어 경사가 심하다. 김인경 선수가 이 근처에 살고, 이 코스를 홈코스처럼 쓰고 있다.

스테이시 루이스는 1, 2, 3번 홀에서 버디를 했다. 랭킹 1위로 상승세를 탄 루이스의 3개 대회 연속 우승이 보이는 것일까. 그렇지 않았다. 아무리 컨디션 좋은 루이스라도 강자들이 우글거리는 LPGA 무대에서 1라운드 초반에 우승자가 결정되지는 않는다.

그린이 예상보다 어려웠다. 초청선수로 출전한 김하늘은 첫 홀에서 내리막 5발자국 버디 퍼트를 하게 됐다. 공은 홀을 지나 두 발자국 정도 지나갔다. 신중히 숨을 고르고 친 파 퍼트도 다시 한 발자국만큼 홀을 지나갔다. 다시 내리막 경사가 됐다. 보기 퍼트도 만만치 않았다. 보기 퍼트도 다시 한 발자국 지나갔다. 김하늘은 "네 번째 퍼트 할 때는 너무 어지럽고 떨려서 넣기는 고사하고 그냥 홀 옆에 붙이기만 해도 좋겠다는 생각이 들었다"라고 했다. 네 번째 퍼트의 거리는 겨우 한 발자국 정도였다. 이 거리에서 넣겠다는 생각을 하기 어려울 정도로 김하늘은 패닉 상태에 빠진 것이다. 결국 네 번째 퍼트도 넣지 못했고 김하늘은 5퍼트 만에 홀아웃, 트리플보기로 첫 홀을 마쳤다.

　　첫 홀을 트리플보기, 그것도 5퍼트로 마친다면 희망은 사라진 것이나 마찬가지다. 골프 격언 중에 '첫 라운드에서 (아무리 잘해도) 우승이 결정되지는 않지만, 첫 라운드에서 (잘 못 치면) 대회를 망치는 것은 충분히 결정될 수 있다'는 말이 있다. 첫 라운드도 아니라 첫 홀에서 5퍼트로 김이 샌 선수가 컷 통과하기는 사실상 불가능하다. 그런데 김하늘은 이후 2타를 줄여 1오버파로 마무리했다. 김하늘은 한국 중계사인 J골프의 초청으로 이 대회에 나왔다. 다음 주 열리는 나비스코 챔피언십까지 LPGA 투어를 2주 연속 뛴다. 김하늘은 일찌감

LPGA 직행을 노리고 기아 클래식에 참가한 김하늘.

치 이곳으로 와 코스에 적응훈련을 했다. 욕심이 있었다. 서희경처럼 둘 중 한 대회에서 우승해 LPGA 직행 티켓을 따기를 원했다. 김하늘은 한국에서 최고의 자리에 올랐지만 88년생 동갑내기 선수들이 LPGA에서 활약하고 있는 것을 부러워한다. 류현진과의 스캔들설까지 나와 한국 미디어가 적은 미국 무대에서 뛰고 싶다는 생각도 들었을 것이다.

역시 야심차게 아비애라에 온 이지영도 첫 홀에서 4퍼트를 했는데 마지막 퍼트가 2발자국 퍼트였다. 5퍼트가 될 뻔한 위기였다.

선두는 6언더파를 친 재미교포인 제인 박이었다. 캘리포니아 출신 한국계 여자 주니어 골퍼 중엔 10대 시절 '골프 천재'로 불리던 선수가 여럿 있다. 제인 박은 그중 대표주자였다. 주니어 대회를 휩쓸었고 2004년 US 여자 아마추어에서 우승했다. 그러나 2007년 LPGA 투어에 와서는 빛을 보지 못했다. 제인 박은 "운 좋게 퍼트가 좀 들어갔다. 손목, 허리, 목 등 여러 곳이 아팠고 집안에 개인적인 문제도 있었다. 성장통이었던 것 같다"고 했다.

박인비와 강혜지, 박세리는 스페인의 베아트리체 레카리와 함께 3언더파 공동 6위였다. 김인경은 1언더파를 쳐 우승후보로서는 다소 아쉬운 성적을 냈다. 스테이시 루이스는 2언더파였다.

## 아비애라와 페블비치

경기 후 많은 선수들이 연습 그린에 남아 퍼트를 했다. 아비애라의 연습 그린은 LPGA 대회를 치르기엔 약간 작았고, 평소보다 많은 선수들이 그린에 남아 연습했기 때문에 북적거렸다. 선수들은 다들 그린이 어렵다고 했고, 특히 오후에 경기한 선수들은 "너무 퍼트가 안 된다"면서 손바닥으로 퍼터를 툭툭 치기도 했다. 아비애라 골프장의 그린은 포아 애뉴아라는 잔디를 썼다. 페블비치의 그린이 이 잔디인데 말이 좀 나오는 풀이다. 색깔이 일정하지 않다. 그린이 군데군데 얼룩이 져 보여 병이 든 풀처럼 보이기도 한다. 가장 큰 문제는 자라나는 속도가 다르다는 점이다.

잔디를 깎은 지 얼마 안 되는 오전에는 괜찮다. 오후에는 그린이 울퉁불퉁해지는 경향이 있다. 볼을 때리는 선수가 아니라 부드럽게 굴리는 예민한 선수는 상당히 거북해 한다. 실제로 성석노 살 안 난다. 타이거 우즈는 메이저대회를 제외하곤 페블비치에서 열리는 대회에 나가지 않는다. 출신대학인 스탠퍼드대 근처에 있는, 세계 최고라고 칭송받는 코스에서 열리는 대회에 참가하지 않는다고 비난을 받기도 한다. 우즈는 "페블비치의 그린이 울퉁불퉁해서 퍼팅감마저 잃어버린다"고 주장했다.

꽃들이 만발한 아비애라 골프장.

- **골퍼의 연인
  퍼터**

연습 그린에서 미셸 위는 허리를 90도로 굽힌 불편한 자세로 퍼트 연습을 했다. 최나연은 헤드가 큼지막한 퍼터로 스트로크를 했다. 이지영이 바꾼 후 효과를 봤다고 한 그 퍼터다. 최나연과 이지영은 코치가 같다. 올랜도의 데이비드 레드베터 아카데미에 소속된 케빈 스멜츠는 이지영, 최나연, 오지영 등 한국선수를 여럿 가르치고 있다. 나비스코 챔피언십에서 스멜츠를 만나 "당신이 레드베터보다 훨씬 나은 것 같다"라고 했더니, 웃으며 검지를 자신에 입에 댔다. 자신도 그렇게 생각하지만 레드베터 귀에 들어가면 안 된다라는 뜻이었다.

최나연이 쓰는 퍼터는 바비 그레이스 퍼터다. 최나연도 스멜츠로부터 권유받았다. 나온 지 20년 된 모델이었다. 최나연은 "생긴 게 흉측해서 처음엔 안 쓰겠다고 그랬는데 안니카 소렌스탐이 이 퍼터로 US오픈 우승했다는 거예요. 그래서 써 봤는데 감이 좋았어요"라고 했다. 결국 소렌스탐처럼 최나연도 이 퍼터로 US오픈에서 우승했다. 최나연은 "바비 그레이스 측에서 나를 위한 특별한 퍼터를 만들어 줬는데 흉하게 보이는 이 퍼터가 훨씬 좋아서 바꾸지 않고 있어요"라고 말했다.

멋진 퍼팅을 하고 나서 퍼터에 입을 맞추는 선수들을 종종 볼 수 있다. 특히 쇼맨십이 좋았던 프로골퍼 리 트레비노는 우승할 때마다 퍼터에 진한 키스를 하곤 했다. 그러나 멋진 티샷을 날렸다고 드라이버에 입술을 대는 골퍼는 없다.

골퍼는 퍼터를 가장 중요한 순간 함께 하는 일종의 동반자로 여겨 어떤 감정을 느끼는 것으로 보인다. 그래서 드라이버와 아이언은 골퍼의 무기이지만 퍼터는 애인 같은 존재다. 사랑과 증오는 종이 한 장 차이다. 퍼터와 골퍼 사이에는 애증이 교차한다. 퍼터는 일방적인 배신의 희생자가 되기도 한다. 골퍼들은 퍼터를 온갖 미사여구로 칭찬하다가도 바로 다음 라운드에선 천덕꾸러기로 취급하는 일이 흔하다. 양말을 갈아 신듯 퍼터를 자주 바꾸는 선수가 있는가 하면 퍼터를 잘 바꾸지 않는 선수도 의외로 많다.

퍼터를 바꾸면 신선한 기분이 든다. 그래서 재미를 본 경우도 더러 있다. 2010년 6월 투어 입성 후 첫 컷탈락(LPGA 챔피언십)의 아픔을 맛본 최나연은 퍼터를 바꿔 바로 다음 대회인 코닝 클래식에서 우승을 차지했다. 마크 캘커베키아는 2007년 PODS 챔피언십 1라운드에서 첫날 36개의 퍼팅을 한 후 컷탈락이 확실시되어 짐을 싸놓고 2라운드에서 시험 삼아 쓴 새 퍼터가 위력을 발휘, 우승을 차지했다. 최나연의 코닝 클래식 퍼터는 지금 퍼터가 아니다. 최나연이 언제까지 현재의 퍼터를 쓸지는 아무도 모른다.

바꾼다고 좋은 것만은 아니다. 타이거 우즈는 2010년 디 오픈에서 오랫동안 쓰던 스카티 캐머런 퍼터를 버리고 후원사인 나이키 퍼터를 썼다가 낭패를 봤다. "인생 최악의 퍼팅"이라고 불평한 그는 단 한 라운드가 끝난 후 원래 퍼터로 돌아갔다. 우즈는 현재는 나이키의 퍼터를 쓴다. 퍼팅을 잘하는 골퍼들이 일반적으로 퍼터를 오래 썼다.

골퍼들이 퍼터에 대해 불평을 하지만 퍼터는 변하지 않는다. 퍼팅을 하는 사람의 몸이 변한다. 디 오픈과 마스터스에서 3승씩을 한

닉 팔도 경卿은 퍼팅을 망친 라운드 후 "퍼터에 문제가 있었느냐"는 질문을 받았다. 그는 "퍼터putter가 아니라 퍼티puttee, 골퍼가 문제였다"고 대답했다.

그러나 많은 프로골퍼가 퍼팅이 잘 안 되면 퍼터에 화풀이를 한다. 골프 중계에는 샌드웨지로 퍼팅을 하는 선수가 종종 나오는데 퍼팅이 잘 안 되서 퍼터를 부러뜨렸거나 물속으로 던져 버린 선수들이다. 미국 PGA 2부 투어에서는 형편없는 퍼팅을 한 선수가 퍼터를 차에 묶어 땅에 질질 끌고 다음 경기장까지 수백 ㎞를 달렸다는 잔인한 일화도 있다.

퍼터를 애인으로 의인화한다면 외모는 천차만별이다. 고전적인 미인형이 슬림한 일자형(ㅡ) 블레이드였다면 2002년 골프계에 폭발적인 반응을 일으킨 오디세이 투볼 퍼터 이후 헤드가 큰 멀릿이 시장을 주도하고 있다. 헤드 모양이 우주선 같은 기괴한 퍼터들이 속속 나오고 있다.

퍼터의 신장도 각양각색이다. 일반적인 퍼터에서 배꼽까지 오는 벨리 퍼터, 드라이버보다 더 긴 브룸 퍼터까지 쓰이고 있다. 베른하르트 랑거 등 퍼팅 입스에 걸린 많은 선수를 키 큰 퍼터들이 구원해줬다. J골프 박원 해설위원은 "벨리 퍼터와 브룸 퍼터는 몸에 축을 고정해 흔들리지 않는다는 장점이 있는 반면 단점도 있다"면서 "입스를 해결한 건 멘탈 측면의 영향이 강하다"고 말했다.

최경주는 2010년 볼링 자세로 스트로크를 하는 '후안 퍼터'로 스포트라이트를 받았다. 원리는 단순하다. 사격을 할 때처럼 표적과 볼의 일직선 라인 뒤에 눈이 위치하는 것이다. 조준을 하는 데는 매우 좋지만 거리를 맞추는 데는 적응기간이 필요하다. 이 퍼터로는 백스윙을 할 때 몸에 걸리기 때문에 부드러운 스윙이 어렵다는 주장도 있다. 최경주는 당시 후안 퍼터로 고생했다. 그리곤 "퍼터 2개를 동시에 가지고 대회에 나가 3m 내 거리는 후안 퍼터로, 그 이상 거리는 종전 퍼터를 쓰는 것을 고려하겠다"고 했다. 그의 가방에 애인(퍼터)이 둘이 되는 것이다. 그러려면 다른 클럽을 하나 빼야 한다. 2개의 퍼터를 쓰는 장점이 다른 클럽 하나를 뺄 만큼 크지 않았다. 그는 전통적인 퍼터로 돌아왔다.

퍼터의 이름은 여성이 많다. 2005년 장정이 브리티시 여자오픈에서 우승할 때 써서 한국에서도 많이 팔린 예스 퍼터는 '나탈리', '메릴린' 등 여자 이름만 쓴다. 2001년 US오픈에서 이 퍼터로 우승한 레티프 구센이 퍼터의 모델명을 자신의 부인의 이름을 따 트레이시로 붙이면서다. 그러나 구센은 트레이시를 버린 지 오래다.

**2 round**
**두 개의 P, Passion & Perseverance**

여름, 북아메리카에서 가장 살기 좋은 곳이 밴쿠버라면, 겨울에 가장 좋은 곳은 샌디에이고다. 관광객들이 몰리는 곳이다. LPGA 대회는 이런 멋진 관광지를 따라 움직인다. 텔레비전을 통해 나오는 멋진 경치는 이곳 관광산업에 큰 도움이 된다. 골퍼들은 일반 관광객보다 돈을 많이 쓰는 사람들이다.

2라운드가 열린 3월 24일 칼스배드에는 전날보다 꽃은 더 활짝 폈고 꽃가루는 더 심했다. 코스의 난도가 높은 데 비해 성적은 좋았다. LPGA 투어 경기위원회는 이 대회에 '리프트lift, 클린clean, 플레이스place' 룰을 적용했다. 페어웨이 상태가 지난겨울 이상 저온으로 좋지 않아 정상적인 경기 진행이 어렵다고 봤기 때문이다. 이 룰은 말 그대로 공을 집어 들고, 닦아서 다시 놓을 수 있다는 뜻이다.

본래 코스 상태가 나쁜 겨울철 골프에서 유래된 말이다. 그래서 윈터 룰winter rule이라고도 하고, 있는 그대로 친다play it as it lies의 반대말인 프리퍼드 라이preferred lie, 좋은 곳에 놓는다라고도 한다. 윈터 룰은 페어웨이에서만 적용이 되고, 원래 공이 있던 자리에서 홀과 가깝지 않은 곳에, 6인치 이내에 다시 놓을 수 있다. 페어웨이가 아닌 러프나, 벙커 등 해저드에서는 공을 있는 그 자리에 두고 쳐야 한다. 다른 홀 페어웨이에서는 적용되지 않는다. 더러 옆 홀 페어웨이로 공을 보낸 후 여기도 페어웨이라고 생각해 공을 닦고 다시 놓다가 벌타를

스페인선수 베아트리체 레카리. 캐디는 그의 연인이다.

받는 선수가 있다.

　이 룰은 약간 변형되어 적용되기도 한다. 공을 6인치가 아니라 한 클럽 이내에 옮기게 하기도 하고 프린지에서도 옮겨 놓을 수 있게 한다. 이번 대회에서는 한 클럽 이내에서 옮길 수 있게 하고 프린지에서도 적용시켰다.

　스페인 출신의 베아트리체 레카리가 공을 잘 닦고 잘 쳤다. 2라운드 5언더파 67타를 쳐 중간합계 8언더파로 단독 선두에 나섰다. 폴라 크리머와 카리 웹이 1타 차인 7언더파 공동 2위였다. 한국선수들은 2타 차 공동 4위에 대거 포진했다. 김인경이 5타를 줄여 6언더파로 껑충 뛰어 올라왔고 박인비와 강혜지도 3타씩을 줄여 6언더파 공동 4위가 됐다. 첫날 6언더파를 쳤던 재미교포 제인 박은 돌아온 왕년의 스타로 주목받아 방송카메라가 졸졸 따라다녔는데 첫날만 못했다.

이븐파를 쳐 6언더파에 머물렀다.

최근 2주 연속 우승을 기록하며 승승장구하고 있는 세계랭킹 1위 스테이시 루이스도 멀리 있지 않다. 이틀 연속 2타씩을 줄인 그는 선두와 4타 차인 4언더파다. 새로운 여제로 등극한 루이스에게 4타는 크지 않다. 그는 최근 2경기 모두 역전 우승을 기록했다.

한국선수 중에서는 강혜지의 샷이 가장 뛰어났다. 강혜지는 이날 버디 7개를 잡았다. 그중에서 탭인 버디 3개를 포함, 1.5m 이내의 버디가 6개였다. 한때 8언더파까지 올라갔으나 마지막 18번 홀에서 두번째 샷을 물에 빠뜨리는 바람에 6언더파로 밀렸다. 강혜지는 "바람 계산을 하다가 샷에 집중하지 못해 미스샷이 나왔는데 워낙 샷감이 좋기 때문에 걱정하지 않는다"고 말했다.

강혜지는 한국 팬들에게 별로 알려지지 않았다. 초등학교 때 호주로 골프 유학을 갔고 고등학교를 졸업하면서 미국으로 건너가 2부 투어를 거쳐서 LPGA에 왔다. LPGA에 데뷔한 건 2009년이다. 벌써 5년차가 되는 셈이다. 첫 해 상금랭킹 67위에 들었고 3년여의 스윙 교정을 거쳐 지난해부터 빛을 보기 시작했다. 2012년 상금랭킹이 29위다. 연습을 성실히 하며 상당히 긍정적인 선수여서 꾸준히 발전하는 선수로 보인다. 강혜지는 두개의 P, 열정Passion과 인내Perseverance를 모토로 삼고 있다고 했다. 1라운드 첫 홀 5퍼트로 트리플보기를 했던 김하늘은 2라운드에서는 이븐파를 쳐 합계 1오버파로 기어이 컷을 통과했다. 김하늘도 강혜지처럼 인내의 한국인이었다.

박진영은 13번 홀에서 더블보기를 했다. 프로선수에게 더블보기는 재앙이다. 이 더블보기로 박진영은 5오버파가 됐다. 이번 대회에서도 컷통과가 어려워졌다. 박진영은 올해 기아 클래식 이전까지 2경기에 나와 모두 컷탈락했다. 박진영의 상심이 깊어졌다. 그런데 내리막 164야드인 14번 홀, 그가 마음을 비우고 친 샷이 홀인원이 되어버렸다. 이 홀인원으로 두 타를 줄인 박진영은 2라운드 합계 3오버파로 컷을 통과했다. 컷통과만이 아니다. 이 홀은 대회 스폰서인 기아자동차가 2014년형 카덴자 자동차를 걸어놓았다. 카덴자는 한국에서는 K7이라는 이름으로 나오는 차다.

### 3 round
### 스페인의 미녀함대

대회 내내 울퉁불퉁한 그린에서 고전하던 최나연은 3 라운드 13번 홀 페어웨이 벙커에 빠진 후 시동이 걸렸다. 이 벙커에서 그린에 잘 올렸고 멀찍한(7야드) 버디 퍼트를 넣으면서 분위기를 바꿨다. 최나연은 파3인 14번 홀 버디에 이어 15번 홀에서도 페어웨이 벙커에서 또 핀에 붙여서 버디를 잡아냈다. 파4 16번 홀에서는 1온에 성공해 버디를 했다.

17번 홀이 아쉬웠다. 앞 조 선수들이 룰 문제로 경기위원을 부르느라 경기가 지연되면서 리듬이 끊겼다. 기다리면서 앞 조 선수들의 퍼트를 본 것도 결과적으로 좋지 않았다. 앞 조 선수가 퍼트하는 모습을 봤는데 공이 왼쪽으로 휘었다. 최나연도 비슷한 자리에서 퍼트를 하게 됐다. 야니시북에는 직선라인이라고 적어 놨있는데 앞 조 선수의 퍼트를 보고 야디지북을 의심했다. 최나연은 오른쪽을 겨냥했는데 그냥 똑바로 지나가버렸다. 최나연은 "버디를 했으면 좋았겠지만 4연속 버디 한 것도 예상 못한 일이었다. 컨디션이 좋지 않아 나비스코 챔피언십을 위한 연습으로 여기려 했는데 마지막 라운드에서 잘 쳐보겠다"고 다짐했다.

김하늘은 3라운드에서는 4타를 줄여 중상위권으로 진입했다. 성적이 좋았던 이유는 아버지와 통화하면서 공이 처음부터 땅에 붙어가게 퍼팅을 하라고 해서 그렇게 했더니 잘됐다고 했다. 땅에 붙어가게 하려면 어떻게 하느냐는 질문에 김하늘은 설명하기가 어렵다고 했다. 영업비밀이라서 공개 안하는 것이 아니고 아주 미묘한 느낌이라서 어렵다고 했다.

3라운드를 선두로 출발한 베아트리체 레카리는 요즘 LPGA에서 뜨고 있는 스페인 미녀 선수 중 1명이다. 보나파르트 나폴레옹은 스페인 원정에 실패한 후 "피레네 산맥을 넘으면 유럽이 아니다"라고 말했다. 유럽 통합이라는 목표 달성에 실패하고 철군하는 명분용이기도 했지만 낙후된 스페인에 대한 비하이기도 했다. 골프세계에서도 스페인에 대한 비하가 많았다. 30여 년 전만 해도 스페인선수들에 대한 평가는 "풋웨지는 잘 쓴다"는 것이 주류였다. 풋 웨지foot wedge란 남들이 보지 않는 곳에서 몰래 발로 공을 차 좋은 라이로 옮겨 놓는 것을 말한다. 룰을 지키지 않는, 믿을 수 없는 선수라는 뜻이었다. 당시 유럽에서 낙후된 국가 중 하나였던 스페인선수들은 실제 에티켓이나 룰을 지키지 않는 면이 있었다.

조롱받던 스페인 골프는 2011년 작고한 세베 바예스트로스를 계기로 바뀌기 시작했다. 1979년 디 오픈 챔피언십 마지막 날 주차장으로 들어간 공을 버디로 연결하는 신기의 리커버리 샷으로 우승한 바예스트로스는 스페인 골프에 대한 인식을 바꿔놓았다. 이후 미겔 앙헬 히메네스, 호세 마리아 올라사발, 세르히오 가르시아, 알바로 키로스 같은 개성 넘치는 선수들이 잇따라 나오고 있다. 스페인은 골프를 다양하고 풍요롭게 만들어주는 나라가 됐다. 라이더컵에서 유럽이 미국을 압도한 것은 스페인선수들 덕분이라고 해도 과언이 아니다.

이베리아 반도에서 온 여성 골퍼도 늘어나고 있다. 올해 LPGA 투어카드를 가진 스페인선수는 5명이다. 남자에 못잖은 뚜렷한 발전을 하고 있다. 스페인 여자 골퍼 중 선두주자는 지난해 사이베이스 매치플레이 챔피언십에서 우승한 아사하라 무뇨스다.

무뇨스는 LPGA 투어 중계 카메라에 올해 들어 가장 많이 잡히는 선수 중 하나다. 그녀가 LPGA 투어에 입성한 2010년 이후로 "누가 투어에서 가장 예쁘냐"는 LPGA 팬들의 사설 투표에서 자주 1위에 오르고 있다. 나탈리 걸비스나 안나 로손 등 원조 섹시 스타들은 무뇨스의 뒤로 밀리고 있다. 외모뿐 아니라 실력까지 갖춘 무뇨스를 LPGA 투어가 차세대 스타 선수로 밀고 있다. 지난해 사이베이스 매치플레이에서 폴라 크리머가 무뇨스에 패하고는 '슬로플레이'라면서 화를 냈다. "크리머가 과도하게 화를 낸 이유는 오랫동안 투어의 공주로 통했던 그녀가 '거울아 거울아, LPGA 투어에서 누가 가장 예쁘니'라고 물었는데 거울이 '아사하라 무뇨스'라고 대답해서 무뇨스에게 감정이 있었기 때문"이라고 술자리에서 농담을 하는 투어 관계자들도 있다. 무뇨스는 2010년 LPGA 투어 신인왕이있다.

레카리가 그 해 신인왕 부문 2위를 했다. 다른 스페인선수들과 달리 미국 대학에 가지 않고 10대에 유럽 여자 투어에 데뷔했다. 레카리도 공부를 잘했다. 스페인 명문 대학에서 경제학을 전공하면서 투어를 뛰다가 힘들어서 학업을 접었다. 그러나 은퇴 후 반드시 대학에 돌아가겠다고 하는 학구파다. 유럽의 프로골퍼들은 남녀 모두 전반적으로 패션감각이 좋아 카메라의 조명을 많이 받는다. 레카리도 그렇다. 이탈리아 밀라노에서 쇼핑하는 것이 취미라고 한다. 영하 5도의 날씨에서도 1시간씩 줄을 서 디자이너 패션 브랜드를 산다. 레카

스페인의 미녀 선수들. 베아트리체 레카리(오른쪽)와 스페인의 아자하라 무뇨스.

리의 인기도 만만치 않다. 스토커가 생길 정도여서 한때 그녀는 경찰 2명의 호위를 받으며 경기를 하기도 했다.

레카리의 3라운드는 지루했다. 보기는 없었지만 한 타밖에 줄이지 못하고 동반자인 폴라 크리머, 앞 조의 카리 웹에 끌려 다녔다. 16번 홀을 끝내기 전에는 그랬다. 16번 홀은 파4다. 원래 372야드의 홀이지만 3, 4라운드에서는 285야드로 티잉그라운드가 당겨졌다. 내리막이어서 실제 거리는 230야드 정도로 보면 된다. 샷이 길지 않은 선수들도 1온이 가능하고 장타자들은 우드나 롱아이언으로도 그린에 갈 수 있게 만들었다. 남녀 US오픈이나 PGA 챔피언십, 나비스코 챔피언십 등 메이저대회에서도 주말 파4홀 한두 개의 전장을 확 줄이는 경우가 왕왕 있다.

조직위가 아무 이유 없이 그냥 전장을 줄여 서비스홀을 만들어주는 것은 아니다. 그린 주위에 위험 요소가 많은 홀의 전장을 줄인다. 1온을 노리려면 위험부담을 감수해야 한다. 이글도 나오지만 보기나 더블보기도 나올 수 있는 상황을 만들어 경기에 드라마와 박진감을 주려는 것이다. 아비애라 16번 홀도 티잉그라운드와 그린 사이에 개울이 있고 그린 왼쪽과 뒤는 호수다. 샷이 짧거나 길거나 당기면 물에 빠지게 된다.

많은 선수들이 그래서 그린 오른쪽 경사지 방향으로 샷을 해서 공이 굴러서 그린으로 굴러가게 하거나 굴러가지 않더라도 안전한 그린 오른쪽에서 칩샷으로 버디를 노렸다. 그러나 챔피언조에 있는 레카리와 크리머는 모두 드라이버로 그린을 보고 질렀다. 두 선수 모두 그린에 올라갔다. 크리머는 꽤 멀었다. 레카리도 1퍼트는 쉽지 않은 거리였다. 크리머는 3퍼트를 했다. 레카리는 캐디와 함께 홀 주위를 신중하게 살폈다. 그가 굴린 공은 한참을 굴러가더니 홀로 들어갔다. 우승 퍼트가 들어간 것도 아닌데 레카리는 캐디와 포옹을 했다.

레카리에센 이글 후 또 행운이 찾아왔다. 앞 조에서 단독 선두로 경기하던 카리 웹이 17, 18번 홀에서 연속보기를 했다. 레카리가 다시 선두가 됐다. 버디 하나, 이글 하나를 잡아낸 레카리는 이날 3언더파 69타를 쳐 중간합계 11언더파가 됐다. 카리 웹이 9언더파 2위, 김인경은 1타를 줄여 폴라 크리머와 함께 8언더파 공동 4위였다. 뒤에도 강호들이 득실댔다. 세계랭킹 1위 스테이시 루이스는 크리스티 커 등과 함께 7언더파 공동 5위, 박인비와 재미교포 제인 박이 6언더파 공동 8위, 최나연과 아사하라 무뇨스, 수잔 페테르센이 5언더파다. 베아트리체 레카리는 올해 컨디션이 좋다. 4경기에서 두 차례 톱5에 들었다. 그러나 추격자들이 워낙 만만찮은 강호여서 접전이 예상됐다. 미국 골프 채널은 스테이시 루이스와 최나연, 폴라 크리머, 카리 웹, 레카리, 페테르센 등 우승권 선수들의 샷 장면을 보여주면서 마지막 라운드를 예고했다. 김인경에 관한 화면은 지난해 나비스코 챔피언십에서 30cm 우승 퍼트를 넣지 못하고 망연자실해 하는 모습이었다.

### 연인 관계인
### 캐디도 여럿

레카리의 캐디는 가방만 들어 주는 사람이 아니라 그의 연인이다. 캐디 안드레스 솔프는 레카리가 2008년 유럽 여자 투어를 뛸 때 스웨덴에서 처음 만났다. 스웨덴인인 솔프는 캐디가 되어 여행을 해보려고 적당한 선수를 찾았고, 레카리는 캐디를 찾다가 그를 만나게 됐는데 첫 대회에서 3위를 하고 2번째 대회에서 2위를 하면서 우리는 천생연분이려니 하고 그냥 함께 여행하고 있다. 요즘 20대 초반 젊은이 중, 5년간 꾸준히 사귀는 연인들은 많지 않다. 5년간 헤어지지 않은 선수-캐디는 더 귀하다.

한국선수가 캐디와 사귀는 것은 어림도 없다. 이지영은 "큰일날 일"이라고 펄쩍 뛰었다. 이선화의 아버지 이승열 씨는 "외국인 캐디들은 실력이 뛰어난 한국선수와 함께 일하면 돈을 많이 벌어서 좋아하지만 한국선수들은 상당히 보수적"이라고 말했다. 이 씨는 "그래도 혹시 몰라서 한국 부모들은 젊은 캐디보다 30대 후반 이상의 노련한 캐디를 고용한다"고 말했다.

재미교포인 크리스티나 김은 캐디와 사귀였나. 자신의 책에서 헬렌 일프레드슨의 캐디 마크 브리튼과 연인관계였다고 썼다. 크리스티나 김이 활달한 성격이어서 투어에서는 다 알려진 일이다. 2006년 멕시코 대회에서 만나 2년 반 동안 사귀다 헤어졌다. 나이는 11살 차이가 났다. 크리스티나 김은 "그와 사귀는 동안 골프가 최우선이 아니었으며, 부모가 그의 존재를 인정하려 하지 않아 부모에게 반항적이 되었다"고 했다. 크리스티나 김은 2013년에도 캐디와 사귀고 있다. 친한 친구인 미셸 위의 캐디인 던컨 프렌치다.

남편이 캐디를 맡는 경우도 있다. 노장인 카트리나 매슈는 남편 그레이엄이 절반 이상의 대회에서 가방을 멘다. 둘은 22년 전 골프 장학생으로 스코틀랜드 스털링대학 회계학과에 함께 다니면서 알게 됐다. 카트리나는 골프를 계속했지만 그레이엄은 공부를 했다. 그러나 회계사 자격증을 따자마자 카트리나의 남편 겸 캐디 겸 매니저로 일했다. 장정의 남편 이준석 씨는 프로골퍼 출신인데 부인의 가방을 멘다.

남편이 캐디가 되는 경우도 있지만 캐디가 남편이 되는 일도 있다. 파트리샤 무니에 르부와 카린 이세르, 헤더 영, 니콜 카스트렐레아 등이 캐디와 사귀어 백년가약을 맺었다. 스테이시 프라마나수드도 동료 선수인 리사 페르난데스의 캐디였던 피트 업튼과 결혼했다.

카렌 스터플스는 기혼자였는데 캐디와 사귀면서 남편과 이혼하고 캐디와 결혼했다. LPGA에서 뛰었던 정일미는 "한 타 한 타에 스트레스를 받는 선수에겐 멀리 있는 남편보다 가까이에서 따뜻한 말을 해주는 캐디에게 더 정을 느끼기 때문인 것 같다"고 말했다. 정만 느끼는 건 아니다. 옆에 있으면 화도 난다. 공이 잘 맞지 않으면 선수가 캐디에게 화를 내는 것은 다른 선수와 마찬가지다. 그냥 캐디였다면 듣고 넘어갈 수 있지만 남편으로서는 자존심이 상한다. 그래서 캐디와 선수로 만나 부부가 된 뒤에는 남편이 캐디를 그만두는 경우도 있다.

장정의 가족사진. 남편이자 캐디인 이준석 씨와 환하게 웃고 있다.

- ### 오초아재단에 상금 기부한
  ### 김인경

김인경은 독특한 선수다. 컴퓨터를 공부했다면 스티브 잡스 같은 사람이 되었을지도 모른다. 'Stay hungry, stay foolish'(항상 굶주리고, 항상 바보가 되어라)라고 외쳤던 잡스처럼 항상 뭔가에 갈증을 내고 남과 다르게 살고 싶어 한다. 아니다. 다르게 살고 싶은 것보다는 원래 남들과 다른 것 같다. 동료들은 그를 '4차원'이라고 하기도 한다.

처음부터 그랬다. 신인이던 2007년 김인경은 '울지 않는 소녀'가 되어 유명세를 탔다. 웨그먼스 LPGA에서 2홀을 남기고 3타를 앞서다 당시 랭킹 1위였던 로레나 오초아에게 역전패를 당했을 때다. 당시 기자회견에서 김인경은 "지금 울 수 있지만 나는 울지 않겠다. 나는 랭킹 1위 선수와 잘 싸웠고 경험을 얻었다. 이 경험으로 인해 더 밝은 미래를 봤다. 올해가 아닐지도 모르지만 앞으로 나의 많은 우승을 보게 될 것"이라고 말했다. 저널리즘 교과서에는 기자는 기자회견장에서 냉정해야 하고 인터뷰 대상자에게 박수를 쳐서는 안 된다고 되어 있다. 그러나 미국 기자들은 당당한 19세 소녀에게 박수를 치지 않을 수 없었다.

말은 그렇게 하고 박수도 받았지만 2홀 남기고 3타 역전패로 첫 우승을 날린 기억은 그리 좋은 것은 아니다. 지는 것을 싫어하는 김인경은 오초아에게 갚아야 할 빚이 있다고 생각했다. 3년여가 지난 2010년 김인경은 그 빚을 갚았다. 로레나 오초아 인비테이셔널에서 우승하고는 상금 전액 22만 달러를 기부한 것이다. 반은 오초아재단에 나머지 절반은 미국에 내기로 했다. 김인경은 "오초아가 '너 정말 우리 재단에 기부하는 것 맞느냐'고 몇 번을 물어보더라"며 웃었다. "오초아가 불우 어린이들을 돌보는 모습이 아름다웠다. 그 모습을 보면서 옛날 역전패 기억 같은 것은 잊어버렸다"고 말했다. 자상한 한국인 김인경의 이야기가 멕시코에 대서특필됐고 오초아와 그녀의 오빠는 김인경에게 편지를 보내 "진심으로 감사한다. 멕시코에 너의 집이 있다고 생각하라"며 고마워했다.

김인경이 골프 밖의 것에 정신이 팔려 있는 것은 아니다. 김인경은 세계랭킹 1위가 되겠다는 명확한 목표가 있다. 어울려 다니면서 흘려보내는 시간이 아까워 다른 선수들과 별로 친하지 않다. 기자회견에서는 말을 매우 잘하지만 프로그램 제작을 위해 시간을 내는 것을 달가워하지 않는다.

동갑내기이자 세리키즈로 불리는 신지애, 최나연 등이 최고 자리에 올라갔기에 라이벌 의식도 느낀다. 김인경은 드라이버 거리가 최나연과 신지애의 중간이다. 페어웨이 적중률은 높다. 김인경의 진짜 무기는 아이언이다. 김인경은 아이언을 신지애나 최나연처럼 똑바로 치지 않는다. 여자 선수 중에는 드물게 페이드와 드로, 저탄도와 고탄도 샷을 구사하는 선수다. 김인경은 "드라이버 거리가 긴 편은 아니어서 롱아이언으로 딱딱한 그린에 공을 세우려 기술 샷을 배울 수밖에 없었다"고 말했다. 그런 기술 샷으로 김인경은 "라운드당 8번 정도 버디 찬스를 잡는다"고 말했다. 그러나 퍼트가 정상권은 아니다. 김인경은 "연습 시간의 80%를 퍼트에 쓴다"고 말했다.

승부욕이 강한 김인경은 코스에서 마음대로 안 되면 화를 내기도

4차원으로 통하는 김인경의 다양한 표정들

한다. "예전엔 싸움닭처럼 지기 싫어했어요. 2010년 US 여자오픈에서 3등을 했는데 우승을 못한 것이 억울하고 속이 상했어요. 페테르센이나 미셸 위 같은 장타자들보다 드라이버 거리가 짧게 나가는 것에도 스트레스를 받았죠. 그해 브리티시 여자오픈 2라운드 오후조에서 경기했는데 엄청난 비바람이 불어 그날 오후에 경기한 선수들 대부분이 컷통과에 실패했죠. 결국 3등을 했는데 비바람이 아니었다면 반드시 우승할 수 있었고 우승을 꼭 해야 했기 때문에 화가 치밀었어요. 나를 괴롭히다가 깨닫게 됐죠. 결국 이것은 운명이다. 내가 경기할 때 바람이 부는 것도, 키가 크지 않은 것도 내 운명이다."

김인경은 요즘은 어떻게 하면 행복할까를 궁리중이라고 한다. "최선을 다하는 것이 중요하고 결과는 그냥 따라 오는 것이라고 여겨요. 결과에 집착하면 되는 일이 없어요. 만약 원하는 결과가 나오지 않았다면 과정이 좋지 않았던 것이고 과정을 바꿔서 다시 하면 되는 것이죠. 제 단점이 욕심이 많아 뭐든지 빨리 끝내고 다음 것을 하려고 서두르는 거예요. 빨리 가려다 사소한 것을 챙기지 못했는데 그 작은 디테일이 큰 차이를 만든다는 것을 알았죠. 나를 잘 분석하고 깊게 파악해야 하고 섬세하게 챙겨야 한다, 다른 사람을 쫓아가려 하지 말고 나의 게임을 해야 한다는 것도 알았죠."

김인경은 골프 때문에 손바닥에 굳은살이 있다. 손가락 끝에도 굳은살이 박여 있다. 골프 스윙연습 틈틈이 기타를 연주하기 때문이다. 그가 가장 좋아하는 음악은 비틀스의 '블랙버드blackbird'다. 요즘 20대는 비틀스를 좋아하지 않는데 평범하지 않다고 했더니 김인경은 "투어에서 내 별명이 4차원이잖아요"라며 웃었다. 그녀는 비틀스 마

김인경의 샷. "다른 사람을 쫓아가려 하지 말고 나의 게임을 해야 한다는 것을 알았어요."

니아다. "어떤 잡지에서 비틀스 명곡 100곡을 선정했는데 그중 95곡이 아는 노래더라"고 김인경은 말했다. 비틀스 팬 중에서도 평범하지 않다. 그녀는 존 레넌이 아니라 폴 매카트니를 좋아한다. "실험정신이 좀 덜 했는지는 모르지만 희망을 노래했고 음색이 더 아름답고, 아직 살아 있잖아요. 살아 있다는 것은 중요해요. 레넌은 일찍 세상을 떠나서 신비감이 좀 더해지지 않았을까요."

그녀는 폴 매카트니를 점심 식사에 초대해 직접 기타 연주를 들려주고 싶어 한다. 가장 만나고 싶은 사람은 빈센트 반 고흐다. 그녀는 "고흐의 작품을 보면 그가 얼마나 슬프고 외로웠는지 느껴진다. 그의 슬픔은 아주 깊었지만 그림을 통해 사람들을 즐겁게 해줬다"고 했다. 그녀는 "고흐를 만나면 우리에게 훌륭한 작품을 남겨줘 고맙다고 꼭 말하고 싶다"고 했다. 폴 매카트니는 살아 있지만 고흐는 세상에 없다. 워낙 독특한 김인경이라 귀신도 만날 수 있을 듯하다.

프랑스에 가서 제대로 된 요리를 시키고 싶어 프랑스어도 배우고 있다. 골프 치는 데 프랑스어는 아무런 상관이 없다. 다른 선수들이 안다면 "네 볼이나 쳐"라고 했을 것이다. 김인경은 프랑스어에만 관심이 있는 것이 아니다. 그녀는 배고프다는 말을 10여 개의 언어로 할 수 있다.

책도 많이 읽는다. 시즌이 끝나고 한국에 오면 대형서점을 훑어 책을 한 보따리 샀다. 그녀는 감명 깊게 읽은 책인 《배움의 기술》의 저자 조시 웨이츠킨에게 이메일을 보냈고 그가 사는 뉴욕에 갈 일이 있으면 만나기로 했다. 그 외에도 이것저것 관심이 많다. 김인경은 "철학이나 문학을 배우고 싶고, 작가가 되고 싶다"며 "정말 제대로 공부하고 싶다. 몸이 두 개였으면 좋겠다"고 말했다.

어려서부터 독특한 면이 많았다. 지구온난화 문제에 관심이 커 쓸데없이 켜져 있는 불은 다 끄고 다녔다고 한다. 한영외고를 다니다 2005년 미국으로 유학을 갈 때 따라온다는 부모님에게 "혼자 가야 미국 문화도 배울 수 있고 대선수가 된다"며 만류할 정도로 씩씩했다. 2006년 말 LPGA 투어 Q스쿨에서 1위를 했는데 "첫 상금은 LPGA 정규대회에서 받겠다"면서 상금 5천 달러를 화끈하게 기부해버렸다.

그녀의 집은 가난하진 않지만 부자도 아니다. 그녀의 유학비용을 대느라 고생한 아버지 김철진 씨는 "첫 월급 타면 부모 내복이라도 사준다던데 약간 서운하기도 했다"고. 김인경은 그러나 쓸 때는 확실하게 써야 한다고 여겼다고 한다. 김인경은 아이를 입양하고 싶어 한다. 아직 할 일이 많아 결혼은 어렵지만 아이를 키우고 싶다고 부모님을 조르고 있다.

**4 round**
**크리머의 선물**

4라운드에도 여전히 남캘리포니아의 태양은 따가웠다. 골프대회에서 4라운드의 연습 그린은 한산하다. 3라운드까지는 컷탈락한 선수도 집에 가지 않고 남아 드문드문 연습 그린에서 퍼트를 하기도 하지만 4라운드가 되면 그들은 거의 나타나지 않는다. 4라운드에 대부분의 선수는 희망을 접는다. 그러나 144명 중 단 10명 정도는 아니다.

마지막 라운드는 가장 한산하고 가장 치열하다. 눈부시게 빛나는 아비애라 골프장의 클럽하우스에서 만난 이지영의 아버지 이사원 씨는 최종라운드를 3위로 출발하는 김인경에 대해 이렇게 기억했다. "우리 지영이 중학교 때인데요, 연습장에서 인경이가 지영이보다 거리가 덜 나가니까 화가 나서 완전히 체중이동을 하면서 스윙을 하고, 그래도 안 되니까 뒤에서 달려와서 공을 때리기도 하는 기예요. 나이도 어리고 덩치도 훨씬 작아서 덜 나가는 게 당연한 건데 인경이는 지지 않으려고 그랬던 거죠. 지난해 나비스코 챔피언십에서 짧은 퍼트 빼서 안타깝지만 그냥 그걸로 무너질 선수는 아닌 것 같아요."

김인경은 연습 그린에서 퍼트를 하다가 1번 홀 티잉그라운드로 향했다. 1번 홀 티잉그라운드는 사람들로 가득했다. 김인경과 같은 조인 폴라 크리머는 분홍색 가방에 사인을 해서 아버지의 무등에 탄 어느 소녀에게 줬다. 사람들이 큰 박수를 쳤다. 기분이 좋아진 소녀는 분홍색 가방을 높이 들고 즐거워했다. 분홍색 가방엔 폴라 크리머

폴라 크리머가 4라운드 직전 가방에 싸인을 해서 아이에게 건넸다. 업체와 미리 약속된 의도된 마케팅일 가능성이 크다.

의 스폰서 중 하나인 '브릿지스톤 골프'라고 적혀 있었다.

박찬호와 함께 LA 다저스에서 함께 경기했던 강타자 숀 그린은 홈런을 치고 난 후 더그아웃에 들어오면서 장갑을 벗어서 관중석의 어린이에게 줬다. 숀 그린이 장갑을 주거나, 박찬호가 경기 중 마운드에서 스파이크 끈을 풀었다 다시 매는 것 등은 사전에 계획된 것이다. 장갑 회사, 신발 회사와 계약이 되어 있기 때문이다. 크리머도 마찬가지다. 그가 최종라운드 사인한 가방을 팬에게 주는 것은 스폰서와의 계약 때문에 하는 것일 것이다.

한국의 골프공 업체인 볼빅은 LPGA 투어에서 눈에 많이 띈다. 많은 선수가 컬러공을 쓰고, 볼빅 모자를 쓴다. 경기장 내 스코어보드 등에도 로고가 들어간다. 볼빅이 중시하는 노출 수단이 또 있다. 화려하고 로고가 크게 들어간 우산이다. TV에 잡히면 아주 좋고, 그렇

똑같은 바지를 입어 눈에 확 띄는 선수와 캐디 커플. 포나농 파틀럼과 그의 오빠이자 캐디인 폰퐁 파틀럼(좌). 장정과 그의 남편이자 캐디인 이준석(우).

지 않더라도 갤러리들에게 충분히 광고가 된다고 생각해서다. 선수들은 경기에 집중하느라 비가 오지 않으면 우산을 거의 쓰지 않는데 가족들은 햇볕을 피하려 우산을 쓰는 경우가 많다. 볼빅은 스폰서 계약을 맺은 선수에게 "가족들에게 우산을 쓰고 다니라고 하라"고 부탁했다. 지난해까지 볼빅의 우산이 좀 무거웠다고 한다. A선수의 가족은 그래서 성적이 좋으면(TV 카메라나 사진에 찍힐 가능성이 있으면) 볼빅의 우산을 쓰고, 성적이 좋지 않으면(TV에 나올 가능성이 없으면) 다른 브랜드의 우산을 썼다. 그래서 멀리서 A선수 가족의 우산을 보면 A선수의 성적이 좋은지 나쁜지를 알 수 있었다. A선수는 "올해부터 볼빅이 더 가벼운 우산을 만들어줘 볼빅 우산만 쓴다"고 했다.

- **붉은색 공포**

기아 클래식 최종라운드는 영화로 치면 유명한 배우들이 대거 주연으로 출연한 블록버스터 같은 것이었다. 미국의 스타인 스테이시 루이스와 폴라 크리머, 크리스티 커가 선두권이었다. 특히 스테이시 루이스는 3연속 우승을 가시권에 두고 있어 뉴스의 초점이었다. 당연히 갤러리가 많았다. 칼스배드는 LA에서 멀지 않아 한국인 갤러리도 상당히 많았다. 골프장이 있는 칼스배드 사람들은 김인경을 가장 좋아하는 듯했다. 1번 홀에서 선수 소개를 하는 사회자는 "아비애라가 가장 좋아하는 선수 김인경을 소개합니다"라고 했다. 클럽 회원 몇 명이 김인경을 따라다녔다.

김인경은 9번 홀에서 약 20cm 파 퍼트를 남겼는데 마크까지 하고 아주 신중하게 쳤다. 작년 나비스코 마지막 홀 기억 때문이었으리라. 사흘 동안 보기 없는 경기를 했던 레카리는 마지막 라운드가 되자 초반부터 보기가 거푸 나왔다. 그녀의 평정심이 깨지는 듯했다.

홈코스에서 우승을 노리는 김인경으로선 가장 무서운 선수는 챔피언조에서 치는 카리 웹이나 베아트리즈 레카리가 아니라 김인경 앞 조에서 경기하는 랭킹 1위 루이스였다. 최근 2경기에서 연속 우승한 루이스는 예상대로 초반 줄버디를 잡으면서 단독선두로 올라섰다. 다른 경쟁자를 남겨놓고 혼자 도망갈 것처럼 보였다. 그러나 도망가지 못했다. 10번 홀에서 버디를 잡고 활기차게 11번 홀 티잉그라운드로 왔는데 꽉 막혀 있었다. 물을 건너는 파3인 11번 홀에 한 팀이

김인정의 샷.

밀려 있었다. 루이스는 기다려야 했다. 10여 분을 기다린 후 티샷을 했는데 공이 물에 빠져버렸다. 핀이 그린 앞부터 23야드나 떨어진 뒷핀이라 샷이 뛰어난 루이스가 물에 빠진 것은 의외였다. 기다리면서 리듬을 잃은 것 같다.

바로 다음 조인 김인경도 루이스가 물에 빠지는 것을 목격했다. 김인경도 기다려야 했는데 역시 리듬을 잃었는지 보기를 했다. 김인경은 12번 홀에서도 짧은 파 퍼트를 넣지 못했다. 루이스와 카리 웹, 김인경, 레카리가 모두 9언더파가 됐다. 날은 더욱 뜨거워졌다.

김인경이 가장 먼저 공동 선두에서 밀려났다. 13번 홀에서 그린 주위 내리막 칩샷이 훅 지나가는 바람에 또 보기를 했다. 3연속보기였고 8언더파로 밀렸다. 그 다음 차례는 루이스였다. 그는 역시 물을 건너는 파3인 14번 홀에서 보기를 했다. 버디를 잡아야 할 16번과 17번 홀에서 짧은 버디를 놓치더니 18번 홀에서는 티샷을 물에 빠뜨렸다. 루이스는 벌타를 받고 친 세 번째 샷도 물가의 바위 옆으로 가면서 망가졌다.

김인경은 다시 기어 올라왔다. 14번 홀에서 버디 퍼트를 아깝게 놓쳤지만 15번 홀에서 한 타를 줄여 9언더파 공동 선두로 복귀했다. 문제의 16번 홀. 이글이 나올 수 있게, 또 더블보기가 나올 수 있게 짧게 줄여놓은 16번 홀에서 김인경은 과감하게 모험을 해 1온에 성공했다. 넣을 수 있는 이글 찬스였다. 들어가는 듯했다. 그러나 홀 옆을 스쳤다. 대신 버디로 10언더파 단독 선두가 됐다. 레카리도 16번 홀에서 버디를 잡았다. 역시 10언더파 공동 선두가 됐다.

아비애라의 18번 홀은 매우 멋지다. 페어웨이 오른쪽엔 파란 호수가 있는데 물 위에 기아의 전시용 자동차가 떠 있었다. 페어웨이 왼쪽으로는 거대한 석호가 보인다. 선두권 선수들이 18번 홀로 들어오는 일요일 늦은 오후, 석호 갈대들은 태평양에서 불어오는 산들바람에 군무를 췄다. 호수는 바람에 찰랑거려 전시용 자동차가 마치 파란색 도로를 달리고 있는 것처럼 느껴지게 했다. 선명한 빨간색으로 칠한 관람석이 거대한 성처럼 그린을 둘러싸고 있었고, 저무는 태양은 이 모든 아름다움에 음영을 드리우고 있었다.

골프는 역설적이다. 세게 치려면 부드럽게 스윙해야 한다. 공을 타깃으로 보내려면 타깃을 보면 안 된다. 공을 띄우려면 공을 땅에 박아야 한다. 골프의 또 다른 역설은 코스가 아름다울수록 공포감을 준다는 점이다.

아비애라의 18번 홀은 낮은 입사각으로 마주하는 태양과, 태평양에서 부는 맞바람, 강렬한 빨간색 관중석까지 상대해야 했다. 일반적으로 챔피언십 코스의 마지막 홀은 가장 어렵다. 혹은 가장 쉬우면서 어렵다. 어쨌든 어렵다. 드라마를 만들 여지를 가진 홀로 설계하기 때문이다. 아비애라의 18번 홀은 오른쪽으로 돌아가는 도그레그인데 꺾어지는 지점부터 그린까지 호수가 있다. 질러 치려다가 조금만 오른쪽으로 가면 호수에 빠진다. 왼쪽으로 가면 러프다. 러프로 보내면 파가 어렵다. 그린과의 거리가 멀어 롱아이언으로 그린을 공략해야 하는데 러프에서 치면 공이 서지 않는다. 호수 때문에 티샷도 힘들지만 두 번째 샷은 훨씬 더 부담이 된다. 왼쪽은 OB, 오른쪽은 호수다. 그린은 길쭉해서 매우 좁아 보인다. 그린은 관중석과, VIP 관람석으로 둘러 싸여 있다. 관람석이 강렬한 붉은색으로 색칠해져 있기 때문

많은 관중과 붉은색 관중석 때문에 심한 압박감을 주는 아비애라 18번홀. 정규경기에서 보기를 하면서 연장전을 치른 베아트리체 레카리(왼쪽)와 연장 첫 홀에서도 보기를 하며 우승 기회를 잃은 김인경(오른쪽).

에 두 번째 샷을 준비하는 선수들로서는 매우 부담이 된다. 일반 선수들이라면 그렇지 않을 수도 있다. 그러나 우승을 앞둔 선수라면, 가슴이 타들어가는 한 타 차 접전을 벌이는 선수라면, 이 붉은색은 흥분과 두려움을 의미한다. 태양은 태평양으로의 낙조를 앞두고 힘을 잃었지만 붉은색 관람석 뒤에서 비추고 있기 때문에 충분히 강렬했다.

18번 홀, 김인경은 티샷을 잘 쳤다. 그러나 세컨드샷은 그리 좋지 못했다. 보기를 했고 9언더파로 레카리에 한 타 차 2위가 됐다. 레카리도 티샷은 잘 쳤지만 두 번째 샷이 홀 주위로 가지 못했다. 역시 파퍼트에 실패하고 9언더파가 됐다. 김인경과 연장전이었다.

## ● 연장불패

"연장전은 아주 단순하다. 내가 이기거나, 집에 가거나 둘 중의 하나다. 그래서 내 능력 내에서 가장 잘 치는 것이다. 내가 그렇게 한다면 이기는 거다. 결과에 대해 신경 쓰기 시작한다면 집중력을 잃을 것이다. 그래서 나가서 즐기고, 최선을 다하고, 이기는 것이다." 이 말이 연장전에 임하는 선수의 심리에 대한 모범답안이다. 최나연은 "압박감은 스스로 만드는 것이다. 모든 경기가 다 똑같다고 생각해야 한다"고 했다.

모범답안대로 되지 않는 것이 골프다. 박세리는 연장전 6전6승을 기록했다. 박세리는 단순한 것을 좋아한다. 그가 슬럼프에 빠졌을 때는 생각이 아주 많아졌을 때다. 박세리는 2010년 벨마이크로 LPGA에서 수잔 페레트센과 브리티니 린시컴을 꺾고 우승했다. 그녀는 "연장전에 가면 더 편해진다"고 한다. 연장 세 번째 홀(18번 홀)에서 박세리의 비샷은 오른쪽 벙커에 빠졌고 린시컴은 페이웨이에 공을 올려놨다. 박세리는 긍정적으로 생각했다. "오른쪽 벙커 쪽에서는 페어웨이보다 그린을 공략할 각도가 좋고, 벙커에서는 스핀이 더 잘 걸려 공을 세우기가 낫다고 자기 최면을 걸었다"고 말했다. 박세리는 벙커에서 6번 아이언으로 핀 3m에 붙였다. 그러자 린시컴이 흔들렸다. 두 번째 샷을 그린 앞 벙커에 빠뜨렸다. 린시컴이 샌드세이브에 성공했지만 박세리는 버디 퍼트를 쑥 집어넣었다.

일반적인 대회는 연장을 서든데스로 한다. Sudden death, 직역하면 갑작스러운 사망, 즉 급사急死다. 어감부터 매우 좋지 않다. 패배한 선수는 단번에 그냥 집에 돌아가야 하는 것이다. 자신이 실수해도 돌아가고, 자신은 잘했지만 상대가 더 잘해도 진다.

모든 연장전이 서든데스로 경기하지는 않는다. 남자 메이저대회 중 서든데스로 연장을 벌이는 건 마스터스뿐이다. 오거스타 내셔널 클럽은 "4라운드 내내 우승자를 가렸으니 한 홀 연장이 최고의 드라마를 만든다"는 입장이다. 마스터스는 해가 짧은 봄에 열린다. 최고의 드라마를 만들기 위해서라기보다는 상대적으로 시간이 부족해서 그렇게 한다고 봐야 한다. 프라임타임에 경기가 끝나도록 시간을 맞춰달라는 방송사의 요구로 마스터스 마지막 날 챔피언조는 오후 3시가 다 되어 경기를 시작한다. 연장전이 두 홀에 끝나지 못하면 어둠 때문에 다음 날로 미뤄질 수 있다. 마스터스를 제외한 다른 메이저대회는 한여름에 열린다. 해가 길다. 디 오픈은 4홀 연장을 벌인다. 원래 18홀 연장전을 했는데 4홀로 줄였다. PGA 챔피언십은 3홀 연장이다. 그래도 승부가 안 나면 서든데스로 연장전을 벌인다. US오픈을 개최하는 USGA는 골프의 원조인 영국보다 더 보수적이다. "연장전은 가능한 길어야 가장 공정한 결과를 만든다"면서 18홀 연장을 고수한다. 연장전은 다음날 열린다. 2008년 US오픈에서 타이거 우즈는 다리를 절뚝거리며 월요일 연장전을 벌였고, 그걸로도 승부가 나지 않아 서든데스까지 총 19홀 연장전을 벌였다.

여자대회는 US 여자오픈을 제외하곤 모두 서든데스다. US 여자오픈은 남자처럼 18홀 연장을 치르다 2007년 3홀 연장으로 줄였다. USGA는 남자는 18홀을 하고 여자는 3홀을 하는 건 남녀 차별이라는 비난을 받았다. 그러나 18홀을 하려면 월요일 중계방송사를 잡기가 쉽지 않다. 골프는 다른 스포츠보다 중계방송 비용이 많이 들어간다. 골프장은 축구나 야구 등에 비해 경기장이 넓다. 그린 주위에 카메라를 얹어 놓을 중계탑을 설치해야 하고 새의 눈으로 골프장을 보여주기 위해 대형 크레인도 설치해야 한다. 하루 중계비용이 만만치 않다. 미국의 네트워크 방송(한국의 지상파 방송에 해당함)은 월요일 연장전을 중계하기가 어렵다. 다른 방송사에게 양보하면 된다고 하지만 그러고 싶지 않다. 자신이 방송을 할 때 드라마가 나와야 하고 우승자가 나와야 한다. 그것이 그들이 큰돈을 들여 중계권을 산 이유다.

김인경은 기아 클래식 연장전을 앞두고 연장전 기록 3전3패였다. 반면 레카리는 프로가 되어 첫 우승컵을 연장전을 통해서 얻었다. 2009년 핀란드에서 열린 유럽 여자 프로골프 투어 핀에어 마스터스 연장전 176야드가 남은 페어웨이에서 아이언샷을 홀에 넣어 이글로 우승했다. 전반적으로 운이 좋은 선수다. 2010년 LPGA로 건너온 레카리는 성적이 매우 나빴다. 시즌이 거의 끝날 때까지 13개 대회에서 컷통과가 3번뿐이었고 상금은 4만3천 달러뿐이었다. 다시 Q스쿨이나 스페인으로 돌아가야 했다. 그런데 시즌 막판인 10월 CVS LPGA 챌린지에서 우승했다. 그러면서 성적이 좋은 선수만 참가할 수 있는 나머지 대회 참가 자격도 생겼다. 나머지 대회에서는 모두 컷을 통과했다.

물론 레카리의 성적이 운만은 아니다. 2012년 레카리는 아이언 우먼iron woman이라는 별명을 얻었다. 27경기에 모두 참가해서, 모두 컷을 통과해서다. 27경기에 참가한 것은 대단한 것이 아니다. 레카리가 스테이시 루이스나 박인비, 최나연처럼 상위권 선수가 아님에도 불구하고 27경기에서 모두 컷을 통과한 것은 대단한 것이다. 기복이 없다는 뜻이다. 샷도 그렇지만 감정의 기복이 적고, 웬만해선 무너지지 않는 매우 침착한 선수라는 뜻이다.

김인경과 레카리는 첫 홀 연장에서 티샷을 잘 쳤다. 그러나 그린 주위의 붉은 간판은 두 선수를 압박했다. 악명 높은 포아 애뉴아 그린은 시간이 갈수록 점점 더 울퉁불퉁해졌다. 둘 다 파를 잡지 못했다.

두 번째 홀 연장에서도 두 선수는 티샷을 잘 쳤다. 세컨드샷 자리에 가자 다시 빨간색 관중석이 눈앞에 다가왔다. 붉은 관중석은 흥분한 수소를 향해 펄럭이는 투우사의 망토처럼 강렬해 보였다. 해가 관중석 뒤로 넘어갔는데도 관중석은 불탔다. 숨 막히는 연장전이라 그랬을 것이다. 김인경의 두 번째 샷은 그린을 맞고 왼쪽으로 갔다. 레카리의 샷은 핀 근처 프린지에 섰다. 김인경은 이번에는 프린지에서의 첫 퍼트를 홀 근처에 붙였다. 파를 할 수 있는 상황이었다. 서든데스에서는 누구에게나 행운이 따를 수 있고, 누구나 불운할 수 있다. 레카리는 프린지에서 버디 퍼트를 넣고 연인인 캐디와 포옹했다.

김인경은 "마지막 홀에서 보기를 해서 기회가 사라지나 했는데 레카리가 기회를 줘서 오히려 고마운 것이다"라고 했다. 또 "우승을 했으면 좋겠지만 이것도 잘한 거다. 남은 대회 많으니까…"

    깊은 밤 검은 새가 노래하고 있습니다.
    부러진 날개로 나는 법을 배우기 위해,
    생명을 다해.
    날아오를 순간을 기다리고 있습니다.

김인경이 즐겨 연주하는 비틀즈의 노래 '블랙버드'다. 이 슬픈 노래를 좋아하는 김인경이 연장전 4전4패의 기록을 남기게 됐다. 김인경은 날아오를 순간을 기다리고 있다. 온 힘을 다해.

# 6
Rancho Mirage,
California

## 잃어버린 시간

#란초미라지
나비스코 챔피언십

### 패자가 기억되는 대회

어떤 메이저대회는 우승자가 기억되기보다는 아깝게 우승을 놓친 선수가 더 오래 기억된다.

마지막 홀에서 장 방 드 벨드가 트리플보기를 하면서 우승을 놓친 1999년 디 오픈이 대표적이다. 골퍼들 대부분은 장 방 드 벨드를 알지만 당시 그와 연장을 벌여 챔피언이 된 폴 로리는 기억하지 못한다. 1968년 마스터스에서 총 타수는 66이라고 제대로 써 놓고 17번 홀 버디(3)를 4로 적어 1벌타를 받아 연장에 가지 못한 로베르토 디 비센조도 마찬가지다. 골프 역사를 좀 안다는 사람들은 디 비센조를 기억하지만 실제 우승자인 밥 골비는 누구인지 모른다. 2012년 디 오픈에서도 아담 스콧은 마지막 4홀 연속보기를 하면서 우승을 내줬다. 당시 우승컵인 클라렛 저그를 손에 넣은 어니 엘스보다 아담 스콧에 대한 기억이 훨씬 더 강렬했다.

2012년 나비스코 챔피언십도 그랬다. 30cm 정도의 짧은 퍼트를 놓친 후 입에 손을 대며 당혹스러워 하던 김인경의 모습은 골퍼들 뇌리에 생생하게 남아 있다. 2012년 김인경의 나비스코 72번째 퍼트는 골프 역사에 가장 아쉬운 퍼트 중 하나로 남을 것이고 김인경은 장 방 드 벨드만큼 오래 기억될 것이다. 반면 우승자인 유선영은 김인경의 그늘에 가려진다.

미국 골프 채널은 첫 메이저대회인 나비스코 챔피언십을 앞두고 김인경이 짧은 퍼트를 넣지 못하는 장면을 거듭 틀어줬다. 유선영의 모습은 별로 보이지 않았다. 김인경이 텔레비전을 봤다면 정말 잔혹하다고 여길 정도로 하루에 수십 번씩 그 장면을 보여줬다.

선수들에게 존경받는 명예의 전당 입회자이자 미국 골프 채널 해설자인 주디 랭킨도 김인경을 거론했다. "김인경은 어떤 선수보다 그 일(메이저 우승을 아깝게 놓친 후에 생기는 일)을 잘 처리했다고 본다. 한편 김인경이 동의하지 않을지도 모르지만, 그 일은 상처를 남겼을 거라 생각한다. 김인경은 모든 면에서 뛰어난 골퍼지만, 퍼트에 대해서 확신을 가지고 있지 못하다는 것을 알고 있다. 어떤 코스에서도 65타 정도를 칠 수 있는 선수이지만 거의 매일 예상하지 못한 짧은 퍼트를 놓치는 일이 있는 것처럼 보인다. 메이저대회의 짧은 우승 퍼트를 놓치리라고는 전혀 예상치 못했다. 그런 기억들은 정말로 지우기가 어렵다. 그러나 김인경은 아주 영리하고, 생각하는 골퍼이며 아주 열심히 하기 때문에 이것들을 극복하지 못하기엔 너무나 좋은 선수라고 믿는다. 그러나 기아 클래식에서 다시 목격했다. 가끔 압박감 속에서 퍼터 감이 사라지는 것 같다. 이것을 극복해야 한다."

상처를 보듬으라는 말이라도 선수로선 상처를 건드리는 것이고, 아물지 않은 상처의 딱지를 떼어 내는 것이다. 그렇다고 해서 팬들의 관심이 큰 사건을 텔레비전이 무시할 수는 없다. 물론 시청률 때문이지만, 그런 적극적인 미디어의 역할이 아니면 프로 스포츠에서는 재미있는 이야깃거리가 묻히고 팬들의 인기를 얻기 어렵다. 만약 아마추어선수라면 매스미디어가 선수들의 상처를 덮어줄 수도 있다. 그러나 골프를 직업으로 삼고, 골프 필드를 전투장으로 여기고 나온 프로골퍼들은 이런 일은 각오해야 한다. 그래야 팬이 있고 스폰서가 있고 선수가 있다.

시즌 첫 메이저대회인 나비스코 챔피언십을 앞두고 당연히 김인경은 대회 전 인터뷰에 불려 나왔다. 책을 많이 읽고 골프 이외에도 다방면에 관심이 많은 똑똑한 김인경답게 멋지게 대답을 했다.

"나는 잘하고 있다. 점점 늘고 있다. 앞으로 내가 메이저대회에서 11승을 할 수도 있는 것 아닌가. 가끔은 쉽지 않다. 전세계가 보고 있으니까. 지난해 사건은 내 인생의 큰 터닝포인트였다. 그래도 그 이후 새로운 시각으로 인생을 볼 수 있었다. 뒤돌아보면 어려웠지만 젊은 이들의 실패는 항상 패배가 아니다. 그리고 그 일로 인해 동료들로부터 많은 지지를 받았다. 그 일이 일어난 후 누가 진짜 친구인지를 알게 됐다. 스티븐 호킹이 《타임 트래블》이라는 책에서 과거로 돌아갈 수 없다고 했다. 골프가 많은 것을 가르쳐줬다. 나는 행복하다. 어떤 사람들은 배고파서 죽는다. 과거가 중요한 게 아니라 미래가 중요하고 다시 돌아오는 것이 중요하다. 자신을 믿고 독하게 나아가야 한다. 인생은 행복하거나 행복하지 않거나 이다. 나는 행복하게 살겠다."

김인경의 답은 완벽했다. 심리학 교과서에 나오는 얘기다. 김인경은 현명하고 의지가 굳은 선수다. 2012년 나비스코의 비극을 극복할 것이다. 그러나 딱 1년이 지난 2013년 나비스코 챔피언십 기간 중에 김인경이 자신의 말처럼 행복할 수 있을지는 미지수다. 2주 전 기아 클래식에서 연장전에서 패배했기 때문에 그녀의 기억은 더 증폭됐을 것이다. 장 방 드 벨드는 1999년 참사 이후 제대로 성적을 내지 못했다. 나비스코의 상처를 잊었다 해도 무의식 깊은 곳에 똬리를 틀고 있다가 중요한 순간이 되면 다시 나타나게 될 것이다. 상처가 완전히 아무는 데는 시간이 필요하다.

- 마리아치 밴드

나비스코 챔피언십이 열리는 팜스프링스는 미국 캘리포니아주 남동쪽 모하비 사막에 세운 리조트 도시다. 조슈아트리 내셔널파크가 있는 팜스프링스 북쪽 산베르나디노 산이 찬바람을 막아 겨울에도 춥지 않다. 은퇴한 시니어들이 많이 모여 사는 곳이다. 모하비 사막은 사하라처럼 완전한 모래사막은 아니지만 매우 건조하다. 수백 km 밖에서 콜로라도 강의 물을 끌어와 사막에 골프장 100여 개를 만들었다. 이곳에서 물은 소중하다. 사막의 뜨거운 더위 속에 치열한 라운드를 마친 챔피언이 물에 빠지는 것은 당연할지도 모른다.

챔피언십 우승자가 18번 홀 옆 호수에 늘어간 건 1988년이 저음이었다. 우승자인 에이미 알콧이 캐디 빌 커리에게 "한 번 빠져볼까"라고 제안하고 함께 냅다 물로 뛰어들었다. 이때까지 호수 입수는 그냥 해프닝이었다. 1989년 우승자 줄리 잉크스터와 1990년 우승자 베시 킹은 물에 들어가지 않았다. 당시만 해도 18번 홀 옆 워터해저드는 깨끗하지 않았다. 냄새가 나는 그 지저분한 물에 들어갈 아무런 이유가 없었다. 1991년 에이미 알콧이 다시 우승하자 대회 3회 우승 기념으로 주최자인 다이나 쇼어와 함께 뛰어들었다. 1992년 우승자인 도니 모치리는 10번 홀에서 열린 연장에서 우승했기 때문에 물에

여자 프로 골프의 가장 멋진 이벤트인 우승자 호수 점프가 벌어지는 다이나쇼어 코스 18번 홀 옆 포피의 호수.

뛰어들기엔 너무 멀었다. 1993년 우승자 헬렌 알프레드손도 물에 들어가지 않았다.

   1994년 드디어 호수의 여인 세리모니는 전통으로 자리 잡기 시작했다. 우승자인 도나 앤드루스는 우승 후 물속으로 멋진 점프를 했고 1995년 깜짝 우승자인 낸시 보웬도 전통을 이었다. 1996년 챔피언인 패티 시한은 기쁨에 겨워 재주넘기로 물에 들어갔다. 2000년 카리 웹은 가수 셀린 디옹과 함께 점프했다. 2004년 한국인으로 처음 이 물에 들어간 박지은의 다이빙도 명장면 중 하나다. 2008년 로레나 오초아는 고국에서 온 마리아치 밴드의 연주 속에서 가족과 함께 물속으로 뛰어들었다.

   나비스코 챔피언십은 이 호수 입수 세리모니를 두고 '전세계에 울

나비스코 챔피언십이 열리는 팜스프링스 미션힐스 골프장. 샷을 치는 선수(왼쪽: 최나연, 오른쪽: 지은희)들 뒤로 웅장한 산베르나디노산이 보인다.

릴 물 첨벙'이라고 소개하고 있다. 마스터스가 1935년 진 사라센의 더블 이글(알바트로스)이 나왔을 때 '전세계에 들릴 함성이 터졌다'는 엄청난 과장법을 썼는데 이를 모방한 것이다. 실제로 나비스코 챔피언십은 바로 다음 주에 열리는 남자 시즌 첫 메이저대회 마스터스를 본떠 만든 대회다. 시즌 첫 메이저이며, 마스터스처럼 출전 선수 수가 100명 정도로 제한되고, 한 코스에서 계속 열린다. 캐디에게 흰색 점프슈트를 입히는 것도 마스터스와 똑같다. 마스터스 우승자는 그린재킷을 입고 인터뷰를 하지만 나비스코 챔피언십은 우승자가 물에 들어갔다 나온 다음 흰색 목욕 가운을 입고 기자회견장으로 오는 정도가 차이일 것이다.

**I round**
**눈을 감고 느껴봐**

나비스코 챔피언십이 열리는 미션 힐스 골프장에 바람이 불면 엄청나게 분다. 바람 골인 코첼라 협곡을 통해서 바람이 휘몰아친다. 코첼라 협곡에는 풍력 발전기 수천 개가 있는 윈드밀팜이 있다. 그 정도로 바람이 강한 곳이다. 밤새 바람이 불 때가 많은데 새벽이면 계곡을 통해서 날아온 모래들이 길가에 쌓여 인부들이 길 모래 청소하기에 바쁘다. 미션 힐스 골프장은 코첼라 협곡과 10여 km 떨어져 있지만 언제 바람이 불어 닥칠지 모른다. 선수들은 혹시 자신이 코스에 있을 때 바람이 불지 않을지 일기예보에 촉각을 곤두세운다. 일기예보가 맞지 않을 때가 많다는 것이 문제이긴 하지만.

다행히 첫날 오전 조 선수들은 미풍 속에서 경기를 했다. 이 대회에서 우승하면 랭킹 1위로 올라설 수 있는 최나연은 흥분과 기대로 부산한 연습장에서 평소보다 약간 서두르게 됐다. 스윙 리듬도 함께 빨라졌다. 그러면서 샷이 삐뚤빼뚤 흩어졌다. 티타임이 다가올수록 마음은 점점 더 급해져갔다. 연습장을 떠나기 직전, 불안한 마음이 가슴을 옥죌 때, 최나연은 9번 아이언을 꺼냈다. 그리고 눈을 감았다. 아이언을 부드럽게 스윙했다. 스윙을 몇 차례 하면서 그는 자신에게 "눈을 감고 느껴봐"라고 주문했다.

최나연은 첫날 4언더파 공동 선두에 올랐다. 웨지부터 드라이버까지, 1번 홀부터 마지막 홀까지 스윙 리듬이 일정했고 물처럼 부드

1라운드 공동 선두에 오른 수잔 페테르센(왼쪽)과 최나연(오른쪽).

러웠다. 동반자인 장타자 수잔 페테르센보다 멀리 나가는 드라이브 샷도 많았다. 최나연은 "눈을 감고 휘두르던 그 느낌을 잊지 않고 스윙을 했더니 공이 클럽 페이스에 찰싹찰싹 붙어 똑바로 멀리 나가더라"고 말했다.

메이저대회의 좁고 긴 난코스에서 최나연의 그린 적중률은 89%였고, 페어웨이 적중률은 93%였다. 최나연은 "그린을 놓친 홀도 그린 옆 프린지여서 사실 모든 홀에서 버디 퍼트를 했다. 퍼트를 많이 넣지 못한 건 아쉽지만 공을 때리는 건 아주 마음에 들었다. 이렇게만 쳤으면 좋겠다고 생각할 정도였다"고 말했다. 메이저대회 최다승 기록을 가진 잭 니클라우스는 "대회 내내 일정한 리듬의 스윙을 계속 하는 선수가 우승하는 선수"라고 말했다.

최나연은 "내가 가장 좋아하는 대회다. 한국선수 중 2명밖에 우승하지 못했는데 올해는 내가 물에 들어가겠다"고 다짐했다. 최나연은 수영을 못 한다. 물에 들어가는 것을 무서워한다. 최나연은 "캐디가 전혀 걱정하지 마라, 내가 잘 처리하겠다고 하더라"면서 웃었다. 나비스코에 대한 기억도 말했다. "루키일 때 이 코스에서 쳤는데 마지막 날 안니카 소렌스탐, 카리 웹과 한 조로 경기하게 됐다. 토요일 저녁 조 편성을 보고 믿을 수가 없었다. 일요일 아침 선수 소개를 할 때 두 선수를 부른 후 나의 이름을 불렀는데 두 선수 때문에 내 이름이 소개될 때까지도 관중들의 박수 소리가 계속되고 있었다. 뭉클한 순간이었다. 경기 후 소렌스탐의 캐디가 나를 칭찬하더라. 그래서 기분이 좋았다"고 했다.

최나연과 함께 경기한 수잔 페테르센도 4언더파였다. 최나연이 경기 전 눈을 감고 샷감을 익혔다면 페테르센은 눈을 감고 퍼트를 했다. 페테르센은 이 대회에서 준우승만 3번 한 강력한 우승 후보 중 한 명이다. 눈 감은 커플이 메이저대회 첫 라운드에서 공동 선두에 오른 셈이다.

세계랭킹 1위 스테이시 루이스도 나비스코 챔피언십에 강했다. 이 코스에서 평균 스코어가 69.1타로 가장 좋았다. 그러나 루이스는 1라운드 파3인 14번 홀에서 트리플보기, 이른바 양파를 했다. 루이스는 이날 경기 중 캐디가 또 몸살 때문에 어지럼증을 호소하는 바람에 경기에 집중하지 못했다. 그의 캐디인 트레비스 윌슨은 경기 후 응급실로 갔고 에이전트가 다음날 캐디를 할지 몰라 비상대기 해야 했다. 루이스는 캐디 때문에 받은 벌타를 이겨내고 RR 도넬리에서 우승했지만 나비스코 챔피언십에서는 트리플보기를 이겨내지 못했다. 한국의 오지영은 초반 3언더파를 치고 나갔으나 14번 홀에서 트리플보기를 하면서 발목이 잡혔다. 오지영도 이 트리플보기를 이기지 못하고 다시 리더보드 상위권으로 돌아오지 못했다.

    신지애는 장타를 치는 청야니와 함께 경기했다. 기아 클래식에서 늦잠 망신을 당한 청야니는 나비스코 챔피언십에 칼을 갈았지만 신지애와의 기싸움에서 밀렸다. 초반엔 청야니였다. 신지애는 첫 홀 보기를 했고 파5인 2번 홀에서 청야니와 티샷 거리 차이가 50야드 이상 났다. 그런데 세 번째 샷을 핀에 붙여 버디를 잡으면서 오히려 청야니를 궁지로 몰아넣었다. 신지애는 2언더파 공동 6위였고 청야니는 이븐파에 그쳤다. 신지애는 경기 후 "허리가 아파 쉬어야 하는데 메이저대회이고 집이 이 골프장과 가까워 안 나올 수가 없었다"고 말했다. 신지애의 집과 이 골프장의 클럽하우스까지 거리는 약 900야드. 파5홀 하나와 파4홀 하나 정도다. 신지애는 드라이버를 4번 쳐야 하고, 장타인 청야니는 3번 넘짓이면 갈 수 있는 거리다. 청야니는 징다를 가졌지만 허리 아픈 신지애를 이길 수 없었다.

    뉴질랜드 교포 리디아 고도 오랜만에 미국에서 열린 LPGA에 모습을 드러냈다. 센세이션을 일으키던 리디아 고에 대한 관심은 약간 줄었다. 두 달 전 벌어진 호주 여자오픈에서 신지애와 챔피언조에서 겨뤄 패했기 때문이다. 2012년 여름 캐나디언오픈에서 신지애와 스테이시 루이스를 누르고 우승한 리디아의 실력이 더 늘었을 걸로 기대했는데 그렇지 못했다. 마지막 라운드에서는 흔들리는 모습이 보였다. 리디아 고는 혼다 타일랜드에서도 2012년의 리디아 고답지 못한 성적을 냈다.

리디아 고는 미셸 위와 함께 경기를 했고 똑같이 이븐파를 쳤다. 그는 "스탠퍼드 대학에 진학하려 하는데 공부하면서 골프가 가능한지 미셸 위에게 조언을 들었다"고 말했다. 지난 대회 비운의 주인공 김인경은 3오버파 공동 70위로 부진했다.

- **허리 꺾기 패러디**

1라운드 기간 내내 미셸 위의 퍼팅 자세가 화제가 됐다. 한 기자가 미셸 위가 퍼트할 때처럼 허리를 90도로 숙이고 있고 다른 기자가 그 위에다 컴퓨터를 놓고 타이핑하는 사진을 트위터에 올렸다. 이 사진을 보고 기자실 전체가 폭소를 터뜨렸다. 대회에 참가하지 못한 크리스티나 김이 이를 패러디한 사진을 올렸고, 페이지 매킨지 선수도 그 자세 위에 강아지를 올려놓았다. 미셸 위 선수는 '하하하'라고 답장을 했다. 그러나 기분이 좋았을 것 같지는 않다. 처음 트윗을 올린 기자는 "미셸 위의 답장을 보고 내용이 무엇일지 섬뜩했는데 다행"이라고 가슴을 쓸어내렸다.

2013년 시즌에 들어서면서 허리를 90도로 굽힌 미셸 위의 퍼트 자세는 화제였다. 퍼트 자세에는 정석이 없다고 하고, 여러 골퍼가 다양한 자세로 퍼트를 한다고 하지만 미셸 위의 자세는 그 기준으로 봐도 유별나다. 허리에 부담을 줄 수도 있다는 우려도 나온다.

미셸 위의 아버지 위병욱 씨는 "딸의 키가 커서 퍼트에 불리하다. 키가 작은 신지애 선수 등이 퍼트를 잘하는 것을 보면 알 수 있다. 키가 크면 바람이 불 때 몸이 흔들릴 수도 있다. 땅과 멀리 떨어져 있어서 좋을 게 없다"고 했다. 미셸 위는 2012년 그린 적중 시 퍼트 수가 LPGA 투어에서 119위였다. 롱퍼터 등 여러 가지 방법으로 퍼트를 시도했고, 용하다는 여러 교습가에게 배워봤으나 별 효과를 보지 못했다.

미셸 위가 골프에 대한 열정을 잃었다는 지적도 나온다. 그러나 허리를 90도로 꺾는 불편한 자세를 감수하면서 연습하는 것을 보면 열정이 식은 것으로 보이지는 않는다. 위 씨는 "열정이 없는 게 아니라 부담을 가진 게 문제"라고 말했다.

지난해에 비하면 미셸 위의 퍼트는 다소 나아졌다. 그러나 90도 퍼터로 아주 짧은 퍼터를 가끔 놓치는 장면이 눈에 띈다. 그의 퍼트 자세를 놓고 말도 많다. 골프채널 해설자인 주디 랭킨은 대회 직전 "그 자세는 움직임을 제한하고, 터치를 돕지도 못한다. 충고하라고

허리를 90도로 굽힌 채 퍼트를 하는 미셸 위. 소셜 네트워크에는 미셸 위의 퍼팅과 관련한 패러디가 등장했다. 다리를 넓게 벌리고 허리를 숙이는 모습에서 물 마시는 기린이 연상된다는 의견도 있다.

**잃어버린 시간**

한다면 '그건 할 만큼 했으니 좀더 생산적인 것을 하라'고 하겠다"고 말했다. 랭킨은 말을 매우 아끼는 해설자로 유명하다. 이례적으로 강한 표현이다.

한국의 한 골프관계자는 "미셸 위 퍼트 자세는 어른이 아이가 타는 세발자전거를 타는 것처럼 불편해 보인다"고 평가하기도 했다. 지난해 라이더컵에서 유럽의 영웅으로 부상한 이언 폴터는 트위터에 "미셸 위의 퍼트를 끔찍해서 볼 수가 없다. 누가 저렇게 하게 했는지 몰라도 그들의 뇌를 테스트 해봐야 한다"고 비꼬았다. 신지은 선수는 이에 대해 "그녀는 잘 하고 있다. 그냥 놔두라. 그녀는 필사적이고 어떤 것도 할 것"이라고 썼다.

미셸 위의 그림같은 샷. ⓒ JNA

**2 round**
**여왕벌의 비행**

첫날 나란히 보기 없이 4언더파씩을 쳐 공동 선두가 된 최나연과 수잔 페테르센은 이틀째도 같은 조에서 경기를 시작했다. 최나연은 1라운드 후 "목요일 우승이 나올 수 없다. 마지막 홀에서 우승이 결정될 것 같다"고 했는데 그 말이 맞았다. 첫 라운드 선두는 별 의미가 없었다. 최나연, 페테르센의 2라운드는 1라운드와는 분위기가 완전히 달랐다. 1라운드에서 함께 경기하면서 두 선수 모두 보기가 없었다. 2라운드 첫 홀에서 페테르센이 3퍼트를 하면서 노보기 기록은 깨졌고 좋았던 흐름도 사라졌다. 최나연도 2번 홀에서 보기를 했다. 둘은 똑같이 75타로 2라운드를 마무리했다. 중간합계 1언더파로 순위가 확 처졌다.

2라운드부터 '조용한 암살자' 혹은 '여왕벌'로 불리는 박인비가 천천히 모습을 드러냈다. 11번 홀에서 7m 정도 되는 박인비의 버디 퍼트가 홀로 빨려 들어갔다. 12번 홀에서도, 13번 홀에서도 박인비의 버디 퍼트는 홀로 쏙쏙 들어갔다. 박인비는 3연속 버디를 잡으면서 단독 선두로 치고 나갔다. 짧은 퍼트를 놓친 다른 선수들이 아쉬워하고, 화를 내고, 괴로워하고, 한숨을 쉬는 동안 박인비는 무표정한 얼굴로 홀에서 볼을 꺼내, 슬쩍 손을 들어 팬들의 박수에 답했다. 박인비는 2라운드에서 5타를 줄여 중간합계 7언더파로 단독 선두에 나섰다.

나비스코 챔피언십이 열리는 미션 힐스의 다이나쇼어 코스에서

2라운드 선두로 나선 여왕벌, 박인비.

좋은 성적을 내기 위해서는 페어웨이를 잘 지켜야 한다. 바람도 많이 불고 나무도 많고 러프가 길어서 페어웨이에서 샷을 하는 것이 중요하다. 최나연은 "페어웨이에서는 어떻게든 그린에 올릴 수 있지만 러프에서는 그린에 올리는 것이 상당히 힘들다"고 말했다. 똑바로 가는 것은 중요하다. 그러나 그것만으로는 모자란다. 그린이 딱딱하기 때문에 샷이 짧은 선수는 페어웨이에서도 그린에 올리기가 쉽지 않다. 역대 우승자 중 샷이 짧은 선수는 2007년의 모건 프리셀뿐이었다. 당시 챔피언조에서 경기하던 박세리와 수잔 페테르센 등 선두권이 동시에 무너지는 와중에 프리셀이 살아남았다. 프리셀 바로 뒤에서 경기하던 이지영은 "날이 더워서 여느 선수들은 땀을 뻐질뻐질 흘리면서 샷도 안 되는데 프리셀은 퍼트를 다 집어넣더라"고 말했다. 샷이 짧은 선수가 우승하려면 퍼트감이 아주 좋아야 한다. 미션 힐스에서 우승한 선수는 안니카 소렌스탐, 카리 웹, 박지은 등 모두 대형선수였다.

박세리는 아직 거리가 짱짱하다. 웬만한 20대 선수들보다 좋다. 박세리도 이날 3타를 줄이며 선전했다. 박세리는 2라운드까지 파5홀에서 대부분 그린 근처에 두 번째 샷을 붙여 놓고 칩샷으로 6개의 버디를 잡아냈다. 박세리는 대회 전 J골프와 특집 프로그램 인터뷰를 했다. 가장 친한 선수 2명이 마주 앉아 수다를 떠는 프로그램이었다. 박세리는 9번 홀 옆 나무 그늘에서 평소 친하게 지내는 이미나와 나란히 앉아 "요즘 낙은 운동 후 들어와서 시원한 맥주 한 잔 먹는 거다. 관심사는 결혼이고 겨울 스포츠 스노보드를 좋아한다. 요리가 취미다"라고 털어놓았다. 박세리의 2살 연하의 남자친구는 LA에서 스포츠마케팅 분야에서 일한 경력이 있다. LA 근처에 대회를 할 때는 짙은 선글라스를 낀 그가 서의 빠지지 않고 온다. 이번 대회에도 선글라스남이 찾아왔다. 박세리는 "결혼하면 은퇴해서 골프 쪽에서 일하겠다. 후배 지도 등을 할 것 같다"고 했다.

그녀는 "결혼을 언제할지는 모르겠다. 못 하는 것도 아니고 안 하는 것도 아닌데 어떻게 결정이 안 난다. 하긴 할 것이다. 한때 우리 중 가장 막내였던 이선화도 이제 스물아홉이다. 시간이 빨리 간다. 매일 후배들하고 있으니 아직 20대로 착각하기도 한다"고 말했다.

- **익숙한 풍경들**

LPGA 선수들은 이동거리가 길어 1년 내내 바쁘고 그래서 시간이 더 빨리 간다고 느낀다. 투어 경험이 많아지고 나이가 들수록 시간은 더욱 더 빨리 흐른다. 시간에 대해 연구한 학자들은 물리적으로 측정되는 시간은 똑같은데 사람의 생체시계는 나이가 들수록 느려진다고 한다. 일정한 속도로 달리는 기차와 나란히 달리는 자동차를 생각하면 된다. 자동차가 빨리 달리면(청소년기), 기차(시간)는 상대적으로 느려 보인다. 자동차의 속도가 점점 느려지면(나이가 들면) 기차는 점점 더 빨리 가는 것처럼 느껴진다. 그래서 나이가 들수록 상대적으로 시간이 빨라진다고 과학자들은 얘기한다. 박세리라는 자동차의 속도는 점점 느려지고 있다.

베테랑이 될수록 시간이 빨리 가는 이유가 또 있다. 처음 투어에 나온 선수는 매 대회가 처음 가본 대회이고, 매 라운드 긴장을 한다. 하루하루가 새로운 사람들, 새로운 일들, 새로운 여행지의 낯선 풍경들로 넘쳐난다. 인간의 뇌는 낯선 일을 겪을 때는 바짝 긴장해 많은 정보를 흡수한다. 경험이 쌓일수록, 매년 나가던 대회에 나가고 항상 만나던 사람을 만난다. 일상적인 경험을 할 때 뇌는 많이 움직이지 않는다. 기억이 없으면 그만큼 시간도 빨리 가는 것처럼 느껴진다. 처음 갔던 길을 갈 때보다 다시 돌아올 때 더 가까운 것처럼 느끼게 되는데, 같은 이유다. 그래서 일상에 매몰돼 활력이 떨어질 때면 낯선 곳으로 여행을 가서 자극을 받는 것이 좋다.

박세리(왼쪽)와 이미나의 수다.

이미나의 시간도 점점 빨리 간다. 그는 "오프시즌에 한국에 가서 괜찮은 사람 만나도 다시 돌아와 투어 뛰다 보면 정신없이 바빠 연락이 두절되곤 한다"고 말했다. 이미나는 이상형을 재미있고 푸근한 사람이라고 했다. "키가 큰 이수근 정도면 괜찮을 것 같다"고 했다.

박세리는 "2016년 올림픽 때 선수로 출전했으면 좋겠지만 아니라면 감독을 할 것이며 감독으로 선수 선발 기준의 첫 번째는 물론 실력이고 그 다음 기준은 팀워크를 잘 맞출 수 있느냐나"라고 했다(올림픽 출전 선수는 감독이 정하는 것은 아니다. 골프는 철저한 개인종목이다. 세계랭킹 상위 선수가 나가게 되어 있다).

힘든 골프에 대해서도 얘기했다. 박세리는 "골프는 정상이 없다. 다 올라온 것 같으면 그 위에 또 뭔가가 있다. 그래서 그 위로 올라가면 또 그곳은 정상이 아니다. 또 하나 더 위가 있다. 가도 가도 그렇다. 그래서 골프가 어렵다"고 했다.

이미나가 "맞다, 골프는 정말 어렵다"고 맞장구를 쳤다. 박세리는 이미나를 보고 "미나는 나를 보고 '전 이제 안 되나 봐요. 이제 그만해야 될까 봐요' 그러면서도 아침 일찍 나오고 숨어서 연습한다. '내일은 하루 쉬어야겠다' 그러면서 또 다음날이면 어김없이 연습한다"면서 "미나뿐 아니라 모든 선수들이 그렇다. 그게 투어를 다니는 매력"이라고 했다. 골프는 중독성이 있다. 100타를 넘게 치는 사람이라도 한 번 잘 친 샷을 잊지 못한다. 투어 선수도 그 짜릿한 쾌감을 잊지 못한다.

박세리는 나비스코 챔피언십에 15번째 나왔다. 박세리는 "다섯 번째 메이저대회로 승격됐다는 에비앙 마스터스는 큰 의미가 없다고 본다. 나비스코 챔피언십에서 우승하면 모든 꿈을 이룬 것이다. 지난 14년간 대회가 끝나고 실망감에 터벅터벅 집으로 돌아가던 기억이 난다"고 했다. 박세리에게 나비스코 챔피언십은 잃어버린 시간들이다. 그가 우승하면 잃어버린 시간을 다시 찾는 것이다.

박세리는 눈을 반짝이더니 "우승하면 18번 홀 옆 연못에 세리키즈를 다 데리고 들어가겠다"면서 "나 때문에 그 아이들이 미국까지 왔는데 엄청난 고생길을 열어준 것 같아 시원한 물에 좀 위로를 해주고 싶다"고 했다.

- **불멸의 골퍼**

그녀는 2라운드에서 3타를 줄여 매우 기분이 좋았고 내일 3라운드에서도 잘 치면 4라운드에 아이들을 소집하겠다고 했다. "아니 소집 안 해도 다 와야 하는 것 아닌가" 하고 웃었다. 박세리는 나비스코 챔피언십이 열리는 란초 미라지 근처에 집이 있다. 과거 타이거 우즈-안니카 소렌스탐이 데이비드 듀발-카리 웹과 함께 빅혼의 매치라는 이벤트 매치를 벌여 유명한 럭셔리 클럽 안에 있는 집이다.

박세리가 이곳에 집을 산 이유 중 하나는 사막의 태양과 바람에 익숙해져 마지막 남은 메이저대회의 우승컵을 갖겠다는 의도다. 메이저 5승을 포함해 LPGA 투어 24승을 거둔 그녀는 메이저대회 중 유독 나비스코 챔피언십에서만 우승을 못했다. 박세리는 2010년 빅혼에서 기자와 만나 이렇게 얘기했다. "나비스코 챔피언십이 열리는 미션 힐스 골프장은 페어웨이가 좁고 휘어져 있어 거리가 많이 난다고 반드시 유리한 것만은 아니고 모든 게 조화된, 모든 걸 가진 선수만이 스코어를 낼 코스"라고 박세리는 말했다. 박세리는 모든 걸 가졌다. 가지지 못한 것은 나비스코 챔피언십뿐이다.

"자물쇠를 열고 들어가면 또 자물쇠가 있고, 열고 들어가면 또 있고, 15년 동안 그렇게 열고 있는데 아직도 잠겨 있는 곳이 있네요. 내 손에 아직 열쇠가 있다고 생각하지만 시간이 많이 남아 있는 것 같지는 않고, 조급하게 서두른다고 되는 것도 아니고…."

커리어 그랜드슬램은 박세리에게 유일하게 남은 목표다. 캘리포니아 남부의 황량한 민둥산을 배경으로 입과 마음을 열었다. "공식 인터뷰에선 뭐든지 자신 있다고 하는데 속은 그렇지 않아요. 아직도 하루에 20시간씩 골프 생각을 하는데도 내가 과거처럼 정상이 아닌 것이 화가 나고, 특히 나비스코 우승컵 같은 가지지 못한 것에 대해 아쉬움이 들어요. 박지은의 나비스코 우승요? 부럽죠. 솔직히 말하면 질투심도 나죠. 왜 나에게는 나비스코가 오지 않을까요?"

활짝 웃는 박세리. 커리어 그랜드슬램을 달성하고 불멸의 골퍼로 남을 수 있을까. ⓒ JNA

메이저 8승을 기록한 톰 왓슨은 PGA 챔피언십에서만은 우승을 못 해 커리어 그랜드슬램을 달성하지 못했다. 왓슨은 "다른 메이저 대회 우승 2~3개와 바꿔서라도 그랜드슬램을 하고 싶다"고 했다. 그러나 고물상 리어카에서 엿 바꾸듯 할 수 있는 것이라면 아무도 메이저 우승에 골프 인생을 걸지는 않는다.

PGA 투어 최다승 기록인 82승과 메이저 7승을 한 샘 스니드는 US오픈에서는 마지막 홀에서 짧은 우승 퍼트를 번번이 실수하는 징크스가 있었다. 공을 멀리 친다 해서 '슬래머'라는 별명을 가진 그는 US오픈 때문에 그랜드슬래머로는 불리지 못했다. 스니드가 커리어 그랜드슬램을 했다면 1912년 동갑내기 라이벌 벤 호건 같은 전설이 됐을 것이다. 그 대신 그는 잊히고 있다. 마스터스에서 우승하지 못한 월터 헤이건(메이저 11승)도 그렇다. 그랜드슬램은 위대한 선수와 영원히 사라지지 않을 선수를 가르는 기준쯤 될 것이다.

박세리도 그 사실을 알고 있다. "안니카 소렌스탐에 필적한다는 낸시 로페즈도 US오픈 우승이 없이 그랜드슬램을 못했죠. 그런 기 보면 운이라는 것도 아주 중요한 것 같아요." 박세리와 치열하게 경쟁했던 소렌스탐과 카리 웹은 그랜드슬램을 했다. 박세리에겐 나비스코 챔피언십 우승 트로피가 필요하다.

물론 박세리에겐 아직 기회가 있다. 이전에도 기회는 있었다. 2001년 나비스코 챔피언십 3라운드 중반 그는 선두로 치고 나갔다. 당시 박세리의 뚝심이라면 3라운드에서 리드를 잡으면 사실상 우승이었다. 그러나 15번 홀 더블보기에 이어 연속보기를 하면서 밀려났다.

2007년 마지막 라운드도 선두로 출발했다. 긴 슬럼프를 벗어나 명예의 전당 입회를 확정한 박세리가 마지막 남은 목표인 그랜드슬램을 향해 야심차게 칼을 빼고 나왔을 때다. 사막에 바람이 불지 않으면 매우 덥다. 2007년엔 유난히 더웠다. 상대는 당시 LG 모자를 쓴 신예 수잔 페테르센이었다. "그랜드슬램이 걸린 대회라 더위와 압박감에 숨이 막혔죠. 그런데 첫 우승을 노리던 페테르센은 더 심했나 봐요. 대단한 슬로우 플레이였는데 3명도 아니고 2명이 치는데도 내 인생 가장 긴 라운드였던 것 같아요. 평소 같으면 경기위원이 경고를 하고 벌타도 주었을 상황이었는데 메이저대회 마지막 날 챔피언조라 그러지 못했던 거 같아요. 골프는 심플한 게 좋아요. 거리, 바람, 핀 위치만 보고 그냥 스윙하는 게 제일 결과가 좋아요. 그런데 계속 시간을 끄니, 짜증이 났어요. 변명을 하는 것은 아니지만 그래도…."

그러면서 15번 홀에 접어들었다. 2001년 악몽이 시작됐던 그 홀이었다. "어려운 홀에서는 아무래도 신경을 더 쓰게 되죠. 명확한 타깃을 보고 싶은데 신경을 더 쓴다고 해서 반드시 좋은 결과가 나오지는 않는다는 것이 문제죠." 그는 2001년처럼 마지막 4개 홀에서 모두 보기를 했다. 페테르센도 무너졌다.

"아일랜드 그린 비슷한 파5 18번 홀에서는 이판사판이란 생각에 2온 공략을 했는데 공이 그린을 넘어 물에 빠졌죠. 우승하고 내가 호수에 빠져야 하는데 공이 빠졌으니…."

더운 사막에서 인생에서 가장 긴 라운드를 벌인 박세리는 얼마나 호수에 빠지고 싶었을까. 약간의 어부지리를 얻은 모건 프리셀이 호수에 몸을 던졌고 페테르센은 옆에서 목 놓아 울었다. "사막에 있으면서 물에 대해 생각하게 됐어요. 1998년 US오픈에서 물속 맨발 샷이 박세리의 시작이었다고 보면 나비스코 18번 홀 옆 호수에 빠지는 것은 박세리 골프의 완성이 되는 것은 아닐까 하고요. 그 물속에 들어가면 세례를 받는 느낌이 되지 않을까요."

미션 힐스의 호수에서 세례를 받게 되면 박세리는 골퍼로서 영원한 생명을 얻게 될 것이다. 위대한 골퍼에서 커리어 그랜드슬램을 완성한 불멸의 골퍼로.

골프의 신이 박세리에게 불멸의 골퍼라는 이름을 줄지는 미지수다. 한국 팬들로서는 시간과 운이 그의 편이기를 기대할 것이다. 그러나 골프는 누구에게도 약속을 해주지 않는다. 대회 첫날 초반 3언더파 단독선두로 신바람을 내던 오지영은 트리플보기로 덜커덕하면서 74타로 1라운드를 마무리하더니, 2라운드에서는 무려 84타를 치고 짐을 쌌다. 지난해 시원하게 호수로 점프한 챔피언 유선영도 77-76이라는 만족스럽지 않은 스코어카드를 남기고 대회장을 떠났다. 아무런 기약도 없는 것이 골프의 냉정함이고 골프의 매력이다.

## 3 round
## 신기루

박세리는 2013년에도 잃어버린 시간을 찾지 못했다. 잃어버린 시간만 더 길어졌을 뿐이다. 3라운드 때는 더위가 더욱 기승을 부렸다. 사막이라 건조한 곳인데 왜 그런지 이날은 습했다. 후덥지근한 날씨 속에서 박세리의 희망은 신기루처럼 사라졌다. 딱딱한 그린은 박세리의 아이언샷을 받지 않았다. 박세리는 3라운드, 3오버파를 쳐, 전날 줄인 3타를 까먹었다. 그녀는 인터뷰를 하지 않고 라커룸으로 사라졌다.

미국 골프 채널에서는 미셸 위가 허리를 굽힌 불편해 보이는 자세로 짧은 퍼트를 놓치는 장면을 여러 차례 보여줬다. 미셸 위는 전날 먼 거리 퍼트가 몇 개 들어가면서 2언더파를 쳤다. 그녀의 퍼트 자세를 비난했던 해설자 주디 랭킨이 당황한 기색이 역력했다. 그러나 3라운드에선 랭킨이 당황해 할 일이 별로 없었다. 미셸 위는 다시 퍼트 때문에 1타를 잃어 역시 우승의 꿈을 잃었다. 더운 날이라 90도로 구부린 그녀의 퍼트 자세는 더욱 힘들어 보였다.

퍼트는 역시 박인비였다. 16번 홀의 60cm 퍼트. 박인비가 3라운드에서 한 파 퍼트 중 가장 먼 거리였다. 순위가 요동친다는 무빙데이 3라운드, 선두 박인비는 흔들림이 없었다. '조용한 암살자'라는 별명처럼 사실상 아무런 위기도 없이 조용히 경기했다. 눈부신 퍼트로 3라운드에서 5언더파 67타를 친 박인비는 중간합계 12언더파가 됐다. 2위 리젯 살라스에 3타 차 선두다.

캘리포니아 출신이어서 많은 갤러리들의 응원을 받은 살라스는 초반 기세가 좋았다. 1, 2번 홀 줄 버디를 잡고 하늘에 펀치를 날리며 동반자인 박인비를 압박했다. 그러나 정교한 퍼터로 무장한 박인비는 단단한 벽처럼 흔들리지 않았다. 물을 건너는 파3인 5번 홀에서 버디를 잡았고, 10번 홀에서 10m가 넘는 버디를 넣었다. 17번 홀에서 1m 정도의 버디 퍼트로 다섯 번째 버디를 잡아내며 살라스를 압도했다.

박인비와 살라스는 3타 차이지만 3위 그룹과의 타수 차는 6타다. 박인비가 3라운드까지 54개 홀에서 범한 보기는 단 2개다. 그중 하나는 샷을 하는 동안 갑자기 강풍이 불어 벙커에 빠지면서 나온 것이다. 그 정도로 박인비는 안정된 경기를 했다.

드라이버는 쇼, 퍼트는 돈이라는 골프의 격언은 박인비에게 딱 들어맞는다. 박인비는 LPGA 투어에서 공을 가장 멀리 치는 선수도 아니고, 아이언이 가장 정확한 선수도 아니다. 그러나 그리 화려하지 않은 박인비는 면도날 같은 정교한 퍼팅 때문에 2012년 상금랭킹 1위에 올랐다. 다른 선수들은 그린에서 조용히, 언제나 상위권에 올라 우승경쟁에 합류하는 박인비를 무서워한다. 은밀한 암살자라는 별명이 그래서 나왔다. 박인비가 이날만 퍼트를 잘한 건 아니다. 2012년 박인비의 라운드당 평균 퍼트 수는 28.34개. 투어에서 가장 퍼트를 적게 한 선수가 박인비다. 그린 적중시 퍼트 수에서도 1.707로 역시 1위다. 박인비가 그린 적중시 퍼트 1위를 한 건 2008년, 2009년, 2012년이며 2013년에도 1위를 달리고 있었다.

거의 매년 박인비는 퍼트 상위권에 올랐고 그린에 올리든 올리지 못하든 퍼터로 박인비를 따라갈 선수는 없었다. 그래서 박인비는 평

ⓒ 박준석

균 타수도 가장 낮았다. 세계랭킹 1위 스테이시 루이스는 2012년 에비앙 마스터스에서 박인비와 우승 경쟁을 했다. 박인비는 4라운드 퍼트 수가 22개에 불과했다. 그때 호되게 당한 루이스는 "내가 랭킹 1위를 얼마나 유지할지는 박인비가 공을 얼마나 잘 굴릴지에 달려있다"는 농담 반, 진담 반의 말을 하기도 했다.

박인비의 특이한 점은 한 번도 퍼트 레슨을 받지 않았다는 점이다. 박인비의 약혼자이자 코치인 남기협 씨는 "인비는 정렬이 아주 뛰어나다. 의외로 대부분의 선수가 정렬을 잘 못한다. 그러나 인비는 정렬을 정확히 하고 그래서 기초가 탄탄한 셈"이라고 말했다.

박인비는 드라이버 때문에 고생을 많이 했다. 드라이버와 퍼터 중 무엇을 더 좋아할까. "드라이버도 멀리 똑바로 치고 싶고 퍼트도 잘하고 싶다. 그러나 하나를 선택하라면 퍼트를 잘하고 싶다. 드라이버 멀리 치는 건 한 타가 아니지만 퍼트는 한 타다."

투어에서 가장 퍼트가 뛰어난 선수는 박인비와 미야자토 아이, 스테이시 루이스, 그리스디 기기 꼽힌다. 박인비기 생각히는 라이벌은 미야자토 아이다. 박인비는 "미야자토 아이는 리듬이 아주 좋다. 스테이시 루이스는 샷을 잘해서 홀 옆에 잘 붙이는 것이지 퍼트를 아주 잘하지는 않는 것 같다"고 했다.

박인비는 "가끔 10m가 넘는 거리에서도 라인이 딱 보일 때가 있다. 그럴 땐 들어가는 경우가 꽤 있다. 그런 걸 일체감이라고 하는지도 모르겠다. 난 거리감과 그린 읽는 능력이 다른 선수에 비해 좋은 것 같다. 또 생각을 적게 하고 느낌을 믿는다. 만약 내가 어드레스하기 전 왼쪽으로 홀 컵 2개를 봤는데 어드레스 후 왼쪽 한 컵인 것 같으면 그냥 느낌을 믿고 한 컵 보고 친다. 대부분 맞다. 캐디 얘기보다 내 생각을 더 믿는다. 그린 경사는 앞뒤로 두 번만 본다. 사방에서 다 보는 선수도 있는데 난 꼭 필요한 경우가 아니면 두 번이면 족하다"고 했다.

그는 또 퍼트의 절반은 집중력이라고 했다. "잡생각이 있으면 퍼트가 잘될 수가 없다. 코스에서 딱 한 가지에 집중할 수 있도록 머리를 비우고 경기하려고 한다"고 했다.

느린 템포에 코킹도 하지 않는 적은 백스윙, 임팩트시 공을 보지 않는 박인비의 스윙이 특이하다. 박인비는 "몸이 유연한 편이 아니다. 코킹을 하지 않는 것도 일부러가 아니라 손목이 잘 안 꺾여서다. 내 스윙이 모범은 아니고 나는 LPGA에서 베스트 볼 스트라이커는 아니다. 스테이시 루이스, 최나연, 청야니의 스윙이 좋다. 거리와 일관성에서 그들이 낫다. 다른 선수들이 내 퍼트 보고 부러워하는데 난 스윙 때문에 엄청나게 고생했다. 그래서 세상은 공평하다."

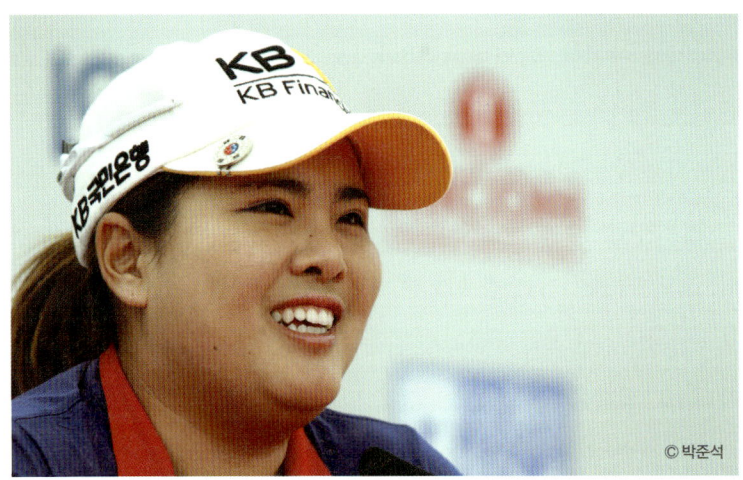

ⓒ박준석

- **올리비아**

3라운드부터 갤러리 중에 손을 잡은 여성 커플이 가끔 보이기 시작했다. 올리비아라고 쓰인 가방을 멘 이들도 눈에 띄었다. 팜스프링스는 동성애의 도시다. 거주자의 30% 이상이 동성 커플이라고 한다.

나비스코 챔피언십을 앞두고는 선수들이 메이저 우승의 꿈을 안고 수천 개의 바람개비가 도는 계곡을 넘어 온다. 나비스코 챔피언십 기간 중엔 여성 동성애자를 태운 승용차들이 코첼라 계곡을 메운다. 콜로라도강의 물을 끌어와 사막에 세운 휴양지인 팜스프링스는 LPGA 첫 메이저대회가 열리는 여자 골프의 메카이자, 세계에서 가장 큰 레즈비언 축제의 도시이기도 하다. 왜 골프의 잔칫집 근처에서 레즈비언 축제가 함께 열릴까.

여성 골프와 레즈비언은 오랜 관계가 있다. 1990년대 미국의 한 방송사 골프 해설자는 "LPGA 선수 중 40%가 레즈비언"이라는 발언을 한 석이 있다. 과장된 말이있지만 진혀 근거가 없는 진 아니이다. 현재 미국 골프기자협회 회장인 저널리스트 론 사이락은 "LPGA 투어는 1950년 창립 때부터 줄곧 '레즈비언 선수가 주류'라는 수군거림을 들어왔다. 실제 LPGA 투어의 많은 위대한 선수가 레즈비언이었다"고 했다. LPGA는 Ladies Professional Golf Association의 약자가 아니라 실제는 Lesbian Professional Golf Association의 약자라는 비아냥거림도 있다. 대부분의 동성애자 선수는 자신의 성 정체성을 공개하지 않았다. 커밍아웃하지 않은 가장 큰 이유는 동성애에 대한 부정적 인식 때문에 스폰서를 받기가 어렵기 때문이라는 게 사이락의

나비스코 챔피언십에는 레즈비언 축제 '다이나'에 참석차 팜스프링스에 온 레즈비언들이 종종 눈에 띈다. 레즈비언 커플과 레즈비언 전문 여행사 올리비아의 가방을 든 여성을 자주 볼 수 있다.

견해다. 사이락은 이미 10년 전 "테니스의 마르티나 나브라틸로바처럼 LPGA 투어의 레즈비언들도 자신의 성 정체성을 공개해야 한다. 이제 사회는 그것을 용납할 준비가 됐다"고 주장했다. 그래도 공개한 선수는 극소수다.

　유명 선수 중 동성애 사실을 공개한 사람은 패티 시한이다. 메이저 6승 등 투어 35승을 기록한 그는 공식적으로 커밍아웃하지는 않았으나 "내 파트너와 나는 아이들을 입양했다"고 말해 동성 결혼을 인정했다. 공식적으로 커밍아웃한 선수도 있다. 투어에서 13승을 기록했으며 미국과 유럽의 여자 골프 대항전 솔하임컵 주장을 역임한 로지 존스는 2004년 나비스코 챔피언십 직전 동성애자임을 밝혔다. 그리고 그는 나비스코 챔피언십에 올리비아라는 로고가 달린 모자를 쓰고 나왔다. 이 회사는 동성애자를 주고객으로 삼는 여행사다.

한국선수들이 진출하기 전 LPGA 투어에서 왕성하게 활동하던 머핀 스펜서-데블린과 산드라 헤이니도 레즈비언이라고 밝힌 골퍼들이다.

특히 헤이니는 테니스 스타인 마르티나 나브라틸로바의 연인으로 유명했다. 과거 LPGA 투어 대회에 가면 선수를 따라다니는 여성들을 보기 어렵지 않았다고 골프기자들은 회고한다. 투어의 흐름이 바뀐 것은 한국선수들이 대거 입성하면서부터다. 한국선수들로 투어가 물갈이되면서 많은 고참 선수가 밀려났다. 그중 상당수가 동성애자였다. 그래서 그들은 한국선수에 대해 적대감을 가지고 있었다. 반대로 동성애에 비호의적인 미국의 골프관계자들은 "LPGA에서 레즈비언을 몰아낸 것은 한국선수의 업적"이라고 말한다.

현재 투어에서 활동하는 선수 중에도 동성애자가 남아 있다. 크리스티나 김은 "선수 중 동성애자의 비율은 10% 정도다. 일반인 중 레즈비언의 비율과 비슷하다"고 했다. 일반인 중 동성애자의 비율이 10%라는 말은 논란의 여지가 있다. 또 40넹 선인 한국선수 중에서는 레즈비언이 없기 때문에 실제 서양선수 중 레즈비언의 비율은 이보다 높은 것으로 보인다. 현역 유명선수 중에서는 선수A가 동성애자로 알려졌다. 그는 자신의 코치의 조카(남자)와 약혼했다. 약혼자는 선수A의 캐디로도 활동했다. 그러나 관계는 금방 끝났다. 선수A가 다섯 살 연상의 동료 선수B와 로맨스에 빠졌기 때문이다. 선수B는 현재 은퇴한 상태인데 유럽에서 열린 대회 기간에 두 선수가 심하게 다투면서 선수A가 기권을 하고 집으로 돌아가버린 일도 있다.

레즈비언 세계에도 LPGA 투어의 흔적이 남아 있다. 나비스코 챔피언십 대회장소인 팜스프링스에서 대회와 동시에 열리는 '다이나 쇼어 위크Dinah Shore Week' 축제가 그것이다. 다이나 쇼어 위크는 그냥 줄여서 다이나라고도 불린다. 크래프트 나비스코 챔피언십은 가수·영화배우·TV 진행자 등으로 활동했던 다이나 쇼어(1916~1994)가 만들었다. 다이나 쇼어는 팜스프링스에 살았고 골프를 좋아했다. 1972년 치약 등 가정용품을 만드는 콜게이트의 후원을 받아 콜게이트 다이나 쇼어 위너스 서클이라는 LPGA 대회를 만들었다. 현재 샌프란시스코가 동성애자의 메카가 됐지만 1970년대 팜스프링스는 남성 동성애자의 해방구 같은 곳이었다고 전해진다. 팜스프링스에서 여자대회가 열리자 여성 동성애자들도 용기를 내 팜스프링스를 찾기 시작했다. 낮엔 골프 경기를 관람하고 저녁에 파티를 하는 것이 축제의 기원이었다. 동성애자들의 다이나 축제가 커지자 다이나 쇼어는 공식적으로 동성애 축제는 자신과 아무 상관이 없다는 발표를 하기도 했다. 다이나 쇼어는 프랭크 시내트라, 버트 레이놀즈, 시드니 셸던 등 많은 남성과 로맨스를 나눈 이성애자다.

그러면서 골프와 레즈비언 축제는 서서히 다른 길을 걷기 시작했다. LPGA도 동성애 축제를 부담스럽게 생각했다. LPGA는 같은 도시에서 열리는 레즈비언 파티에 대해 잘 알고 있지만 연결되는 것을 원하지 않는다. 패키지 티켓 할인도 없다. 레즈비언들이 몰려올 경우 에티켓을 중시하는 골프대회의 갤러리들과 어울리지 않을 가능성도 있다.

대회와 상관없이 동성애 축제는 점점 커져가고 있다. 나비스코 챔피언십 기간 중 팜스프링스에서는 동성애자들의 뮤직 페스티벌, 수영장 파티, 코미디 쇼, 스포츠 게임 등 다양한 행사가 열린다. 밀러

맥주, MTV 등이 후원하며 레이디 가가 등 슈퍼스타들이 공연을 한다. 소수자 인권을 위한 행사와 더불어 여성들 간의 진흙 씨름, 수영장 누드 파티 등 섹슈얼한 이벤트도 열린다. '라이나 쇼어'라는 이름의 하루짜리 아마추어 골프대회도 열린다. 다이나 쇼어의 이니셜 D 대신 레즈비언의 앞글자 L을 쓴 대회다.

미국 전역뿐 아니라 유럽·호주는 물론 남미·일본·남아공에서도 동성애자들이 참가한다. 팜스프링스 관광청에 의하면 다이나 축제에는 1만5천 명 정도의 여성 동성애자가 모이는 것으로 추산된다. 이제 골프와 레즈비언 축제는 완전히 다른 길을 가고 있다. 다이나 쇼어는 1994년 세상을 떴다. 2000년 대회 이름에서 다이나 쇼어라는 이름이 사라졌다. 이후 크래프트 나비스코가 타이틀 스폰서가 됐다. 다이나라는 이름을 뗀 나비스코 챔피언십은 다이나 축제를 외면하고, 다이나 축제는 'LPGA가 우리를 원하지 않는데 우리가 왜 거기에 가느냐'라는 태도다. 그래도 1만여 명의 축제 참가자 중 일부는 골프장을 찾는다. 그늘은 경기가 끝난 후 그늘만의 파티장으로 돌아갈 것이다.

워낙 컨디션이 좋아 박인비가 흐름을 탈 경우 아주 많은 스코어 차 우승도 예상됐다. 대회가 열리는 미션 힐스 골프장 다이나 쇼어 코스는 전장이 만만치 않고, 페어웨이는 좁으며 그린이 단단한 난코스다. 21세기 들어 이 난코스의 최저타 기록은 2003년 안니카 소렌스탐이 세운 15언더파다. 박인비가 3타를 더 줄이면 이 기록과 타이를 이룬다. LPGA 투어에서 가장 빛나는 퍼터로 무장한 박인비라서 가능성이 없지 않다고 LPGA 관계자들은 봤다.

조용한 암살자 박인비에게도 아직 해결해야 할 약점이 있었다.

박인비는 LPGA 투어에서 4승을 했지만 대부분 역전우승이었다. 2008년 US오픈 우승도, 2013년 태국에서의 우승도 선두가 무너지면서 얻은 우승이었다. 반면 선두로 출발한 경기에서는 별로 힘을 쓰지 못했다. 박인비는 바로 한 달 전 중국에서 열린 미션 힐스 월드 챌린지에서 수잔 페테르센에게 역전패했다. 원조 미션 힐스에서 열리는 나비스코 챔피언십에서 박인비가 어떤 결과를 낼지 박인비도 걱정이 적지 않았다.

박인비와 리젯 살라스는 3라운드 경기의 소감과 다음 라운드에 대해 인터뷰를 했다. 박인비는 "이 골프장에서는 어떤 일도 일어날 수 있으니 마음을 가다듬겠다"고 했고 살라스는 "그동안 이민자의 딸로 많은 어려움을 겪었지만 다 이겨냈다. 내일도 이겨내겠다"고 했다. 그들은 분주한 인터뷰 후 마지막 라운드의 중압감을 안고 숙소로 돌아갔다.

- **US오픈의 저주**

2005년 US 여자오픈 마지막 홀 벙커에서 그대로 홀인, 버디를 잡고 우승한 김주연(버디 김)이 박세리 등을 응원하러 경기장에 나타났다. 김주연은 현재 시드를 잃고 2부 투어에 가 있다. US오픈의 저주라는 말이 있다. 남자, 여자 모두 US오픈에서 우승한 선수는 이후 성적이 별로 좋지 않다는 말이다. 실제로 US오픈 우승자 중 그런 선수가 더러 나왔다. 2003년 챔피언인 힐러리 런케는 이후 우승을 못했다. 김주연도 2005년 US오픈 우승이 유일하다. 2008년 챔피언인 박인비는 2013년 세계랭킹 1위에 올랐지만 US오픈 우승 이후 3년여 동안 슬럼프에 빠져 인고의 시간을 보내야 했다.

　US오픈은 가장 어렵다. 21세기 들어 (남자) US오픈은 전장 7천5백 야드 정도의 코스에서 열린다. 그것도 파71 혹은 70이다. 2011년 US 여자오픈은 전장이 7천 야드가 넘었다.

　쉬운 홀에서 페어웨이는 극단적으로 좁아지기도 한다. US오픈의 러프는 다른 대회 러프와 확실히 구별될 정도로 길기 때문에 'US오픈 러프'라는 말이 따로 있다. 그린은 마스터스를 여는 오거스타 내셔널만큼 빠르지는 않지만 단단하다. 잔디가 거의 말라 죽을 정도로 물을 주지 않고 자르고 누른다. 딱딱한 그린에 공을 못 세워 그린 앞뒤로 왔다 갔다 하는 최고 선수의 모습은 US오픈의 일상이다. 할 수만 있다면 US오픈은 그린 스피드도 오거스타 이상으로 했을 것이다. 최경주는 "마스터스에서는 소나무 숲과 갤러리늘이 바람을 막아수기 때문에 공이 그린에 멈춰 서 있지만 다른 대회에서는 그렇게 빠르게 했다가는 바람이 불면 공이 굴러 경기를 할 수 없다"고 했다.

　일부 선수는 US오픈의 공정성에 의문을 제기한다. 코스가 지나치게 어려워 단 한 번의 실수도 용서받지 못하기 때문에 뛰어난 선수들도 줄줄이 무너지고, 의외의 선수가 우승한다는 것이다. 마스터스는 대개 잘 알려진 스타들이 우승하는데 US오픈은 무명용사들이 가끔씩 우승한다.

　가장 대표적인 경우가 1969년 챔피언 오빌 무디다. 그가 아직도 골프 역사에 남아 있는 것은 이채로운 경력 때문이기도 하다. 그는 30대 초반까지 군인이었다. 하사관sergeant으로 근무하다 전역했기 때문에 그의 별명이 사지sarge였다. 흥미로운 것은 그가 한국에서 오래 근무하면서 초창기 한국 골프에 많은 흔적을 남겼다는 점이다. 그는 1959년과 1966년 한국 프로골프선수권에서 우승했고 한국오픈에서도 세 차례 우승컵을 들었다.

무디는 아버지가 그린 키퍼였다. 그는 고교 시절 골프선수로 활약했고 오클라호마대 골프팀에 진학해 몇 주를 보내다 군에 입대했다. 미군 골프대회에서 우승하면서 골프광인 미 8군 사령관에게 차출되어 한국에 왔다. 그를 가장 잘 아는 사람은 현재 코스 설계가로 일하고 있는 김학영 프로다. 그는 1959년부터 1961년까지 8군 사령관 카터 매그러더, 최세황 국방부 차관, 무디 등과 함께 미군 골프장과 군자리 서울 골프장을 오가며 매주 라운드를 했다고 한다. 김학영 씨는 "무디는 드라이브샷과 아이언이 송곳처럼 정교했다. 정확도는 거의 100%였다"고 말했다. 무디는 당시 아마추어였으나 실력이 워낙 뛰어났기 때문에 프로선수권에도 나왔다. 1960년 무디를 누르고 우승한 한국 프로골프협회KPGA 한장상 고문은 "무디는 롱게임이 매우 뛰어났지만 퍼팅과 벙커샷은 별로여서 겨우 그를 이길 수 있었다"고 말했다.

무디는 1967년 전역하고 PGA 투어에 갔다. 그러나 성적은 좋지 않았다. 퍼팅 불안으로 그린 위에 올라가면 흔들렸기 때문이다. 1969년 US오픈에서 우승할 때 그는 당시로선 낯선 역그립을 잡고 퍼팅을 했다. 이후에도 그는 퍼팅 문제를 해결하지 못했다. PGA 투어에서 우승하지 못하고 나이가 들어 시니어 투어 선수가 됐다.

그러던 어느 날 그에게 마술 방망이가 다가왔다. 시니어 투어 동료인 찰리 오언스가 쓰던 빗자루처럼 긴 퍼터다. 집에서 만든 50인치 샤프트를 단 퍼터를 가져왔는데 그립 끝을 몸에 고정시키고 스윙해 매우 안정적이었다. 브룸broom, 빗자루 퍼터를 발명한 사람은 오언스였지만 이를 세상에 알린 사람은 무디다. 1989년 US 시니어오픈에서 무디는 이 퍼터로 우승했다. 브룸 퍼터 논란까지 겹치면서 오빌 무디의 US오픈 우승은 메이저 우승 실력이 안 되는 선수의 운 좋은 우승으로 폄하되기도 한다. 무디만이 문제가 아니라 너무 어려운 US오픈이 가끔 실력 없는 우승자를 낸다는 얘기로도 비화된다.

김주연의 우승도 그렇게 얘기된다. 김주연은 드라이버 입스로 심하게 고생한 선수다. 투어에선 김주연이 US오픈 우승하기 직전 대회에서 공을 모두 잃어버려 기권했다고 알려졌다. 그런 선수가 우승했다면 정말 커다란 행운으로 해석될 것이다. 김주연의 기록은 메이저 우승자답지 않다. LPGA에서 뛴 일곱 시즌 동안 US오픈 이외에는 우승이 없고 톱10에 든 건 4번뿐이니 깜짝 우승이라는 말이 나오는 것도 이상한 것은 아니다.

그러나 김주연이 공을 다 잃어버린 대회는 US오픈 직전 대회가 아니다. 김주연은 "공 3줄 9알을 잃어버려 기권한 일은 있지만 2005년이 아니라 드라이버 입스가 가장 심하던 2004년 일"이라고 했다. 2005년 US오픈 코스가 너무 어려워서 자격이 없는 우승자를 낸 것도 아니다. 당시 우승 경쟁을 한 선수들은 로레나 오초아, (슬럼프 이전의) 미셸 위, 안니카 소렌스탐, 모건 프리셀 등이었다. 김주연은 집중력을 잃게 하는 무더운 여름 US오픈의 난코스에서 가장 잘 버텼고, 가장 잘 인내한 선수였다. 적어도 2005년 6월 마지막 주 그는 가장 훌륭한 여성골퍼였다.

김주연은 잠재력이 매우 뛰어난 선수였다. 중고교 시절 큰 키와 호쾌한 스윙으로 일찌감치 인정받았다. 박세리 같은 대형 선수를 바라던 KTF가 그를 찍어서 후원할 정도였다. 문제는 LPGA 루키가 된 2004년 시작됐다. 그녀는 더 좋은 성적을 내려고 데이비드 레드베터 아카데미로 갔다. 거기서 드라이버가 삐걱거리기 시작했다.

김주연은 "레드베터는 메커닉을 중시하는데 나는 감으로 치는 선수였다. 메커니즘에 치중하다보니 내 감을 잃어버리고 드라이버 입스에 빠졌다"고 말했다. 2004년 페어웨이 적중률이 50%대였고 평균 스코어가 75타대였다. 2005년엔 좀 나아졌다. 그때 김주연은 US오픈에서 우승했다. 2006년엔 다시 드라이버가 나빠졌다. OB가 펑펑 터졌다. 드라이버는 짝수 해 홀수 해를 가렸다. 홀수 해인 2007년 나아지는가 싶더니 2008년 다시 망가졌다.

2009년 여름엔 교통사고가 났다. 김주연은 "브리티시 여자오픈 끝나고 3주 쉬다 세리 언니가 비행기 티켓이 나온다고 해서 한국에 갔다. 도착한 다음날 저녁, 집에 들어오는 길에 갑자기 좌회전하는 차에 받혀 사고가 났다. 얼굴뼈가 다 으스러졌다. 뼈는 으스러지면 다 맞출 수가 없다고 하더라"고 했다. 얼굴에 티타늄을 붙여 놓고 뼈가 자연스럽게 붙을 때까지 기다려야 했다. 김주연은 "얼굴 티타늄은 공항 검색대에 걸리지는 않던데 치과에서 엑스레이 찍으면 나온다"며 씁쓸해 했다.

2005년 US 여자오픈에서 우승한 김주연. LPGA 투어에서 가장 드라마틱하게 살고 있는 선수 중 하나다.

그가 갑자기 사라졌기 때문에 김주연이 골프를 그만둔 줄로 아는 사람들이 많았다. 병원에서 지냈다. 1년 반을 쉰 김주연은 2011년 다시 투어로 복귀했다. 감이 중요한 프로선수가 1년 반을 놀다 나오면 적응이 쉽지 않다. 성적이 좋지 않았다. US오픈 우승자에게 주는 5년 시드도 사라졌다.

2012년에는 2부 투어에서 뛰었다. 김주연은 "2012년은 2011년보다 좀 나아지고 올해(2013년)는 작년보다 좋아진 것 같다. 20대 초반에 비해 거리, 유연성이 오히려 더 향상됐다. 교통사고 이후 거리가 좀 줄었는데 트레이닝 프로그램을 통해 다시 회복했다. 이 없으면 잇몸으로 산다고 힘이 모자라면 굴려서라도 간다. 요새 잘 나가는 선수랑 10야드 정도밖에 차이가 안 난다"고 말했다. 20대 초반에 비교해 더 좋아지지는 않았을 것이다. 그녀는 그렇게 믿고 희망을 가지고 살아간다. 진정 그렇게 생각하면 꿈은 이뤄질 가능성이 훨씬 크다.

김주연은 1981년생이다. 2부 투어 선수들보다 평균 10살이 많다. "2부 투어는 살 곳이 못 된다. 환경이 예전과 워낙 다르고 나이 차이도 많이 나고 하니 시합할 맛이 안 날 때가 있다. 하늘의 공기부터 1부와 2부 투어는 정말 다른 것 같다"고 했다. 아직도 골프장에서 그녀를 알아보는 사람들이 적잖다. "US오픈 우승자가 여기 있다고 사인 받으러 오고, 마지막 라운드에는 선수 소개할 때 '전 US오픈 챔피언'이라고 소개한다. 2부 투어는 선수 소개하는 1번 티잉그라운드에 사람이 총 열 명 있을까 말까한 초라한 곳이다. 그곳에서 US오픈 우승자로 소개되는 것이 사실 창피하다. 그 소개를 안 했으면 좋겠다. 그래도 창피한 건 순간이다. 2부 투어에서 벗어나는 것이 목적이니 여기서 어떤 일이 생긴다고 창피할 필요는 없다."

김주연은 5월 현재 2부 투어 상금랭킹 12등이다. 15위까지 내년 LPGA에 올라갈 수 있다. 현재 순위를 유지한다면 그녀는 2014년엔 LPGA 무대에 복귀한다.

US오픈 우승을 안겼던 벙커샷은 지금도 잘한다고 한다. 김주연은 "벙커샷 다섯 번에 네 번은 딱 붙인다. 그중에 한 번은 홈런을 쳐서 문제"라고 했다. 벙커샷을 잘하기 때문에 얇게 치려다 조금 실수하면 그린을 완전히 지나는 샷이 나온다는 것이다. 지금은 너무 무리하지 않고 경기하려고 한다.

김주연은 2005년 US오픈 상금으로 56만 달러를 벌었다. 지금은 없다. 8년간 그는 돈을 거의 벌지 못했고 투어 경비로 다 들어갔다. 김주연은 "돈 다 쓴 지 꽤 됐다. 이후 집 팔고 차 팔고 버텼다. 죽으라는 법은 없더라. 지난해 볼빅과 계약해서 투어 경비를 마련했고 동생 집에서 함께 살면서 올해도 그렇게 근근이 버티고 있다"고 했다. 김주연은 지난해 이혼했다. 결혼 4년만이다. "결혼식만 했지 8개월만 빼고 떨어져 살았다. 결혼할 때 슬럼프였고 골프가 안 되니까 화살이 그리로 가더라. 내가 교통사고까지 났으니 양쪽 집안 다 괴로웠을 것이다. 시댁과 마찰도 나고 내 성격도 강하고, 결혼을 안 했어야 했다. 만나지 말았어야 했다. 이혼은 터닝포인트인 것 같다. 지금은 뭘 해도 좋을 것 같고 잘될 것 같다. 예전엔 잘되어도 불안했는데 지금은 '어떻게 해도 가기만 하면 되잖아'라고 편하게 마음을 먹는다. 도인이 된 것 같다. 프로 전향 후 마음은 지금이 가장 편하다. 한 번도 이런 마음으로 해본 적이 없다."

한국 투어에서 뛸 계획은 없다고 한다. "한국엔 나이 어린 애들 천지인데 19살 이런 아이들 꼴을 어떻게 보냐"고 웃었다. 김주연은 LPGA 투어에서 군기반장이었다. "내가 언니들한테 깍듯하니까 동생들도 그래야 한다고 생각했다. 성격이 님이 잘못하는 길 보면 가만 있지 못했다. 내가 지나쳤던 점도 있고, 버릇이 너무 없는 후배들도 책임이 있다. 반반씩인 것 같다"고 했다. "원래 예의 없는 후배라면 그러려니 한다. 그러나 기분 좋으면 상냥하게 인사하고, 기분이 안 좋으면 퉁명스럽게 인사하거나 그냥 가는 아이들이 보기 싫었다. 달려와서 90도 인사하라는 것이 아니었다. 할 수 있는데 안 하니까 그게 기분 나쁜 거였다. 그래서 후배들 모아 놓고 한 소리도 했다. '내 딸에게 잔소리하지 말라'는 후배 부모님들하고도 몇 번 싸웠다."

현재 2부 투어에서 활동하지만 그의 위력은 아직도 남아 있다. 김주연과 이야기하는 동안 지나가는 후배들이 깍듯이 인사했다. 김주연은 "다들 나를 무서워했다. 나도 모르는 선수들도 나를 무서워한다더라. 한국에서는 조윤희 프로가 무섭다는데, 내가 훨씬 더 무섭다고 소문이 났다더라. 요즘엔 후배들한테 인사도 웃으면서 하고 그러는데 '김주연이 조윤희한테 후배들이 버릇없다고 한 소리 해서 조윤희가 군기잡겠다고 난리가 났다'는 등의 있지도 않은 소문이 나더라"며 웃었다.

김주연은 "투어가 많이 발전됐다. 한국선수들이 잘했고 미국선수들도 따라서 좋은 선수가 많이 나온다. 코스는 어려워졌는데 예전보다 컷 스코어가 몇 타 정도 좋아졌다"고 했다.

- **봅슬레이팀**

LPGA 투어에 한국에서 건너간 선수들과 미국에서 자란 선수들 간에는 벽이 있다. 미국 국적이거나, 한국 국적이라도 미국 문화에 더 오래 몸을 담은 선수들은 한국선수들을 쉽사리 이해하지 못한다. 미국 국적인 크리스티나 김은 "미국인들에게 한국선수는 고압적인 아버지를 가진 무덤덤한 골퍼들이라는 정형화된 이미지가 자리 잡고 있었다. 박세리의 아버지는 공동묘지에 가서 훈련을 시켰고 김미현의 아버지는 메이저 챔피언십에서 우승할 때까지 결혼을 허락하지 않겠다고 선언했다"고 자신의 책 《Swinging from My Heel》에 썼다. 도저히 이해할 수 없다는 뉘앙스다. 그녀의 한국선수들에 대한 시각은 또 나온다. "한국선수들 중 10%만이 다른 모든 선수들과 영어로 소통하는 게 충분히 편한 것 같다. 나머지 90%는 두개의 그룹으로 갈라진다. 반은 혼자 있기를 좋아한다. 20대 정도거나 그보다 어리고 부모와 함께 여행한다. 항상 코스 아니면 레인지나 퍼팅 그린에 있고 아니면 다음날 열심히 연습하기 위해 호텔 방에서 쉰다. 또 다른 한국선수들은 네댓 명의 배타적인 그룹을 지어 움직이는데 봅슬레이팀처럼 자급자족적이고 서로 의존한다."

한국선수들은 교포들이 이중적이라고 여긴다. 김주연은 "미국선수보다 한국계 미국선수가 한국선수를 더 피한다. 한국선수가 영어가 모자라 그들에게 이런저런 부탁을 하는 게 싫다고 한다. 그래서 재미교포인 1.5세끼리 몰려다닌다. 그건 상관없다. 한국계 미국선수들이 스폰서는 한국에서 받으려고 하면서 자기는 한국사람이 아니라고 하는 것은 보기에 좋지 않다. 대놓고 '나는 한국사람 아니다'라고 하고 다니는 선수가 스폰서 쪽이나 미디어에 대고는 나는 자랑스러운 한국사람이라고 하는 걸 보면 얄밉다. 그런 걸 보면 한국 기업이 (이중적인 교포를 후원하느니) 차라리 미국선수를 스폰서해주는 것이 낫다고 생각한다." 1988년생 선수를 비롯한 요즘 주류 한국선수들은 한국선수이건 교포이건 미국선수이건 크게 신경 쓰지 않는다. 크리스티나 김도, 김주연도 현재 LPGA 투어 풀시드가 없다. 과거처럼 티격태격할 일도 없다.

한국과 미국선수, 또 교포선수들과 모두 잘 지내는 선수는 혼혈인 비키 허스트다. 그녀는 "한국선수들과 교포선수들 간의 갈등은 동서양 문화의 차이 때문에 그럴 것"이라고 해석했다. 허스트는 "나에겐

혼혈 선수인 비키 허스트의 벙커샷 장면. 한국과 미국선수의 다리 역할을 하고 있다.

한국과 미국, 양쪽이 모두 중요한 부분이다. 미국인 아버지와 한국인 어머니에게서 양쪽 문화를 배웠다. 양쪽 부모님을 가진 것이 아주 행복하다. 나는 더 둥글둥글해졌고 세상에 대해서 더 잘 알게 됐다. 물론 성장기에 두 가지 문화 속에서 살면서 어려울 때도 있었지만 부모님이 나의 균형을 맞춰주는 데 좋은 역할을 했고 현명하게 가르치셔서 극복할 수 있었다"고 했다.

그녀는 "서양인의 관점에서 보면 한국선수들이 너무 많이 연습하는 것에 놀란다. 아침부터 해질 때까지 한국선수는 연습만 하는 것 같다고 투어에 처음 오는 미국선수들은 깜짝 깜짝 놀라더라. 나는 익숙하다. 엄마는 공부이건, 운동이건 열심히 하라고 하셨다. 동양선수들은 열심히 운동하고, 결과적으로 한국선수들이 LPGA의 수준을 한 단계 올려놨다고 본다. 반대로 한국인의 관점에서 놀라는 것은 서양선수들이 스포츠를 하면서 경쟁이라고 생각하기보다는 즐긴다는 것이다. 나도 친구들과 어울려 다니면서 스포츠는 즐기는 것이라고 생각해 어머니와 갈등이 없지 않았는데 아버지는 미국인이어서 나를 이해했다. 내가 스포츠를 하면서 충분히 즐기고, 기쁘게 운동할 수 있게 만들어줬다. 경쟁심이나 즐기는 것이 어떤 경우는 긍정적, 어떤 경우는 부정적으로 작용할 수 있다. 나는 경쟁의식을 돋우는 어머니와 즐기라고 하는 아버지 사이에서 밸런스를 찾았다. 내가 성공한 이유다. 성공을 위해서 바른 길은 없지만 나는 동서양의 균형감각을 가졌다"고 말했다. 허스트는 투어에서 가장 친한 친구들은 샌드라 갈, 박희영, 앨슨 월시, 나야호 등이라고 밝혔다. 그녀는 "친구를 사귈 때 국적을 기준으로 사귀는 것이 아니라 미모를 기준으로 사귄다"고 농담을 했다. 골프공은 사람을 차별하지 않는다.

요즘은 가족과 함께 여행하는 미국선수들도 많다. 과거 미국선수들은 한국선수들이 부모와 함께 다닌다고 비난했었다. 가족들이 문제를 일으킨 경우도 없지 않고, 부모 손에 이끌려 다니는 선수들은 독립심이 없다는 이유였다. 허스트는 "예전에 비해 투어가 달라졌다. 선수들은 더 노력해야 하고 경쟁은 치열해졌다. 투어는 힘들다. 누군가 도와줄 사람과 함께 여행해야 한다. 미국선수들이 가족들과 동행하는 코리안 스타일을 모방한 것은 아닌 것 같다. 도움을 줄 누군가가 필요하나. 누군가 부모와 함께 다닌다고 한국선수를 비난한다면 그건 바보같은 짓이다"라고 했다.

아직도 한국선수가 너무 많고, 한국선수 때문에 상금을 빼앗기고, 투어 시드를 빼앗긴다고 불평하는 선수가 있느냐고 물었다. 그는 "그런 것 투덜거릴 시간에 연습을 더 하는 것이 훨씬 낫다. 바보같은 짓"이라고 했다. 아직도 그런 선수들이 있다는 의미로 해석이 가능하다.

## 4 round
## 홍보대사

"저 선수, 퍼트는 한 번에 다 집어넣나 봐."

2번 홀 그린. 리젯 살라스를 응원하러 온 한 갤러리는 박인비를 보고 이렇게 말했다. 그도 그럴 것이 박인비는 첫 홀에서 10m가 넘는 퍼트를 우겨넣었고 2번 홀에서도 3m짜리 퍼트를 30cm 퍼트처럼 쉽게 넣었기 때문이다.

박인비를 위한, 박인비에 의한 경기였고, 완벽한 독주였다. 첫 홀 살라스가 더블보기를 하면서 타수 차는 6으로 늘었고 2번 홀에서 7로 벌어졌다. 박인비의 샷이 완벽하지는 않았으나 퍼터로 다 막아냈다. 경기는 조금 싱거웠다. LPGA는 9번 홀이 끝나기 전 '박인비가 우승할 경우'라는 자료를 나눠줬다. 세계랭킹 2위로 올라서고, 메이저 2승이 되고 등등이다.

가장 근접한 경쟁자는 유소연이었다. 가끔 그러듯 유소연은 다시 무아지경의 몰입상태인 존zone에 들어간 듯했다. 그는 14번 홀까지 6타를 줄였다. 그래도 박인비는 너무나 멀었다. 유소연이 타수 차이를 줄여 경기가 좀 흥미로워지나 했는데 박인비가 12번 홀에서 10m가 넘는 몬스터 퍼트를 넣자 박진감은 사라졌다.

지난해 나비스코에서 김인경이 그랬던 것처럼 메이저대회에서 드라마틱한 승부는 수도 없이 일어나지만 박인비의 퍼트를 보면 그런 일은 일어나지 않을 것이 명확했다. 기자실에서 미국 기자들은 초

크라프트 나비스코 챔피언십 2위에 오른 유소연은 재치 넘치고 영양가 있는 말로 기자들을 기쁘게 하는 선수다.

조해했다. 박인비가 달변이 아니기 때문에 기사에 쓸 얘깃거리를 끌어내기가 쉽지 않기 때문이다. 2008년 US오픈에서 박인비가 우승했을 때 미국 기자들은 매우 힘겨워했다. 5년 전에 비하면 박인비는 인터뷰를 훨씬 잘한다. 표정도 훨씬 좋아졌다. 그래도 미국 기자들의 기대에는 못 미친다. 신지애처럼 어머니 사망 보험금을 기반으로 일어선 선수 같은 애절한 스토리도 없다. 경기 중에 표정이 없어서 TV 카메라도 그녀를 좋아하지 않는 편이다. 그래서 박인비는 미디어 노출이 적은 편이다. 탄탄한 실력에 비해 저평가를 받는다.

그래서 같은 우승이라도 미디어 노출이 덜 된다. LPGA는 그걸 걱정했다. 그래서 홍보팀에서는 경기를 마친 유소연을 기자회견장에 데려왔다. 유소연은 매우 똑똑한 선수다. 말도 잘한다. 기자들은 박인비에 대해 물었고, LPGA의 기대대로 유소연은 기자들의 귀가 쫑긋

할 재미있는 얘기를 해줬다.

"나는 오늘 잘 쳤지만 인비가 너무 잘해 2위를 목표로 경기할 수밖에 없었다. 내가 잘 친 비결 중 하나는 인비와 내기를 많이 했기 때문이다. 연습라운드마다 대회 때처럼 긴장감을 가지기 위해 박인비와 내기를 하는데 정말 퍼트 귀신이다. 중요한 퍼트는 다 잡아 넣는다. 그래서 돈 다 따간다. 그래봐야 햄버거 내기 정도이고 저녁이 되면 비싼 음식을 인비가 사지만 그래도 자존심이 걸린 중요한 퍼트들인데 내가 아무리 잘해도 인비를 따라갈 수가 없겠더라. 인비는 미국과 일본을 오가며 엄청나게 많은 경기에 나가는 강철 체력의 소유자이기도 하다. 대회 기간 중 표정이 없어 보이지만 실제는 그렇지 않다. 아이와 함께 있으면 천사처럼 표정이 바뀐다. 위기 때는 인비도 압박감 때문에 다른 선수들처럼 속이 울렁거릴 것이다. 표정에 드러나지 않을 뿐이다. 이번 대회를 앞두고 인비는 공이 너무 낮게 날아가, 그린이 딱딱한 이 골프장에 공 세우기 어려워 이번 주는 힘들 것 같다고 불평하더니 우승했다. 인비는 거짓말쟁이인 것 같다. 인비는 쇼핑을 안 좋아하는데 약혼자가 쇼핑을 좋아해서 피곤해 한다"라는 등의 얘기를 했다.

박인비는 4라운드 막판엔 환상적인 퍼트를 보여주지 못했지만 그래도 이날 3언더파를 쳤고, 최종 합계 15언더파로 2위 유소연을 4타차로 제쳤다. 박인비는 경기 후 "소연이와 내기를 하면 승률은 반반 정도인데 나에 대해 좋고 재미있는 얘기를 해주려고 그랬던 것 같다"고 말했다.

- **점프의
  가치**

박인비는 우승 확정 후 전통에 따라 18번 홀 옆 '포피의 연못'으로 점프를 했다. 포피의 연못 앞에는 50명이 넘는 사진기자가 빽빽이 앉아 이 장면을 찍으려고 대기하고 있었다. 박인비가 물속으로 뛰어들 때 수많은 셔터소리가 났다. 박인비의 캐디의 점프슈트 위에는 볼빅이라는 로고가 붙어 있었다. 1년 전에는 달랐다. 2012년 우승자 유선영이 물로 들어갈 때 그의 캐디 옷에는 볼빅 로고가 없었다. 볼빅에서 난리가 났다. LPGA에 이 문제에 대해 강력하게 항의했다. 볼빅이 큰 돈을 내고 크래프트 나비스코 챔피언십 캐디 옷에 로고를 붙이는 이유는 단 하나다. 호수 점프 사진이 많은 미디어에 실린다. 캐디 옷에 붙은 볼빅 로고가 부각되고 큰 광고가 된다. 그런데 유선영 캐디의 옷에는 로고가 없었다. 2012년 유선영 캐디의 옷에 볼빅 로고가 없었던 건 캐디의 실수인 것으로 보인다.

박인비가 우승 퍼트를 넣은 후 두 손을 번쩍 들어 기뻐하고 있다. 평소 우승 세리모니가 적었던 박인비는 이번 대회를 위해 두 손을 드는 연습을 했다고 한다.

잃어버린 시간

좌 나비스코 챔피언십 우승 후 '포피의 연못'에 점프하는 박인비와 일행들.
우 연못에 점프한 후 박인비는 들고 있던 물병에 연못물을 담았다. 그는 일주일 후 이 물을 부모님께 뿌려드리고 함께 수영장으로 점프했다.

누구의 잘못이든 볼빅으로서는 LPGA가 계약을 지키지 못한 것이었다. 강력히 항의했다. LPGA로서도 할 말이 많았다. 볼빅과 계약하지 않은 선수들은 캐디가 볼빅 로고를 붙이는 것을 불편해 했다. 특히 볼빅이 LPGA 선수들에게 강력한 마케팅 활동을 해서 위기감을 느낀 골프볼 회사 타이틀리스트의 일부 선수가 LPGA에 항의했다. 볼빅을 쓰지 않는데 캐디가 볼빅 로고를 붙이고 있으니 자신이 볼빅 선수인 것처럼 보이고, 따라서 로고를 떼게 해달라는 것이었다. 일리가 없지 않았다. LPGA는 볼빅에게 더 광고 효과가 큰 것을 줄 테니 캐디에게 볼빅 로고를 붙이는 것은 없던 것으로 하자고 제안했다. 볼빅은 발끈했다.

볼빅은 "타이틀리스트가 LPGA 공식 리더보드에 자사 로고를 붙이는 광고를 하는데, 그럼 그것도 없애라"고 했다. 양측이 옥신각신했다. 결국 계약대로 2013년 우승자 박인비 캐디의 옷에는 볼빅의 로고가 남았다. 박인비는 스릭슨 공을 쓴다.

박인비는 화려한 세리모니 후 가지고 간 물병에 소중하게 연못물을 담았다. 이 물은 아버지에게 드리기 위한 것이다. 사연이 있다. 나비스코 챔피언십에서 선두에 오르자 박인비의 어머니와 아버지는 한국에서 미국 캘리포니아 란초 미라지의 대회장에 오려고 했다. 응원도 하고 함께 포피의 연못에 점프하기 위해서였다.

비행기 티켓까지 끊었는데 공항 입구에서 발길을 돌려야 했다. 박인비는 "아버지가 오시면 내가 너무나 우승을 하고 싶을 것 같고 그러면 부담감 때문에 경기를 망칠 수가 있기 때문에 안 오시는 게 좋겠다고 말씀드렸다"고 했다. 결국 박인비는 5년 만에 메이저 우승을 차지했다. 그리고 연못에서 일본고교 야구선수들이 고시엔 구장의 흙을 퍼 가듯 소중하게 물을 담았다. 이 물은 롯데 챔피언십이 열릴 하와이에서 아버지에게 샴페인처럼 부어드릴 계획이다.

병 속 물의 양은 그를 위해 아버지가 흘린 눈물과 땀의 양에는 훨씬 미치지 못한다. 그러나 부모님의 가슴을 적시기엔 충분한 양이 될 것이다. 박인비는 "오늘이 부모님의 25주년 결혼기념일이라 더욱 의미가 있다"고 말했다.

물병에 연못물을 담는 박인비의 이 세리모니는 앞으로 나비스코 챔피언십의 새로운 전통이 될 가능성이 있다. 대회장에 미처 오지 못한 소중한 사람을 위한 따뜻한 한 병의 물이 되었다. 강한 가족애로 뭉친 한국선수만이 만들 수 있는 소중한 전통일지도 모른다. 박인비는 이 우승으로 랭킹 2위에 올랐고 "랭킹 1위에 올라가고 싶다"고 말했다.

- **풀 다이빙…**
  **아버지의 소원**

나비스코 챔피언십 다음 주는 LPGA 대회가 없었다. 남자 메이저대회인 마스터스가 열리기 때문이다. 아무래도 메이저대회가 열릴 때는 관심이 그쪽으로 쏠리게 마련이다. LPGA가 열린다 한들 미디어가 제대로 중계해주겠는가. 스폰서들은 이런 때 대회를 열고 싶어 하지 않는다.

박인비는 나비스코 챔피언십 우승 후 발을 쭉 뻗고 쉬면서 세계랭킹 1위가 됐다는 소식을 들었다. 롯데 챔피언십이 열리기 전 주 토요일, 박인비는 일찌감치 대회장인 호놀룰루 인근 카폴레이로 갔다. 그녀는 호텔에서 아버지 박건규 씨, 어머니 김성자 씨를 만났다. 가족이 할 일이 있었다. 박인비가 미션 힐스 골프장 포피의 연못에서 떠 온 물병을 가지고 호텔 수영장으로 갔다. 박인비와 약혼자 남기협 씨는 물을 부모님에게 뿌려 드렸다. 그리곤 함께 손을 꼭 잡고 수영장 물 속으로 점프했다.

아버지 박건규 씨는 "인비가 신인이던 2007년 함께 경기에 다녔다. 그때부터 나비스코 물에 빠지는 게 오랜 소망이었다. 더위 속에서 18번 홀 연못을 지나갈 때 물에 들어가고 싶은 그 느낌을 잊을 수가 없다. 나비스코 챔피언십 마지막 날 18번 홀 그린으로 선수들이 경기 끝내고 들어올 때는 뭔가 애틋한 게 있다. US오픈 우승 등도 중요하지만 나는 인비의 손을 잡고 그 물에 빠지는 게 진정 소원이다. 항상 그랬다. 집에서 TV로 중계를 봐도 나비스코 물에 빠지는 선수

하와이에서 해후한 박인비의 가족들. 왼쪽부터 약혼자 남기협, 박인비, 어머니 김성자, 아버지 박건규.

들이 그렇게 부러웠다. 청야니나 스테이시 루이스, 작년 유선영까지 다 그렇게 부럽더라. 선수의 아버지로서 저기 한 번 들어간다면 가장 보람되고 더 이상 소원이 없을 거라고 생각했다. 내년에는 꼭 나비스코 챔피언십에 갈 것이다. 인비가 내년에도 크라프트 나비스코 챔피언십 우승한다고 했으니 꼭 갈 거다. 요즘 잘 치니까 우승 확률은 그때도 충분히 있을 거다. 내년엔 꼭 가겠다"고 별렀다.

박인비 가족은 스포츠 가족이다. 할아버지 박병준 씨는 젊어서부터 골프를 했다. 사업을 하는 아버지 박 씨도 일주일에 5일씩 골프를 치기도 한 골프광이었고 한창 때는 언더파를 치기도 했다. 박인비가 강철 체력인 것도 가족 덕일 것이다. 아버지와 어머니는 산악동아리에서 만난 사이다. 아버지는 만능 스포츠맨이고 부모 모두 체력이 좋다. 박인비가 골프를 하게 된 이유는 할아버지의 꿈이 3대가 함께 운동하는 것이어서다. 아버지는 박인비가 10살 때 골프를 배우라고 꼬드겼다고 한다. 소질이 있었다. 1년 만에 전국대회에서 우승했다. 박인비는 "골프가 지루했는데 상을 타고 나니 재미있어지더라"고 말했다. 초등학교 때 김인경, 최나연, 김송희, 오지영 등 88년생들과 겨뤘다. 신지애는 초등학교 때 성적이 좋지 못해 엘리트 그룹에 끼지 못했다. 박인비는 경쟁자들을 남겨 두고 골프 환경이 좋은 미국으로 가장 먼저 떠났다. 13세 때인 2001년이다. 미국에 간 지 딱 12년 후 손녀가 세계 랭킹 1위가 될지는 골프를 좋아한 그의 할아버지도 몰랐을 것이다.

- **와일드 드라이버,
  퍼트로 극복**

박인비에 대해서는 '퍼트의 달인'이라는 사실 말고는 많이 알려지지 않았다. 워낙 조용한 선수라 그녀에 대한 뉴스가 적기 때문이다. 2008년 US오픈에서 우승한 것과, 미국에서 뛰면서 틈틈이 일본에 나와 종종 우승컵을 들었다는 뉴스 정도만 국내 팬들에게 알려졌다. 그러나 사연이 없는 선수는 없다. 시끌벅적하게 우승하는 여느 선수처럼 박인비도 그동안 눈물겨운 사연이 있었다.

2008년 US 여자오픈 우승을 두고 박인비는 "준비가 덜 된 상태에서 맞은 우승이었다"고 말했다. 티샷이 문제였다. 박인비는 "내가 최고의 볼 스트라이커는 아니다"라고 누누이 말한다. 그녀는 원래 드라이브샷이 거칠었다. 루키이던 2007년 드라이브샷 정확도는 64%(97위)였다. 이듬해 68%(84위)로 올라갔다. 그러나 2009년 그의 드라이브샷은 사방으로 흩어졌다. 그에겐 가장 괴로운 해였다. 페어웨이 적중률이 60%가 안 됐다. 순위로는 142위였다. 청야니처럼 장타자가 그랬다면 큰 문제가 아니었을지도 모른다. 그린과 가까운 곳에서는 러프에서도 공을 그린에 세울 수 있기 때문이다. 박인비는 드라이브 샷 거리가 짧지도 않지만 아주 길지도 않다. 250야드 정도다. 박인비는 "악성 훅과 악성 슬라이스가 나와 옆 홀에서 두 번째 샷을 하는 경우가 종종 있었다. 특히 아마추어 골퍼처럼 슬라이스를 두려워했는데 일종의 드라이버 입스 현상이었다"고 말했다.

드라이버가 좋지 않았기에 당연히 그린에 올리는 숫자도 적었다. 2009년 그린 적중률은 58.8%로 138위였다. 정상급 선수들은 그린 적중률이 70%가 넘는다. 투어에서 그린 적중률 10%포인트는 하늘과 땅 차이다. 그린 적중률 58.8%라면 프로로서 먹고 살기 어렵다.

박인비라면 다른 얘기다. 그는 2008년과 2009년 그린 적중시 퍼트 수가 1위였다. 그린에 올리면 가장 퍼트를 잘 했고, 올리지 못하면 칩샷을 붙여 파 세이브를 했다. "어릴 때는 샷이 좋고 퍼트가 별로 좋지 않았는데 드라이버로 고생하는 동안 어떻게든 파 세이브로 버텨야 하기 때문에 퍼트가 좋아진 것 같다"고 말했다. 가장 힘들었던 2009년에도 그는 27만 달러를 벌었다. 상금랭킹 50위로 투어카드 유지에는 전혀 문제가 없었다. 컷탈락도 7차례에 불과했다.

그래도 박인비는 불만이었다. 워낙 엘리트였기에 티잉그라운드에서의 불안이나 상금랭킹 50위를 받아들일 수 없었다. "골프를 그만 둘까 고민도 많이 했다"고 말했다. 박인비가 일본 대회에 자주 나간 건 미국 대회가 줄어들어서이기도 했으나 자신감을 얻기 위해서이기도 했다. 일본에 가서는 펄펄 날았다. 2010년 일본에서 2승을 하고

10차례 톱10에 들었다. 상금랭킹은 5위였는데 14개 대회에 출전한 것을 감안하면 대단한 성적이다. 가끔 나와 상금을 쓸어가는 박인비 때문에 일본에서는 한국선수 출전을 막아야 한다는 제한론이 퍼졌고 이듬해 진입장벽을 만들었다. 일본 여자프로골프협회는 2011년 3월 일본 내 전체 대회의 20%(약 7개 대회)에 참가하지 않으면 다음 해 시즌 출장이 불가능하게 했다. 미국 투어와 일본 투어를 병행하는 일부 한국선수들에 대한 빗장이다. 또 한국 투어 상위권 선수들은 일본 투어 Q스쿨 최종전인 4차전으로 직행할 수 있었는데 이걸 없앴다.

- **과묵한 오빠**

박인비는 일본에서 얻은 자신감을 바탕으로 살아났다. LPGA에서 다시 성적이 좋아졌다. 4개 메이저대회에서 모두 톱10에 들었다. 2010년 82만 달러를 벌어 상금랭킹 11위에 올랐다. 그러나 자신감은 실체가 없다. 2011년 박인비는 다시 티잉그라운드에서 불안에 떨었다. 슬라이스가 다시 그의 발목을 잡았다. 그는 "긴장하면 몸이 떨리고 샷이 오른쪽으로 바나나처럼 휘어졌다. 나락으로 떨어지는 느낌이 났다. 다시 예전으로 돌아갈 수 없을 것 같았고, 골프를 그만 두고 싶었다"고 말했다.

스윙 교정에 들어갔다. 약혼자인 남기협 씨가 그녀의 스윙을 고쳐줬다. 박인비는 "2011년부터 오빠가 릴리스를 하는 방법을 완전히

박인비와 약혼자 남기협.
KPGA 투어 프로
출신인 남 씨는 정신적,
기술적으로 박인비를
세계랭킹 1위로 이끌었다.
ⓒ 박준석

바꿔줬다. 나는 임팩트시 손목이 미리 릴리스되는 스타일이었다. 오빠는 그 문제점을 알아내고 완전히 끌고 내려온 다음에 부드럽고 자연스러운 릴리스를 만들어 줬다"고 밝혔다. 남 씨는 KPGA 프로다. 몇 년간 국내 투어에서 뛰었다. 2008년 KPGA 선수권에서 8위에 오르기도 했다. 콩세임이 아주 좋은데 퍼트에 부담을 가져 '실력만큼' 성적을 못낸 선수로 평가된다.

그는 박인비의 문제를 알고 있으면서도 말을 하지 않다가 2011년 말에야 알려줬다. 박인비는 "드라이버 문제는 고등학교 졸업 후 5~6년 동안 몸에 밴 플레이 스타일이었고 당시 다른 선생님에게 배우던 터라 오빠도 섣불리 지적하지 못했다. 오빠가 한 3년간 지켜보다가 얘기한 것 같다"고 말했다.

금방 효과가 나타났다. 티샷 정확도가 2012년 73%(45위)로 좋아졌다. 페어웨이 적중률이 70%가 넘으면 거의 문제가 없는 수준이다.

박인비는 투어에 데뷔하던 2007년부터 2011년까지 페어웨이 적중률 부문에서 만년 하위권이었다. 가장 잘 한 것이 84위, 가장 못했을 때는 142위였다. 박인비는 "쇼트게임으로 파 세이브에 급급하다가 티샷이 똑바로 가니까 그렇게 좋을 수 없었다. 버디 기회가 많으니까 정말 편했다. 언더파 치기가 아주 좋았다. 아직도 티샷이 완벽한 것은 아니지만 예전에 티잉그라운드에 올라가서 벌벌 떤 걸 생각하면 아주 만족한다"고 했다.

성적은 확연히 올라갔다. 2012년 6월 웨그먼스 LPGA에서 9위를 한 뒤 10월 사임다비 말레이시아까지 10개 대회에서 모두 톱10에 들었다. 그중 우승을 2번 하고 2위가 4번이나 되는 혁혁한 전과였다. 지난해 박인비는 최저타수를 기록한 선수에게 주는 베어트로피를 탔고 상금랭킹 1위에 올랐다. 그린 적중시 퍼트 수에서도 3시즌 째 1위다. 2013년 5월 박인비의 평균 스코어는 69.4타로 LPGA 투어에서 1위다. 상금도 1위다. 박인비는 스윙교정 후 완벽한 경기를 하고 있다. 좀더 일찍 릴리스 문제를 고쳤다면 더 빨리 1위가 됐을 것 같다. "그래서 오빠한데 미리 좀 얘기해주지 그랬냐고 몇 번이나 얘기했다"고 박인비가 말했다. 과묵한 오빠다.

박인비는 심리치료도 도움이 되었다고 한다. 그녀는 "골프를 그만두고 싶을 때, 골프가 아니라 인생 상담을 하기 위해 조수경 박사님을 찾아갔다. 내가 가장 힘들 때 만난 분이라서 큰 도움이 됐다"고 했다. 박인비는 "현재 조박사님은 손연재, 박태환 등을 상담하고 있다. 골프 선수는 나 말고도 유소연 등 20여 명이 되는데 내가 첫 제자라 특별하게 생각하신다. 첫 제자가 1위에 올라 매우 기뻐하시더라"고 말했다.

항공사 마일리지를 따진다면 LPGA에서 단연 박인비가 1위일 것이다. 그는 미국과 일본을 오가며 많은 경기를 뛰었다. 2012년에는 LPGA 23경기, 일본 투어 9경기, 총 32경기를 뛰었다. 미국, 일본뿐 아니라, 한국, 호주, 말레이시아, 대만 등 아시아 국가들에 유럽까지 원정 다녔다. 일부 선수들이 힘들지 않느냐고 묻곤 한다. 박인비의 대답은 "나는 문제 없어"다. "비행기에서 잘 잔다. 성격이 느긋한 편이다. 또 나는 연습을 많이 하는 스타일이 아니다. 경기 있는 주에도 나가서 맛있는 것도 먹고 재미있게 즐긴다. 일주일에 6일, 하루에 라운드 시간이 5시간이면 주 근무시간이 30시간밖에 안 된다. 하루에 10시간 넘게 일하시는 분도 많은데 그 정도로 힘들면 안 된다. 또 골프가 중노동도 아니어서 그 정도는 충분히 할 수 있다. 다른 선수는 2주 뛰고 한 주 쉬고 하는데 나는 4주 경기하고 한 주 쉬는 패턴이 맞다. 오히려 많이 쉬면 감을 잃어버리는 타입이다. 몇 년 전만 해도 미국 LPGA 투어에서 32경기 정도 했다. 1년에 32경기 정도는 충분히 할 만하다. 대회 수가 줄어서 나른 선수들이 적은 경기만 뛰는 게 당연하다고 생각하는 것 같다." 다른 선수들은 박인비의 체력을 그의 퍼트만큼이나 부러워한다.

- **수~토요일 열리는 롯데 챔피언십**

14일 밤 끝난 마스터스에서 아담 스콧의 연장 우승이 아직 골프계에서 떠들썩한 뉴스이던 15일 밤 하와이 호놀룰루 인근 카폴레이의 아울라이 디즈니 호텔에서는 성대한 파티가 열렸다. 롯데 챔피언십 타이틀 스폰서인 롯데의 신동빈 회장과 하와이 지자체의 고관들, 방송사 관계자, 선수들이 참석했다. 하와이 전통 훌라춤과 불쇼 속에서 열대의 밤이 깊었다. 드레스를 입은 선수들은 파티 중간 중간 하나 둘 먼저 자리에서 일어났다. LPGA 투어의 주력인 20대 선수들은 매주 열리는 파티에 참가해야 한다는 의무감을 느끼면서도 동시에 지겨워하기도 한다. 어른들과 함께 있기보다는 또래들끼리 대화하는 것이 아무래도 재미있다. 폴라 크리머는 모건 프리셀, 청야니 등과 함께 근처 레스토랑에서 와인을 한 병 시켜놓고 신나게 떠들었다. 최나연은 매니저, 트레이너와 함께 저녁을 먹었다. 최나연은 프로암대회에는 성심성의껏 나가 사람들과 만나지만 파티 등에는 참석하지 않는다. 드레스를 입는 것이 어색하고 경기에 방해가 된다고 여기기도 한다.

롯데 챔피언십은 일정이 특이하다. 대회는 일요일이 아니라 토요일에 끝난다. 타이틀 스폰서인 롯데의 주 시장이 아시아 지역이어서 아시아 시간으로 일요일에 경기를 끝내기 위해 일정을 이렇게 만들었다. LPGA 투어로서도 그리 나쁠 것이 없다. 미국에서 LPGA보다 인기가 있는 PGA 투어와 경쟁하기보다는 비껴가는 것이 낫다. 토요일 우승자가 나오면 골프 관련 미디어의 조명을 더 받을 수 있고, 1라운드가 벌어지는 수요일엔 PGA 투어 중계가 없기 때문에 골프 방송 채널을 독점할 수 있다.

유소연도 일찌감치 하와이에 왔다. 트레이너와 함께 몸 밸런스 맞추기에 좋은 패들 보트 등을 타며 시간을 보냈다. 하와이가 고향인 미셸 위도 일찌감치 경기장에 와서 대회를 준비했다. 하와이는 섬이다. 한국, 일본, 원주민, 남태평양계, 백인, 흑인 등 다양한 인종이 모여 산다. 인종차별이 미국 본토에 비해 훨씬 덜 하고 섬사람들끼리 똘똘 뭉치는 경향이 있다. 섬사람들은 하와이 출신 스포츠 스타는 무조건 응원한다. 2013년 초 하와이 출신의 노틀담 대학의 풋볼 스타인 만테이 테오는 여자친구가 백혈병으로 세상을 떠났다고 발표했다. 그의 할머니가 돌아가신 날 바로 다음 날이었다. 많은 팬들이 슬퍼했다. 가짜였다. 여자 친구는 실제 존재하지 않는 사람이었다. 스포츠 팬들이 그에게 속았다고 치를 떨었다. 그래도 하와이 사람들은 만타이 테오를 지지했다.

미셸 위에게도 그랬다. 미셸 위는 기대에 못 미친 성적을 내면서 다른 미디어로부터는 조소와 비난을 받았지만 하와이 사람들은 계속 미셸 위의 편에 서 있다.


- **미셸 위의
악몽**


미셸 위처럼 대중의 관심을 많이 받은 선수는 드물다. 안니카 소렌스탐도 미셸 위가 받은 관심에는 전혀 미치지 못한다. 미셸 위는 12살부터 스포트라이트 속에서 살았다. 첫 2~3년을 제외하면 대부분 좋은 관심은 아니었다.

남자의 벽을 깰 슈퍼여전사에서 추락하는 그녀의 모습은 드라마

턱했다. 거액의 스폰서, 실격, 일사병, 꼴찌, 부상, 대선수와의 불화 등 주변인들의 흥미를 돋울 사건들이 자주 나와 더욱 그랬다. 그녀가 부상 속에서 성적을 내지 못했을 때 받은 비난과 조소는 타이거 우즈가 스캔들로 인해 받은 손가락질에 못지않았다.

2005년 16세로 나이키, 소니와 계약한 후 미셸 위는 '성벽을 깰 전사'라는 이름의 호랑이 등에 탄 것 같았다. 뛰어내리기에는 호랑이가 너무 빨리 달렸다. "남자대회에 나가지 않겠다"고 한다면 미셸 위는 미셸 위가 아니다. 미셸 위라는 이름은 '불가능할 것 같은 일을 해내겠다'는 꿈과 '남자의 벽을 넘는 최초의 여성'으로 인식되는 개척자 정신의 상징이었기 때문이다.

자존심 강한 미셸 위는(혹은 그의 부모는) 2보 전진을 위한 1보 후퇴도 용납하지 않았다. 여자대회에서 실력을 쌓은 뒤 남자대회에 나가는 것이 어떠냐는 질문에 "여자대회에만 나가서는 남자대회에서 경기하는 법을 배울 수 없다"며 단호하게 거절했다. 미셸 위의 아버지는 "미셸이 고집이 세기 때문에 내가 (남자대회에 더 이상 출전하지 않기를) 원한다 해도 딸을 말릴 수는 없다"고 했다. 미국 골프 채널은 '(남자대회에 나가기로 한) 여러 스폰서 계약 때문에 미셸 위 측이 물러서지 못한다'고 보도했다.

소렌스탐도 남자대회에 나가긴 했지만 자신과 궁합이 잘 맞는, 전장이 매우 짧은 대회를 골라서 나갔다. 미셸 위는 초청이 들어오는 대회에 그냥 나갔다. 불행하게도 가장 전장이 긴 대회, 가장 까다로운 코스가 걸렸다. 미셸 위는 꼴찌를 했고, 일사병에 걸려서 기권을 했다. 그러면서 엄청난 비난을 들었다. 10대 소녀가 겪기엔 너무나 무거운 짐이었을 것이다.

미셸 위는 이런 말을 한 적이 있다. "밤에 악몽을 꾸기도 한다. 연쇄 살인범이 나를 쫓는 꿈 같은 것이다. 살인범은 매일 다른 사람이다. 골프에 대한 꿈도 꾼다. 티타임에 늦었는데 누군가 골프장에 들어서지 못하게 나를 막아선다. 이런 꿈도 있다. 칩샷을 했는데 그린이 유리로 만들어져 공을 세울 수가 없는 거다. 공을 치면 그린을 넘어가고, 치면 또 넘어가고…. 그래서 부드럽게 치면 다시 공이 되돌아오는 꿈."

자아가 확립되는 청소년기에 전세계에서 자신을 향해 날아온 비아냥을 듣는 것은 견디기 어려운 일이다. 촉망받던 아역배우가 마약에 찌들어 흔적도 없이 사라져버리는 것처럼, 적잖은 스포츠 유망주들이 깊은 골에 들어간 후 나오지 못한다. 높이 올라갔던 사람일수록 더욱 그렇다. 미셸 위는 가장 높이 올라갔던 선수다.

미셸 위는 그 깊은 수렁 속에서 나와 LPGA 투어 2승을 했다. 학교에 다녀서 LPGA에 전념하지 못한다는 비난을 듣기도 했지만 학교에 다닌 것이 상처를 극복하는데 도움이 됐으리라. 미셸 위는 "대학을 다닌 것이 내가 평범한 18살 아이로 돌아갈 수 있게 했다"고 말했다. 대학을 졸업하고는 본격적으로 우승을 할 걸로 기대됐는데 이후 또 부진하다. 하와이 주민들은 그래도 미셸 위에 대한 기대감을 저버리지 않고 있다. 미셸 위는 버락 오바마, 가짜 여자친구의 사망 사건 스캔들을 낸 풋볼 스타 멘타이 타오와 같은 중학교 출신이다.

- **여왕들의 수다**

대회를 하루 앞둔 화요일, LPGA는 스타들을 한꺼번에 모아 동시 인터뷰를 진행했다. 여자골프 세계랭킹 1~4위인 박인비, 스테이시 루이스, 청야니, 최나연 등과 지난해 우승자 미야자토 아이다. 이전까지 1위였던 스테이시 루이스는 "지난 주 나는 잘못한 게 하나도 없었는데 (경기에 나가지도 않았는데) 2등으로 떨어졌다. 누가 와서 설명이라도 좀 해줘야 하는 거 아닌가?"라면서 하얀 이를 드러내며 활짝 웃었다.

루이스에게 설명을 해주자면 이런 거다. 롤렉스 랭킹은 2006년 세계여자골프 6대 단체인 LPGA와 유럽LET, 일본JLPGA, 한국KLPGA, 호주ALPG, 영국LGU 등이 만들었다. 지난 104주(약 2년)의 성적을 누적시켜 계산한다. 처음에는 15개 대회 이상 출전한 선수들을 대상으로 했다. 그러나 2년 동안 여자대회 출전 수가 15개에 불과했던 아마추어 미셸 위가 세계랭킹 3위에 오르게 됐다. 이건 아니다 싶어 2년간 35개 대회 이상으로 바꿨다. 포인트는 메이저대회가 가장 높고, 상위 랭커가 얼마나 출전하는가에 따라 배점이 다르다. 세계랭킹 상위권 선수들이 나가지 않는 작은 대회의 점수는 크지 않다. 한국과 일본 투어 등도 랭킹에 산정되는데 랭킹이 낮은 선수들이 나가기 때문에 큰 점수를 주지 않는다.

스테이시 루이스는 2011년 나비스코 챔피언십에서 우승했다. 2013년 나비스코 챔피언십에서 박인비가 우승한 다음 주 루이스의 2년 전 나비스코 포인트가 사라졌다. 2년 전 대회의 포인트는 크지 않지만, 메이저대회인데다 워낙 선수들의 포인트 차이가 작아 미세한 변화도 순위를 변동시켰다. 물론 루이스도 이를 잘 알고 있다. 설명해달라는 말은 농담이었다.

박인비도 "자고 일어났더니 1위가 됐다"라면서 "대회가 끝나자마자 그랬다면 좀 담담했을 텐데 워낙 예상을 못한 상태로 1위가 되서 당황했다"고 말했다.

선수들은 박인비의 귀신같은 퍼트를 두고 수다를 떨었다. 누가 퍼트 부문의 경쟁자인 것 같느냐는 질문을 받고 박인비는 "나는 항상 미야자토의 퍼트 스트로크와 리듬을 보려 한다. 특별히 뛰어나다"고 했다.

미야자토는 유머감각이 있다. 그는 정색을 하면서 "(퍼트를 잘하는) 인비가 내 퍼트를 보고 뭔가 배우려고 한다니! 이걸 어떻게 말해야 할지 모르겠다. 인비, 네가 오늘 나를 즐겁게 했어"라고 말해 청중을 웃겼다. 미야자토는 이어 "나는 가방에 있는 14개의 클럽 중에 퍼터를 가장 좋아하는데 그게 (퍼드를 질하느냐 못 하느냐의) 차이인 것 같다"고 했다.

그러자 청야니는 "나도 퍼터를 가장 완벽한 클럽으로 생각하려 하는데 그게 절대 안 된다"고 능청을 떨었다. 그러면서 청야니는 "인비에게 4m 이내 퍼트는 무조건 기브(오케이)다. 그 이내에서는 다 넣는다"고 맞장구를 쳤다.

스테이시 루이스는 "인비는 지난해 에비앙에서 나와 우승 경쟁할 때 퍼트 수가 22개더라. 한 번 넣기 시작하면 다 넣는 것 같고, 내가 경기를 정말 잘해야 한다는 압박감을 심~하게 준다"고 했다.

최나연도 퍼트 귀신 박인비 추켜세우기에서 지지 않았다. 그녀는 "(내년 생기는 국가대항전인 인터내셔널 크라운에서) 내가 유리한 점은 똑같은 브랜드의 볼(스릭슨)을 쓰기 때문에 인비와 한 조로 경기할 수 있다는 것이다. 인비는 한국에서 별명이 컴퓨터 퍼트다. 예전에 컴퓨터 샷이라는 말은 많이 들어봤는데 컴퓨터 퍼트라는 말은 못 들어 봤다. 인비가 만들어 낸 신조어"라고 목소리를 높였다.

루이스는 "남자 골프와 여자 골프의 차이점 중 하나는 최고 선수들이 이렇게 모여 함께 기자회견을 할 수 있느냐, 없느냐도 있다. 선수들이 팬과, 미디어와 가까운 것은 LPGA 만의 특별한 장점"이라고 홍보했다.

함께 모인 LPGA 투어 최고 스타들.
왼쪽부터 스테이시 루이스, 미야자토 아이, 박인비, 청야니, 최나연.

**I round**
**무서운 10대 3총사**

2013년 4월 17일 1라운드 아침.

 선수들은 모자에 빨간색 리본을 달고 나왔다. 최근 터진 보스턴 마라톤 테러 사고 희생자들을 추모하기 위해서였다. 골프장 입구에서는 보안요원이 검문검색을 했다. 보스턴 마라톤처럼 또 다시 스포츠 이벤트에 대한 테러가 생기지 않을까 우려해서다. 하와이에서 열리는 스포츠 이벤트에는 관중이 많지 않다. 관광객들이 여행지에서까지 경기장에 가지는 않기 때문이다. 골프는 더 하다. 하와이에서 열리는 골프대회는 PGA 투어이건 LPGA 투어이건 갤러리가 붐비지 않는다. 갤러리는 대도시에 가까울수록 많고 관광지 쪽으로 갈수록 적다. 하와이는 미국 대도시에서 가장 먼 곳이다. 대회가 열리는 코 올리나 골프장은 호놀룰루에 가까워 그나마 하와이에서는 접근성이 좋은 코스다. 주최측은 하와이 출신인 미셸 위가 선전하기를 기대했다.

 코 올리나 골프장은 명문 코스는 아니다. 리조트에 있는 '편안한' 코스다. 그리 어렵지 않다. 별다른 장애물이 없어 바람이 불지 않으면 쉽다. 첫날, 바람은 불었지만 야자수를 흔들어대는 하와이 바람답지는 않았다.

 조직위는 10대 선수 아리야 주타누가른, 김효주, 리디아 고를 한 조로 묶었다. 당시까지 무서운 10대 3명의 성적으로만 보면 리디아 고가 약간 우세하다. 2012년에 세 선수는 US 여자 아마추어오픈에

코 올리나 골프장. 야자수로 둘러싸인 전형적인 하와이의 리조트 코스다. 다른 코스에 비해서 전반적으로 그리 어렵지 않다.

서 일합을 겨뤘다. 김효주가 예선 스트로크 라운드를 8언더파 1위로 통과했고, 리디아 고가 7언더파 2위, 아리야는 5언더파 공동 3위였다. 매치플레이로 치러진 본선에서는 김효주가 8강에서 탈락했다. 리디아 고는 4강에서 아리야를 3홀차로 여유 있게 제치고 우승했다.

10대는 하루가 다르게 부쩍부쩍 자란다. 롯데 챔피언십은 차세대 골프 여왕 후보 3명의 2013년 첫 맞대결이라 골프팬의 관심을 끌었다. 꽁지머리 솜본은 라운드 내내 미소를 지으면서 경기를 볼 수 있었다.

초반은 티격태격했다. 세 선수는 20대 선수들 못지않은 정교한 샷을 보였다. 김효주가 아이언샷을 컵 옆에 붙이면 아리야는 깃대를 맞추고, 리디아는 먼 곳에서도 버디를 성공했다. 세 선두가 함께 리더보드 상위권으로 올라왔다. 그러나 리디아는 7번과 9번 홀에서 보기를 하면서 2언더파로 내려왔다. 장타로 무장한 아리야는 초반 기세를 그대로 이어갔다. 아리야는 리디아나 김효주에 평균 30야드 정도 앞서는 장타를 무기로 도그레그 홀을 질러 치면서 코스를 압도했다. 파5와 파3홀을 제외하면 서의 드라이버-웨지-퍼터를 가지고 놀았다. 8번 홀까지 5언더파를 쳤다. 약간 오르막인 14번 홀(파 5.498야드)에서 5번 우드로 2온에 성공해 이글을 잡는 장면이 백미였다. 8언더파의 코스레코드 타이기록을 세우면서 단독 선두로 올라갔다.

아리야 주타누가른은 "페어웨이가 넓어 마음이 편안했고 자신 있게 드라이버를 휘둘렀다. 3, 4m짜리 버디를 몇 개 놓쳤는데 퍼팅 연습을 더 하면 더 좋은 성적을 낼 것 같다"고 말했다. 아리야 주타누가른의 티샷과 멘탈이 흔들리지 않으면 매우 무섭다. 어느 코스에서나 코스레코드를 기록할 수 있는 자질을 가졌다. 스테이시 루이스는 태국에서 아리야 주타누가른과 함께 경기할 때의 경험을 말했다. "그녀는 모든 홀에서 깃대를 보고 쐈다. 17살 청소년들이 그러는 것처럼 아무런 두려움 없이 경기를 했다. 스윙을 최대한 강하게 한다. 있는 힘을 다해 때리고, 캐디는 볼이 어디로 가는지 유심히 본다. 공을 찾으면 두 번째 샷도 또 그린으로 힘껏 친다. 신선했다. 퍼트도 두려움 없이 했다. 프로들은 오른쪽으로 미스할지, 왼쪽으로 미스할지 이 걱정, 저 걱정 속에서 경기한다. 그게 머릿속에 박히면 좋지 않다. 아이처럼 걱정 없이 플레이하는 게 필요하다."

김효주도 잘 했다. 6언더파 공동 4위였다. 그녀는 경기 전 "누구와 함께 경기하는지 전혀 신경 쓰지 않는다. 내 것 치기도 바쁜데 옆 사람이 어떻게 치는지 신경 쓸 시간도 없다. 리디아 고는 퍼터를 잘하는 것 같기는 하다"고 말했다. 선수들은 누구와 함께 경기하더라도 별 신경을 쓰지 않는다고 말하는데 역시 대부분 진실이 아니다. 아마추어들과 비슷하다. 너무 실력이 떨어지는 선수를 만나면 짜증이 나고 너무 빨라도, 너무 느려도 꽤 부담을 갖는다. 강한 상대라면 훨씬 어렵다.

김효주는 신경 쓰지 않는다는 말이 진짜처럼 들렸다. 김효주는 남에 대한 신경은 끄고 자신의 경기에만 집중하는 재능이 있는 듯하다. '바로 옆에서 핵폭탄이 터져도 꿈쩍도 하지 않을 돌부처'라는 별명을 들었던 이선화의 예전 모습이 연상된다. 김효주는 5번 홀까지 버디 4개를 잡은 아리야에 아랑곳하지 않고 서서히 점수를 줄여나갔다. 13번 홀까지 6언더파가 됐는데 "이후 집중력이 떨어져서 퍼트를 넣지 못했다"고 김효주는 말했다.

무서운 10대 삼총사.
왼쪽 상단부터 시계방향으로
김효주, 리디아 고, 아리야
주타누가른의 샷

리디아 고는 1언더파 공동 52위였다. 신지애처럼 자로 잰 듯한 샷을 하던 그녀는 이날 컨디션이 좋아 보이지 않았다. 퍼트도 리디아 고답지 않았다. 경기를 앞두고 리디아 고는 "함께 치던 선수들이라 재미있을 것 같다"라고 했는데 부담이 없지 않았을 것이다. 그녀가 세 선수 중에서 가장 앞서가고 있었기에 성적이 나쁘면 가장 잃을 것이 많다. 아리야는 경기 후 인터뷰에서 "아마추어 때부터 함께 지낸 친구들이 다 잘 쳐서 기분 좋게 경기했다"고 말했다. 리디아 고는 전혀 기분 좋아 보이지 않았다. 약이 오른 모습이었고 리디아 고와 어머니 현봉숙 씨는 경기 후 뙤약볕 속에서 몇 시간 동안 연습을 했다.

서희경이 7언더파 공동 2위를 기록했고, 수잔 페테르센도 7언더파 65타를 쳤다. 지난해 우승자 미야자토 아이는 5언더파 공동 6위에 자리했다. 유소연도 5언더파를 쳤다.

박인비는 랭킹 1위로서의 첫 공식 라운드에서 2언더파를 기록했다. 그녀의 캐디는 처음으로 초록색 캐디빕을 입었다. 박인비의 아버지 박건규 씨는 경기 후 그 캐디빕을 달라고 해서 입고 사진을 찍었다. 캐디빕에 선수 이름은 뒤로 가는데 그는 앞에 오도록 입고 어린이처럼 좋아하면서 사진을 찍었다. 얼굴에 기쁨이 끝없이 넘쳐났다.

이날 박인비는 짧은 퍼트도 여러 개 놓쳤다. 3퍼트도 2개 했다. 박인비는 "나는 견딜 만한데 나를 따라다닌 엄마가 그걸 보고 너무 힘들어 하시더라. 나비스코에서 퍼트가 워낙 잘됐기 때문에 그런 것 같다"면서 "하와이 그린은 나에게 잘 안 맞는 것 같다. 스피드가 느리면서 결을 많이 타는데 이 그린에서 난 잘 쳐본 적이 없다. 하와이는 기후가 미야자토의 고향인 오키나와랑 비슷하니까 미야자토가 이 그린에서 잘 친다"고 분석했다.

한국 회사가 돈을 대는 롯데 챔피언십에는 한국 KLPGA에서 선수

박인비의 아버지 박건규가 세계랭킹 1위의 캐디에게 주어지는 초록색 캐디빕을 입고 기뻐하고 있다.

들이 여럿 나왔다. 다들 우승을 노리고 나오지만 특히 김자영은 우승컵을 거머쥐겠다는 욕망이 컸다. 한국에서 에이전트 교체와 관련한 잡음이 일고 있었기 때문이다. 한국을 떠나 미국에서 뛰고 싶다는 소망을 품었다. 김자영은 신경이 많이 쓰였는지 프로암대회가 치러지는 날에 복통을 일으키기도 했다.

## 2 round
## 러브게임

오전 조 선수들 모두 새벽에 일어나 바람에 흔들리는 야자수를 보고 경기 걱정을 했다. 노련한 선수들이 악조건에서 선방했다. 수잔 페테르센이 3언더파를 쳤다. 강풍 속에서 스코어를 줄인 페테르센은 중간 합계 10언더파, 단독 선두에 올랐다. 페테르센은 첫날 코스레코드를 세운 무서운 10대 아리야 주타누가른 등을 의식했는지 "나이가 들수록 더 현명해진다"고 뼈있는 코멘트를 했다.

LPGA 투어의 강호들이 바람을 뚫고 대거 리더보드 위로 전진했다. 지난해 우승자인 미야자토 아이는 4타를 줄여 9언더파 2위로 올라섰다. 미야자토는 "내가 자란 일본 오키나와와 하와이는 잔디와 바람이 비슷하다. 나는 바람 속에서 자라서 바람 속에서 경기하는 것이 좋다"고 말했다.

서희경과 기아 클래식 우승자인 베아트리체 레카리가 7언더파 공동 3위다. 스테이시 루이스는 6언더파 공동 6위, 유소연과 박세리도 5언더파 공동 7위에서 역전을 노리게 됐다. 서희경은 드라마틱한 하루를 보냈다. 전날 7언더파를 친 그녀는 강풍에 휘말려 초반 3타를 잃었다.

2위였던 그녀의 순위가 곤두박질쳤다. 약혼자인 국정훈 씨가 안타까운 마음으로 서희경을 지켜보면서 응원했다. 서희경은 후반 들어 버디 3개를 잡고 다시 7언더파로 복귀했다. 그녀의 어머니 이숭아 씨는 "아빠 엄마가 따라 다닐 때보다 약혼자가 오니까 더 힘을 내는 것 같다"며 웃었다. 서희경은 최근 약혼 사실을 공개했고, 그녀의 부모는 하와이 대회에 약혼자가 응원하러 온다고 취재 기자들에게 자랑도 했다.

예전엔 LPGA에서 일어나기 어려운 일이었다. 남자친구가 생기면 경기력이 떨어진다는 분위기가 팽배했다. 요즘은 초등학교 여학생도 남자친구가 있는 시대지만 치열한 투어에선 "머리가 남자친구한테 가 있으면 볼이 잘 맞을 리가 있냐"는 핀잔을 듣기 일쑤였다. 박세리 사건도 영향을 미쳤다. 박세리는 2000년 중국계 홍콩인 남자친구를 만날 때 성적이 나빴다. 집안의 반대가 극심했다. 그러면서 성적 부진은 남자친구 때문이라는 얘기가 나왔다. 결별했다.

변화의 계기는 박인비와 그의 약혼자인 남기협 씨다. 박인비의 아버지 박건규 씨는 "예전엔 나도 인비가 성적이 안 나면 누구랑 전화질하고 그래서 부진할 거라고 오해한 적이 있다. 그런데 LPGA 투어 한국선수들 사이에서 그게 아니라는 사례를 인비가 만들었다. 이제 남자친구 있는 선수는 다 당당하게 얘기한다"고 말했다. 그의 말

기아 클래식에서 우승하면서 LPGA 투어에 Q스쿨 없이 들어온 서희경. 2013년 11월 결혼할 예정이다. 첫 승도 기다리고 있다.

**러브 투어**

서희경의 샷. 약혼자가 지켜보는 가운데 드라마틱한 경기를 보여줬다.

은 이어졌다. "인비가 힘들 때 옆에 있어줬고 잘 치게 샷을 잡아주고 마음도 잡아줬다. 인비는 사위의 말은 다 믿는다. 믿음을 가지고 치니까 잘 되는 것 같다. 우리 딸 세계랭킹 1위는 부모보다는 사위 될 남기협이 만들었다."

선수들은 연습 라운드 때나 프로암 때, 오르막이 나오면 박인비를 밀어주고, 내리막에서는 미끄러지지 않도록 잡아주는 남 씨를 다 안다. 유소연은 "두 사람이 다정하게 손잡고 다니는 모습을 한국선수들 뿐 아니라 모든 선수들이 다 부러워한다"고 말했다. 박인비는 남 씨를 고등학교 때 로스앤젤레스의 골프 아카데미에서 처음 만났다. 박인비는 LA에 살았고 남 씨는 전지훈련차 LA에 왔을 때의 일이다. 남 씨는 겸손하고 성품이 부드럽다. 모든 사람에게 다 친절했다. 박인비는 "그래도 나에게 조금 더 잘해주는 것 같았다"고 말했다.

남 씨가 세계랭킹 1위 박인비를 사귄 건 아니다. 2006년 2부 투어 뛸 때, 박인비가 평범한 선수일 때부터 사귀었다. 둘 다 투어에서 뛰니까 1년에 3번 정도밖에 볼 수 없었다. 본격적으로 사귄 것은 2007년 경주에서 열린 하나은행 챔피언십에서다. 박인비는 "오빠에게 캐디를 해달라고 부탁했는데 당시 오빠가 바쁜데도 선뜻 해주더라"고 했다. 남 씨가 가방을 메도 성적이 잘 나오지는 않았다. 40등 정도였다. 박인비는 그러나 "당시 바람이 엄청 불고 경기 마지막 라운드가 취소되어 아주 복잡했는데 오빠가 있으니까 위로가 되더라"고 회고했다. 이후 남 씨가 박인비의 드라이브샷 불안을 고쳐주고 1등을 만들었다.

남 씨는 매니저 겸 코치로 박인비를 따라 다닌다. 박인비는 "아무리 경기에 집중해도 오빠는 보인다. 오빠는 경기 중 얘기는 안 하고 잘할 때 박수만 쳐준다. 매번 보는 것이지만 그때마다 기분이 좋다"고 했다. 두 사람은 2014년 겨울에 결혼할 예정이다. 나이 차이가 7살이다. 작은 차이는 아니다. 또 박인비는 랭킹 1위다. 돈도 많이 번다. 박인비는 "투어에 있는 친구들은 다 오빠 편이다. 다 오빠가 아깝다고 하더라"고 웃었다. 박건규 씨는 "다들 사위감이 아깝다고 한다는데 동의해야지 어떡하겠나. 사위가 아주 잘한다. 마음이 착하고 인비를 이해해주고 인비가 우선인데 내가 좋아하지 않을 수 있겠느냐"고 속내를 털어놓았다. 남 씨는 연습그린에서 박인비가 퍼트를 할 때 양산을 씌워주기도 한다. 금이야 옥이야 키운 딸이 사위와 그렇게 다정하게 다니는 것이 약오르지 않느냐고 물었다. "약오르지 않다. 딸이 행복하기만 하다면 하나도 약오르지 않다."

KLPGA 소속 선수들은 모두 탈락했다. 김자영과 이예정이 4오버파로 아깝게 컷탈락했고 정혜진 선수는 10오버파를 쳤다. 한국에서 열린 하나은행 챔피언십을 제외하면 LPGA 대회는 경험이 없어서 좀 긴장했다고 하고 텔레비전에서만 보던 선수들과 함께 경기하니 좀 이상하더라는 얘기도 했다. 선수들은 모두 "이번 대회에서 많이 배웠고 한국 투어보다 훨씬 뛰어난 게 많아서 반드시 다시 오고 싶다"고 이구동성으로 말했다. LPGA 관계자들은 "한국선수들이 패션이 뛰어나다"고 말했다. 칭찬의 뜻도 있고 패션에 너무 신경 쓰는 것이 아닌가 하는 뉘앙스도 없지는 않았다.

- **텃세는 어디에나**

LPGA에서 뛰는 한국선수들은 KLPGA에서 초청으로 온 한국선수들과 많은 인사를 나누지 않는다. 원래 경기를 앞두면 웬만큼 친한 선수가 아니면 남에게 신경 쓰지 않고 자신의 연습만 하는 게 관례다. 또 LPGA 선수들은 최고 무대에서 뛴다는 자부심이 있다. KLPGA 소속 선수보다는 한두 수 위라고 생각한다. 굳이 말을 걸 이유가 없다고 여긴다. KLPGA 선수들은 남의 집에 온 것처럼 쭈뼛거린다.

2010년 기아 클래식에 서희경이 초청선수로 나왔을 때도 한국 동료들의 인사를 많이 받지는 못했다. 거의 외톨이로 연습을 했다. 경기 전에는 그렇다 치지만 서희경은 우승까지 했는데도 다른 선수들로부터 축하를 거의 못 받았다. 오히려 눈총을 받는 처지였다.

당시 한국선수들이 서희경에게 냉정했던 건 위기감을 느끼고 있었기 때문이다. 가뜩이나 한국선수들이 많은데 투어카드가 없는 선수가 나온 것이 마땅치 않았고, 거기서 우승까지 했으니 선수들이 기분이 좋지 않았던 것이다.

당시 LPGA 대회가 급격히 줄어들고 있었다. 한국선수들은 "한국선수들이 너무 많아 그렇게 됐다"는 시선을 의식했다. 대회마다 톱10을 휩쓰는 한국선수들이 천덕꾸러기 취급을 받은 것이 사실이다. 미국 중계방송사는 한국선수들에게 카메라를 거의 들이대지 않았다. 그런 얘기를 많이 듣다 보니 한국선수들도 한국선수가 너무 많다고 여겼다. 한국선수들은 '톱10에 들어서 죄송합니다'라는 생각을 은연

중에 했다.

2008년 LPGA 투어에서 영어시험 이야기가 나왔을 때 한국선수들이 강력히 반발하지 않은 것도 같은 맥락이다. 미국 언론과 골프계의 강력한 반대에도 불구하고 정작 영어시험의 타깃인 한국선수들은 이 정책에 수긍하는 듯한 입장을 보였다. 한국선수들은 영어 때문에 출전권을 박탈하는 것은 지나치지만 LPGA에서 뛰려면 영어는 필요하고 영어에 능숙하지 않으면 벌금 정도는 매기자는 의견을 냈다.

당시 한국선수들은 서로 견제도 심했다. 이지영 선수의 아버지인 이사원 씨의 말이다. "한국의 A선수가 경기 중 기권하고 바로 다음 대회장으로 가서 연습을 한 사실이 한국선수들 사이에 알려졌다. 기권을 하면 쉬어야 한다. 한국의 부모들이 모여서 '그런 일을 저지르면 한국선수들 전체가 욕을 먹게 된다'면서 바로 신고해야 한다고 하더라. 부모들은 또 다른 선수를 불러 '곧바로 사무국으로 가서 신고하라'고 했다. 그래서 내가 해당 선수에게 정확히 알아보고 하자고 겨우 뜯어 말렸다. 한국선수가 한국선수를 클레임 걸려는 사건들이 더러 있었다."

대회 수는 줄어들고 그 책임이 한국선수에게 돌아오니 한국선수들은 바늘방석 위에서 투어를 뛰는 셈이었다. 선수들은 '내가 우승하지 못한다면 미국선수가 우승해서 신문, 방송에도 많이 나고 대회를 만들어줄 새로운 스폰서가 생겼으면 좋겠다' 는 바람을 은근히 가지고 있었다.

분위기는 확 바뀌었다. LPGA는 다시 정상궤도로 돌아왔다. 예전과의 차이는 있다. 한때 미국에서 열리는 LPGA 대회 수는 28개에 이

여성선수 중 가장 섹시한 선수 중 한명으로 꼽히는 미국의 시드니 마이클스는 한국 기업의 스폰서를 받는다.

드렸다. 2013년 미국에서 열리는 대회 수는 15개로 줄어들었다. 대신 미국 이외에서 14개 대회가 열린다. LPGA 투어는 명실상부한 글로벌투어가 됐으며 한국선수들은 당당한 주인공들이다. 2013년 LPGA에서 한국 기업이 개최하는 대회는 3개. 롯데 챔피언십을 비롯, 기아 클래식, 한국에서 벌어지는 KEB-HANA 챔피언십이다. 미국에서 열리는 14개 대회 중 2개 대회의 타이틀 스폰서가 한국 기업이다. 메이저대회인 나비스코 챔피언십과 시즌 최종전인 CME 타이틀홀더스에서도 한국 기업이 서브스폰서로 참가한다. 한국 기업이 미국선수를 후원하는 일도 생기고 있다.

하나금융그룹은 크리스티 커와 비키 허스트를 후원한다. 볼빅은 LPGA 투어에서 뛰는 미국·호주·태국선수를 1명씩 후원하고 있다. 한화도 2012년 LPGA 투어 신인왕 경쟁에서 4위에 올랐던 시드니 마이클스에게 모자를 씌웠다. 기아는 미국 국적인 미셸 위를 글로벌 홍보대사로 쓰고 있다.

그동안 국내 기업의 외국 골퍼 후원은 없었다. 예외가 하나 있긴 했다. 2007년 국내 골프장 회원권 거래회사가 소피 구스타프손을 후원한 일이 있었다. 자발적이라기보다는 부탁을 받아서 성사된 일이었다. 구스타프손은 당시 LPGA 투어 커미셔너인 타이 보토의 부인이었다.

이제는 외국선수들도 한국의 삼성 갤럭시 휴대폰을 쓰고, 한국 기업이 자신의 스폰서가 될지도 모른다고 기대한다. 한국은 LPGA에서 가장 멋진 나라 중 하나가 됐다. 천덕꾸러기였던 한국선수들은 이제 LPGA 1등 국가의 선수가 됐다.

또 LPGA가 불황을 겪는 동안 한국선수들의 수가 줄어들었다. 현재 투어에는 30명 정도의 한국선수들이 뛴다. 최나연, 신지애, 박인비, 유소연 등 정상급 선수들로 정예화되는 추세다. 선수들은 대부분 영어로 인터뷰하는 데 문제가 없다. 최나연은 "한국 기업이 LPGA 무대에 많이 들어왔기 때문에 이제는 전혀 위축될 일이 없다"고 말했다.

LPGA에서 뛰는 한국선수들을 흔히 낭자군娘子軍이라고 한다. 역사적 어원을 보면 적절하지 않은 말이다. 이희승 박사가 쓴 민중서림 간 국어사전에 '낭자'의 뜻은 처녀이며, '낭자군'은 여자로 조직한 군대, 부녀자의 무리 및 단체로 기술돼 있다. 쉽게 말해 여군이다. 낭자군이라는 말이 군사용어여서 쓰면 안 되는 것은 아니다. 스포츠는 일종의 전쟁이다. 어느 정도 군사용어는 쓸 수도 있다.

낭자군은 일제 때 전쟁터로 끌려간 한국의 여성들을 부르는 말이었다. 이른바 종군위안부다. 19세기 후반부터 일본에서 낭자군이란 말을 썼다. 돈을 벌기 위해 동남아시아 등지로 팔려나간 일본 여성을 뜻한다. 카라유키상으로 불렀는데, 대부분 창부의 역할을 했다고 전해진다. 일본 일각에서는 해외로 나가 돈을 버는 낭자군이 외화를 벌어들이는 데 큰 역할을 한다고 찬양도 했다. 이 이름을 따서 태평양전쟁 때 일본 부대를 따라 끌려간 한국의 종군위안부를 같은 이름으로 불렀다. 골프뿐 아니라 다른 종목에서도 한국 여성 선수들을 낭자군이라고 부르곤 하는데 가능한 한 사용하지 않는 것이 좋겠다.

"LPGA에서 한국선수들이 7승을 합작했다"는 등의 말도 적절하지는 않다. 골프는 철저히 개인종목이다. 국적이 같건 다르건 다 경쟁자다. 골프대회에선 힘을 합쳐서 우승을 하지 않고, 그래서도 안 된다.

### 3 round
### 트로이의 목마

해가 났다가 가랑비가 오락가락 하다가 바람이 확 불다가 잠잠했다가…. 천방지축, 어지러운 날씨였다. 하와이에서 많이 볼 수 있는 무지개도 몇 차례 떴다. 3라운드 일찌감치 출발한 박희영은 3타를 줄이고 기분 좋게 스코어카드를 냈다.

박희영은 무던히도 안 풀린 선수다. 박희영은 아마추어 시절 최고의 선수로 꼽혔다. 국가대표 에이스였고 2004년엔 아마추어 자격으로 프로대회인 하이트컵에서 우승했다. 고교 3학년이던 2005년 프로로 전향해 최나연을 제치고 KLPGA 신인왕이 됐다. 박희영은 장타를 쳤고, 선수들이 인정하는 가장 완벽한 스윙을 했다. 박희영은 당시 최고 주가를 올리던 미셸 위가 '목표'라고 했다. 그럴 자격이 충분했다.

그러나 이듬해 신지애가 돌풍을 일으키면서 기세가 한풀 꺾였다. 악재도 있었다. KLPGA 대회인 PAVV 인비테이셔널에서 우승을 다툴 때다. 해저드에서 샷을 하기 전 풀을 건드렸는데 텔레비전 중계를 보던 시청자의 제보로 뒤늦게 알려져 실격됐다.

실격보다 더 아픈 사건은 2007년에 터졌다. KB국민은행 스타투어 2차 대회에서 지은희와 우승을 다툴 때였다. 최종 라운드를 앞두고 두 선수가 함께 연습 그린에서 웨지샷 연습을 했는데 약속이나 한 듯 두 선수 모두 웨지를 두고 왔다.

2011년 CME 타이틀홀더스에서 우승한 박희영. ⓒ JNA

경기위원이 웨지 두 개를 모두 박희영의 캐디에게 줬다. 박희영의 캐디는 지은희에게 웨지를 건넨다는 사실을 깜빡하고 둘 다 가방에 넣었다. 지은희는 그린에서 웨지가 없다는 사실을 알았다. 그녀의 캐디가 "박희영의 캐디가 웨지 두 개를 백에 넣는 것을 봤다"고 했다. 박희영의 백에 규정(14개)보다 많은 15개의 클럽이 있는 것이 발견됐다. 규정보다 많은 채를 갖고 있으면 홀당 2벌타를 받는다. 웨지가 발견되기 전까지 박희영은 컨디션이 매우 좋았다. 1번 홀에서 버디를 잡았다. 그러나 2벌타를 받는 바람에 말 그대로 버디가 보기가 됐다. 박희영은 이후 버디 5개를 잡았으나 연장에 가서 지은희에게 졌다.

웨지는 박희영의 멘탈을 무너뜨린 '트로이의 목마' 역할을 했다. 박희영은 이전 경기에 이어 2연속 준우승에 그쳤다. 웨지 사건으로 저주에 걸리기라도 한 듯 박희영은 이후 4년여 동안 우승을 하지 못했다. 2008년 박희영은 LPGA 투어에 진출했다. 박희영은 "항상 우승할 수 있다고 믿는다"고 자기최면을 걸었으나 우승 문턱에서 번번이 눈물을 삼켜야 했다. 최나연, 신지애 등이 LPGA 정상을 다투는 선수로 성장하는 모습을 지켜봐야 했다.

불운도 이어졌다. 팔꿈치와 손목을 다쳤다. 우승 기회를 몇 차례 날려 보냈다. 그러다 2011년 CME 타이틀홀더스에서 우승을 했다. 울음이 터져 나왔다. 최고 선수에서 4년간 우승을 못 하면서 평범한 선수로 전락했던 박희영이라면 그렇게 울만도 했다. 대림대 사회체육과 교수인 아버지 박형섭 씨는 "마음고생이 엄청났다"고 했다. LPGA 투어 96경기 만에 우승한 박희영은 "그동안 네가 우승을 못할 이유가 없지 않으냐는 질문이 아주 많았다. 나도 할 말이 없었다. 그런데 이제야 그 대답을 할 수 있게 됐다. 이제야 꿈이 이뤄졌다. 이번 우승은 나의 인생과 미래를 바꾸게 될 것"이라고 말했다.

박희영은 LPGA 투어에 벨리 퍼터를 도입한 선수 중 하나다. 남자 투어에서는 벨리 퍼터나 브롬 퍼터 등 롱퍼터의 비율이 40%에 이르렀다고 하지만 여성선수들은 남성선수보다 스타일에 조금 더 민감한 편이다. 특히 한국선수들이 롱퍼터에 대해서 심드렁했다.

박희영은 2012년 킹스밀 챔피언십에서 "퍼트할 때 몸이 흔들리는 경향이 있었는데 축을 고정하는 벨리 퍼터를 쓰고 나서는 몸이 고정되는 느낌이 든다"고 했다. 그는 긴 퍼터의 장점은 또 쇼트퍼트에서 안정감이 있고 5~8m의 중장거리 퍼터의 능력이 좋아졌다고 전했다. 그녀는 "롱퍼터는 긴 거리 맞추기에 어렵다는 얘기도 있는데 나는 먼 거리도 때리지 않고 헤드 무게로 스트로크하기 때문에 불리하다고 생각하지는 않는다"고 말했다. 그녀에게 많은 선수들이 효과가 있느냐고 물어본다.

박희영은 "많은 선수들이 물어보고 내가 좋다고 얘기하기 때문에 제작 업체에서 나에게 보너스를 주겠다는 농담을 하기도 한다"면서 "내가 롱퍼터를 인기 상품으로 만들겠다"고 농담 반 진담 반으로 얘기했다.

그러나 박희영은 롯데 챔피언십에선 벨리 퍼터를 안 썼다. 선수들이 퍼터에 대해 얘기하는 것은 믿으면 곤란하다.

어니 엘스도 그랬다. 2004년 유러피언 투어 도이체방크 챔피언십에서 엘스는 같은 남아공 선수인 트레버 이멜먼과 우승을 다투다 패했다. 25세 신예였던 이멜먼은 벨리 퍼터를 들고 나와 그린에서 엘스를 압도했다. 엘스는 경기 후 "벨리 퍼터를 금지시켜야 한다"고 주장했다. 그는 "벨리 퍼터는 떨리는 팔과 마음을 진정시키는 역할을 한다"면서 "만약 긴장 때문에 고생한다면 약을 먹고 나와라"고 경쟁자를 조롱했다.

당시 이멜먼은 "왜 나한테만 그러느냐. 긴 퍼터를 쓰는 비제이 싱과 콜린 몽고메리, 리 웨스트우드에 대해서는 왜 얘기하지 않느냐?"고 물었다. 이에 대해 몽고메리는 "비록 내가 쓰기는 하지만 롱퍼터는 불법 클럽으로 규정되어야 한다. 몸에 고정시키는 퍼터는 두 손으로 하는 일반 퍼터보다 훨씬 안정적이다"라고 대답했다.

이 말에 힘을 얻었는지 엘스는 긴 퍼터 금지운동의 전도사 역할을 했다. 특히 비제이 싱에게 가시 돋친 말을 퍼부었다. 싱은 퍼트 실력이 100위권이었는데 벨리 퍼터로 바꾼 후 퍼트 부문 톱10에 들었고 세계랭킹 1위로 올라섰다. 엘스는 긴 퍼터를 쓰는 선수는 사기꾼이라는 뉘앙스의 말을 했다.

엘스는 또 "긴장감을 이겨내는 것과 퍼트 실력도 게임의 중요한 부분"이라고 지적했다. 벨리 퍼터를 쓰면 변별력이 없어진다는 의미였다. 파문이 일자 미국골프협회USGA는 당시 벨리 퍼터를 금지하는 방안을 심각하게 고려했다. 그러나 불법화되지는 않았다.

그랬던 엘스가 2011년부터 벨리 퍼터를 들고 나왔다. 그것 때문에 골프계의 놀림감이 됐다. 황태자 이미지를 완전히 잃어버렸다. 그러나 2012년 디 오픈에서 벨리 퍼터로 우승했다. 세르히오 가르시아는 "결코, 결코라고 말하면 안 된다 Never say never"라고 했다. 퍼터에 대해서는 특히 그렇다.

선두권 선수들은 혼란스러운 날씨에 적응하려 애를 썼다. 서희경이 노련했다. 2번 홀에서 세컨샷을 하려고 할 때 갑작스런 강풍이 불고 비가 내렸다. 그때 비옷을 입으면서 시간을 보냈다. '필드의 패션모델'이란 별명을 가진 서희경이 멋진 레인코트를 입었을 때 바람이 그쳤다. 서희경은 버디를 잡았다.

파5, 5번 홀. 서희경이 호수 바로 앞에 꽂힌 핀을 향해 약 30m 정도의 녹록치 않은 칩샷을 준비하고 있었다. 그의 약혼자인 국정훈 씨는 그린 뒤에서 간절한 표정으로 서희경을 바라봤다. 서희경의 긴 칩샷은 거짓말처럼 홀로 쏙 들어갔다. 이글이었다. 국 씨는 "마음속으로 들어가라고 응원했는데 정말 들어갔다"며 웃었다.

국내 투어를 제패한 서희경은 2010년 초청선수로 출전한 기아 클래식에서 덜컥 우승했지만 정작 LPGA 투어 회원이 되고선 우승을 못

비가 오락가락하는 날씨에 비옷을 입고 벗으며 노련하게 경기 템포를 조절한 서희경.

했다. 신인왕에 톱10에 11번에 들고도 우승만 없었다. 특히 메이저 대회에서 두 번 우승을 날린 것이 아쉬웠다. 2011년 US오픈에서 우승을 눈앞에 뒀다가 연장 끝에 아쉽게 유소연에게 패했고, 2012년 나비스코 챔피언십에서는 4개 홀을 남기고 3타 차 선두를 달리다가 마지막 4개 홀에서 연속보기를 하면서 분루를 삼켜야 했다. 당시 중계화면을 되돌려 보면 카메라는 김인경의 우승퍼트를 할 때 뒤에 서희경을 함께 잡았다. 서희경의 표정은 참혹했다. 카메라는 메이저 우승퍼트를 넣고 두 손을 높이 쳐들 김인경과 울먹이는 서희경의 모습을 대조하려 했다.

만일 김인경이 30cm짜리 짧은 퍼트를 넣었다면 서희경이 2012년 나비스코 챔피언십 비운의 여인으로 기억될 뻔했다. 김인경이 짧은 퍼트를 놓치는 장면이 워낙 강렬했기 때문에 서희경의 표정이 묻힌 것뿐이다.

　서희경은 두 메이저대회의 아픔을 거의 극복했다고 했다. 그는 한국선수 중 가장 열심히 훈련하는 축에 속한다. 은행원인 약혼자가 휴가를 내고 날아온 경기에서 펄펄 날면서 첫 우승을 바라보게 됐다. 약혼자인 국정훈 씨는 미국에서 공부했고 국내 은행에 다니고 있다. 학창 시절에 야구와 농구 등을 해서 체격도 좋다. 2011년 하나은행 챔피언십 기간에 만나 사귀기 시작했다. 국 씨는 "나만 첫눈에 반한 줄 알았는데 알고 보니 희경이도 나를 처음 본 순간 확 반했다고 하더라"고 했다.

　세계랭킹 1위를 지냈으며 이날 3언더파를 친 스테이시 루이스가 초라해보일 정도로 서희경은 뛰어난 경기를 했다. 장타를 날리는 스테이시 루이스와 티샷 거리가 엎치락뒤치락 했고 아이언도 핀 옆에 딱딱 꽂혔다. 칩샷이 두 개나 들어가는 등 운도 좋았다.

　서희경은 13언더파가 됐다. 김효주가 10언더파 4위, 박인비가 5타를 줄여 8언더파 공동 8위, 김인경과 박희영, 박세리가 6언더파 공동 12위, 최나연은 5언더파 15위다. 최나연은 "퍼트가 너무나 안 됐다. 2라운드에서 퍼트 수가 36개, 3퍼트가 4개나 될 정도였다. 하도 안 되어서 역그립을 잡고 했더니 그나마 좀 들어가더라"고 밝혔다.

　서희경은 "지난 주 쉬면서 마스터스 대회를 봤는데 아담 스콧과 앙헬 카브레라를 보고 많이 배웠다"고 말했다. 앙헬 카브레라의 자세를 관찰하니 어드레스하고 나서 곧바로 치는, 생각을 덜 하고 단순한 스윙이 보기 좋았단다. 아담 스콧도 간결하면서 힘 있는 스윙을 하던데 팔이 아니라 큰 근육을 쓰는 모습이 인상적이었으며 무엇보다 잘 생겨서 보기 좋았다고 했다. 이 말을 들은 약혼자인 국정훈 씨는 "나를 좋아하는 다른 여자도 많다"면서 웃었다. 아담 스콧은 2012년 디 오픈 챔피언십에서 마지막 4홀 연속보기로 우승을 내줬다. 그러더니 오뚜기처럼 일어서 2013년 마스터스에서 우승했다. 서희경도 나비스코 챔피언십에서 마지막 4홀 연속보기로 우승을 내줬다. 아담 스콧처럼 우승할 수 있을 거라고 기대하고 있다. 커플은 첫 우승의 꿈을 안고 숙소로 돌아갔다.

그들이 떠난 후 4라운드 조편성 표가 나왔다. 가장 늦게 출발하는 선수 중에는 지난해 우승자인 미야자토 아이를 비롯, 스테이시 루이스, 수잔 페테르센, 무서운 10대 아리야 주타누가른 등이 포진되어 있었다. 서희경에겐 쉽지 않은 하와이에서의 하루가 될 전망이었다.

## 4 round
### 코리언 킬러

서희경의 옷이 확 튀었다. 핑크빛이 도는 오렌지색 상의에 블루가 베이스인 열대 꽃무늬 스커트였다. 올 초에 의류 스폰서에게 받은 것인데 하와이 콘셉트가 맞는 것 같아 하와이 대회 마지막 날 입기로 하고 아껴둔 것이라고 한다.

페테르센은 2007년 5월 킹스밀에서 벌어진 미켈롭 울트라오픈에서 우승을 줍다시피 했다. 이지영이 연장 3번째 홀 3m에서 3퍼트를 한 덕분이다. 버디 퍼트가 안 들어가자 이지영은 짧은 퍼트를 툭 쳤는데 그게 빠지고 말았다. 프린지에서 파 세이브에 겨우 성공한 페테르센으로서는 굴러들어온 호박이었다.

페테르센은 이후 한국선수에게 유달리 강했다. 이어진 LPGA 챔피언십에선 역시 한국의 민나온에 역전 우승하는 등 그해 5승을 기록하면서 스타덤에 올랐다.

한국선수와의 악연은 아직도 이어진다. 2012년 세이프웨이 클래식에서 최나연, 대만에서 열린 선라이즈 LPGA에서는 박인비에게 역전우승했다. 2013년 3월 열린 유럽투어 미션 힐스 월드 챔피언십에서도 박인비에게 또 역전승했다. 그래서 박인비는 2013년 나비스코 챔피언십에서 선두로 출발하면서 7타 차 뒤에 있는 페테르센을 가장 경계했다. 페테르센은 한국선수의 천적이었다. 페테르센은 하나은행 챔피언십에서 2번이나 우승을 차지해 한국선수의 우승을 바란 국

최종라운드에서 서희경은 멋진 하와이패션으로 등장했다.

내 팬들에게 실망을 안겼다.

페테르센은 "아시아에서는 더 잘 친다. 하와이는 아시아와 가까이 있다"고 했고 말 그대로 잘 쳤다. 페테르센은 서희경과의 마지막 라운드에서 8번 홀까지 3타를 줄여 6타 차 선두가 됐다.

- **뱀을 던져라**

골프는 다른 경기자가 아니라 코스와의 싸움이라고 하지만 매치플레이나 4라운드 후반 우승을 눈앞에 두고는 상대 선수와의 경쟁이 될 수밖에 없다.

골프는 젠틀맨의 게임이라고 한다. 하지만 항상 신사적인 것은 아니다. 반드시 이겨야 할 때가 있다. 그래서 서양 골프엔 '게임스맨십gamesmanship'이라는 단어가 있다. 잘만 사용하면 일관성이 없는 골프 스윙으로도 일관성 있게 이길 수 있는 묘약이라고 한다. 웹스터 사전은 게임스맨십을 '룰을 어기지 않는 선에서 상대의 주의를 흩뜨리는 등 적절하지 않을 수도 있는 말과 행동으로 상대를 제압하는 예술'이라고 정의한다. 이지영은 "매치플레이 경기에서 한국의 대선배가 '컨시드를 받고 나서 왜 공을 손이 아니라 왜 퍼터로 집어드느냐'고 혼내는 바람에 위축되어서 진 적이 있다"라고 말했다.

한국에서 쓰이는 '구찌'라는 은어와 일맥상통한다. 그러나 게임스맨십은 말뿐 아니라 여러 가지 비언어적 커뮤니케이션으로 상대를 괴롭힌다. 스포츠맨십에는 어긋날 수도 있다. 그러나 경기의 일부이기도 하다. 야구에서 부정 방망이를 쓰는 것은 룰 위반이지만 배터박스에 들락날락하면서 투수에게 짜증이 나게 하는 것은 게임스맨십이다. 상황에 따라 경기를 더욱 재미있게 하는 양념이 될 수도 있다.

게임스맨십이라는 말은 1968년 영국인 스티븐 포터가 만든 조어다. 스포츠 전체에 쓰이는 말이지만 골프에서 가장 효과가 크다. 그래서 그는 게임스맨십을 골프맨십이라고 이름 붙이려 하기도 했다. 포터는 골프가 게임스맨십에 가장 잘 맞는 이유 두 가지를 들었다. "골프는 멈춰 선 공을 치는 스포츠다. 움직임이 덜 할수록 멘탈이 중요해진다. 또 골프는 상대와 바짝 붙어 있기 때문에 말과 행동이 잘 먹힌다. 상대가 멀리 떨어져 있는 테니스 같은 스포츠에서 게임스맨십은 잘 통하지 않는다." 몸을 부딪치는 농구나 축구에서 트래시 토크trash talk가 있다. 2006년 독일 월드컵에서 이탈리아의 마테라치가 지네딘 지단에게 퍼부은 가족에 대한 모욕 같은 것이다. 이런 건 말 그대로 욕이다. 다리를 걸거나 옷을 잡아당기는 파울 수준이어서 게임스맨십에 넣지는 않는다.

　게임스맨십이 주말 골퍼들의 전유물은 아니다. 가장 높은 수준의 골프에서도 게임스맨십은 일어난다. 그레그 노먼은 홈페이지에 "프로선수 누구나 다 한다"면서 자신이 쓰던 게임스맨십 전략을 공개했다. 이런 것들이다. "당연히 드라이버를 잡아야 할 아주 긴 홀에서 내가 티 샷을 두 번째로 할 땐 1번 아이언을 보란 듯 꺼내 든다. 상대는 '듣던 것보다 노먼이 훨씬 더 장타자네, 노먼이 아이언 치는 것보다는 멀리 쳐야 한다'라고 의식해 드라이버를 힘껏 치다보면 실수가 발생할 수 있다. 내 순서가 되면 아이언을 집어넣고 드라이버로 친다. 반대로 페어웨이가 매우 좁은 홀에선 드라이버를 꺼내 들고 웨글을 하고 있으면 먼저 치는 사람은 나를 의식해 드라이버로 치게 될 가능성이 크다. 실제로 난 아이언으로 친다."

　노먼에 의하면 파3홀에서 게임스맨십이 가장 많이 일어난다. "메이저 챔피언과 라운드 도중 상대가 나의 클럽을 계속 훔쳐보더라. 거리상 7번과 8번 클럽 중간 정도의 파3홀이었는데 7번을 꺼내 들고 힘차게 보이지만 실제론 살살 스윙을 했다. 상대는 7번 아이언을 세게 쳐 그린을 넘기고 말았다." 노먼은 게임스맨십에 당한 일이 더 많다. 1986년 US오픈에서 동반자인 리 트레비노가 퍼트를 지나가게 쳐 놓고 캐디에게 '이 세상에서 가장 빠른 그린'이라고 투덜거리는 것을 듣고 살살 쳤다가 보기를 한 일화도 소개했다. 그는 이 대회에서 역전패했다.

타이거 우즈도 자신의 레슨서인 《나는 어떻게 골프를 하나 How I Play Golf》에서 게임스맨십에 관해 언급했다. "당신이 상대의 머릿속에 들어가 그를 무너뜨릴 수 있다면 매치를 끝내는 데 유리하다. 나는 마인드 게임을 좋아하며 그것은 골프라는 게임의 일부"라고 썼다. 그리고 매치플레이에서 쓰는 5가지 방법을 소개했다. 평범한 내용들이었다. 드라이브샷을 신경 써서 잘 치고 잘 못 친 것처럼 보이게 하라 등 보기 플레이어급 내용만 밝혔다. 그러나 실제론 그는 매우 고급 게임스맨십을 쓰고 있다. 부치 하먼은 라이벌인 필 미켈슨과 마지막 라운드 한 조에서 우승 경쟁을 하던 우즈의 게임스맨십을 분석한 적이 있다. 그는 우즈의 코치를 하다가 갈라섰으며 현재는 필 미켈슨의 코치를 맡고 있다. 두 선수의 심리와 습관을 잘 알고 있다.

하먼은 우즈가 짧은 거리에서 가능하면 상대보다 먼저 퍼트를 해 홀아웃한다고 했다. 우즈가 홀아웃하면 그를 따르는 갤러리가 대거 자리를 움직여 남은 선수는 소란 속에서 퍼트를 해야 한다. 하먼은 또 우즈가 티잉그라운드엔 되도록 상대보다 늦게 도착한다고 했다. 기다리던 갤러리들이 우즈에 대해 박수를 치면 상대가 위축된다. 박수가 티샷 직전까지 이어지게 해 경기흐름을 가져가는 것이다.

다른 사람은 느끼지 못하겠지만 우즈는 느린 플레이어와 경기할 때는 빨리 걷고 빠른 플레이어와 할 때는 일부러 천천히 걷는다고 하먼은 지적했다. 상대가 자신의 리듬대로 편하게 경기하지 못하게 하는 것이다. 하먼은 우즈가 가끔씩 드라이버를 쳐야 할 홀에서 일부러 3번 우드를 친다고 했다. 상대는 왜 우즈가 3번 우드를 쳐야 했을지 잠시 고민하게 되는데 그러다 자신의 템포를 잃게 된다.

2013년 플레이어스 챔피언십 3라운드에서 우즈와 동반 경기자인 세르히오 가르시아의 충돌도 게임스맨십으로 해석할 수 있다. 우즈는 2번 홀 두 번째 샷을 하기 전 가르시아가 백스윙할 때 캐디백에서 우드를 꺼내들었다. 우즈가 2온을 시도하려 하자 갤러리들이 환호했고 이 소리 때문에 스윙을 하던 가르시아의 두 번째 샷이 엉뚱한 방향으로 날아갔다. 가르시아는 타수를 줄여야 할 파5홀에서 1타를 잃었다. 우즈는 진행요원이 가르시아가 이미 샷을 했다고 알려줘서 클럽을 꺼냈다고 했다. 진행요원 대부분은 이 말이 사실이 아니라고 했다. 우즈가 일부러 게임스맨십을 썼느냐 아니냐의 논란은 있으나 결국 우승은 우즈가 차지했다.

게임스맨십의 목적은 자신의 집중력을 강화하고 상대의 집중력을 분산시켜 게임을 망가뜨리는 것이 목적이다. 그러나 상대가 게임스맨십이라고 생각하지 않도록 하는 것이 가장 중요하다. 1971년 US 오픈 연장에서 리 트레비노는 가방에서 장난감 고무 뱀을 꺼내 상대인 잭 니클라우스에게 던졌다. 니클라우스는 웃어넘겼지만 게임에서 졌다. 니클라우스는 "처음엔 그냥 장난인 줄 알았는데 시간이 지난 후 트레비노가 뱀을 왜 가져왔을까 라는 의문이 남게 됐다"고 했다.

아마추어의 라운드에서도 의도가 눈에 보이는 "저기 오른쪽 큰 벙커 꼭 조심해야 돼"라는 말 등은 멱살잡이를 일으킬 수도 있는 저급한 전략이다. "저기 나비가 자꾸 성가시게 구는데 내가 나비를 잡아버릴까"라는 정도가 좀 더 고급이다. 상대는 스윙이 아니라 나비에 신경 쓰게 된다.

라운드 중 레슨을 해주는 것도 고도의 게임스맨십이다. 그러나 그냥 레슨을 해주는 것은 속이 보인다. 레슨이 필요할 정도로 약한 상대에게 굳이 게임스맨십을 쓸 필요도 없다. 상대가 드라이버를 매우 잘 치고 있을 때 "아! 이제 알았다. 임팩트 때 왼팔을 쫙 펴는 게 스윙의 비밀이지요? 내가 배우려 하는데 스윙할 때 앞에서 그걸 좀 봐도 될까요"라고 묻는 것이 고차원적이다.

은근히 상대의 속을 긁는 전략도 효과가 크다. 정치적, 종교적 문제에 대해 토론하면 사람들은 의외로 커다란 영향을 받는다. 라이더컵에서 세베 바에스트로스는 시끄럽게 이혼해 상처를 받은 상대 선수에게 그걸 전혀 모르는 척 "부인은 잘 있느냐"고 물어 자극시켜 이긴 일이 있다. 국내 투어에서 한 여자 선수는 "옷 색깔이 마음에 들지 않으니 눈앞에 어른거리지 말라"는 고참의 질책에 뒤로 물러나다가 벙커에 거꾸로 빠진 일도 있다.

게임스맨십에 대한 방어가 필요하다. 수비가 가장 좋은 공격이다. 잭 니클라우스는 마지막 홀에서 3타 앞서던 짐 소피를 이렇게 공격한 적이 있다. "3타를 앞선 채 세계 최고의 골퍼와 마지막 페어웨이를 걷는 기분이 어떠냐?" 소피는 "세계 최고의 골퍼도 절대 못 이기는 상황이라고 포기하겠구나 라고 여기겠지"라고 답했다. 그가 옳았다. 이에는 이로 대항할 필요도 있다. 루키 시절 벤 호건은 고참 선수가 퍼팅라인에 자주 서 있자 "이 퍼터를 봐라. 한 번 더 당신이 퍼팅 라인 앞에 있으면 이 퍼터가 당신 눈 사이로 들어갈 것이다"고 말했다.

의도적이지 않은 게임스맨십에 당할 수도 있다. 샘 스니드는 벤 호건과 함께 경기하는 것을 좋아했지만 스윙 템포가 너무 빨라 절대 스윙을 보지 않았다. 장타를 치는 상대 선수도 신경 쓰면 안 된다. 그냥 그러려니 생각해야 한다. 김미현이 그랬다.

게임스맨십의 공격에 가장 좋은 수비는 자신에 대한 존경심을 가지는 것이다. 자신을 질책하지 말아야 한다. 발끈하는 것은 자신의 게임만 더 망치는 것이 아니라 상대에게 자신감을 준다. 화 낼 상황에서 안정을 유지하는 것은 상대의 평정을 깨뜨린다.

최나연은 "수잔 페테르센의 경우 좀 어려운 퍼트를 넣으면 과도하게 액션을 취하면서 상대의 경기에 영향을 주려 하는 것 같다. 그런 것에 영향을 받아서는 안 된다. 그 오버액션에 신경 쓰는 순간 상대방의 술수에 말려드는 셈"이라고 말했다.

서희경은 페테르센을 넘으려 했으나 잘 안 됐다. 9번 홀 보기에 이어 10번 홀에서 티샷이 물에 빠져 더블보기를 하면서 우승 경쟁에서 멀어졌다. 약혼자인 국정훈 씨가 안타까운 모습으로 서희경을 지켜봤다.

서희경은 밀려났다. 대신 멕시코계 이민자의 꿈인 리젯 살라스가 기적을 일으키는 듯했다. 살라스는 거친 러프에서 자라난 선수다. 어릴 적 기계공인 아버지가 골프장 프로의 기계를 고쳐주는 대신 레슨을 받았다. 골프 덕분에 대학USC에 장학생으로 들어갔는데 일가친척 중 대학에 간 건 그가 처음이었다. 2부 투어에서 뛸 때는 경비가 모자라 고속도로 휴게소 트럭에서 야영을 하기도 했다. 아버지는 적재함에서 자고, 그는 운전석에서 잤다.

그는 매우 상냥한 선수다. 자신의 과거에 대해 불평하지 않는다. 최선을 다하면 가난해서 기회가 없는 소녀들에게 꿈을 줄 수 있다고 생각해 인터뷰에서 이를 적극적으로 얘기한다. 그래서 동료 선수들과 멕시코계를 비롯한 많은 팬들이 그를 좋아한다.

마지막 라운드 후반이 되면서 살라스의 기적이 일어나는 듯 했다. 그는 8번부터 16번 홀까지 9개 홀에서 9타를 줄였다. 8, 9번에서 연속 버디를 잡고 파4인 10번 홀에선 페어웨이에서 친 두 번째 샷이 그냥 들어가 이글이 됐다. 이어진 11번 홀에선 파를 했지만 이후 5연속 버디를 했다.

한때 6타 차 선두였던 페테르센은 여유가 있었다. 앞 조에서 이글을 잡는 살라스를 보고도 씩 웃어넘겼다. 그러나 13번 홀에서 티샷이 OB가 나면서 여유는 끝났다. 페테르센은 잘 버텼다. 이 홀을 보기로 막고, 다음 두 홀에서 연속버디를 잡아냈다. 살라스는 17번 홀에서 버디를 잡지 못해 페테르센을 따라 잡지 못했다.

18번 홀 살라스는 2m 버디 찬스를 만들었다. 페테르센은 이 홀 티잉그라운드에서 살라스가 핀 옆에 공을 붙이는 모습을 봤다. 그리고 친 티샷은 오른쪽 러프로 들어가버렸다.

살라스는 18번 홀 버디로 경기를 끝낼 수 있었다. 그러나 그의 버디 퍼트는 홀에 들어가는 듯하다가 다시 나왔다. 공이 나오지 않았으

한국선수 킬러로 이름을 날리는 노르웨이의 수잔 페테르센.

리젯 살라스의 샷.

면 경기는 끝났다. 러프에 들어간 페테르센이 파를 할 확률이 거의 없었기 때문이다. 페테르센은 보기를 했다.

연장이었다. 살라스는 두 번째 샷을 뒷땅을 쳤다. 우승 꿈은 18번 홀 그린 앞 호수의 물거품 속으로 사라졌다. 마지막 라운드에서 10언더파 62타를 친 살라스는 정규 경기에서는 가장 멋진 추격전을 벌이고 연장전에서는 가장 허무한 패배를 당했다. 살라스는 "오늘 샷 중 단 하나 나쁜 샷이 연장전에서 나왔다"고 눈물을 글썽였다. 살라스는 2주 전 나비스코 챔피언십에서 박인비와 챔피언조에서 경기했다가

7오버파를 치고 눈물을 흘렸다. 그는 롯데 챔피언십을 앞두고 "잊는 법을 배웠다"고 말했으나 말처럼 쉽지만은 않았던 것 같다.

페테르센은 2007년 5승을 할 때 눈을 감고 퍼트를 했다. 페테르센은 2013년 다시 눈을 감았다. 기아 클래식부터다. 그녀는 "나는 6년 동안 퍼트를 잘하려고 여러 가지를 시도해 봤다. 감각적으로 좀더 자유롭고 기계적이지 않은 자연스러운 느낌을 만들려고 노력했다. 누가 뭘 제안하면 그게 뭐라도 다 해봤다. 그런데 전혀 좋아지지 않았다. 예전에는 중요한 때 아주 멀리서도 퍼트를 넣곤 했는데 그런 게 사라져버렸다. 그 차이는 우승과 그냥 상위권의 차이였다. 나는 다시 눈을 감고 퍼트를 하면서 과거로 돌아오고 있다고 느꼈다. 눈을 감아도 연습을 충분히 했다면 두려워 할 것이 없고 충분히 자연스럽게 된다. 나는 칩샷도 눈을 감고 할 수 있다"고 했다. 그러나 2013년 세이프웨이와 에비앙 우승시에는 눈을 뜨고 퍼트를 했다.

김인경과 박인비가 13언더파 공동 4위를 했다. 박인비는 세계랭킹 1위를 지켰다. 최나연이 11언더파 공동 6위였다. 선두와 1타 차 2위로 출발한 서희경은 3타를 잃고 10언더파 공동 9위로 경기를 마무리했다. 무서운 10대 김효주와 리디아 고는 10언더파로 비겼다. 주타누가른은 15언더파로 셋 중 가장 성적이 좋았다.

경기를 마친 선수들은 서둘러 짐을 싸 호놀룰루 공항으로 향했고 하와이의 열기를 남겨둔 채 비행기에 올랐다. 더 뜨거운 LPGA 투어의 열기가 그들을 기다리고 있었다.

# 8

St. Andrews,
Scotland

## 박인비의 그랜드슬램 도전과 좌절

# 세인트 앤드루스
브리티시 여자오픈

- **학기말
고사**

　박인비는 6월 초 미국 뉴욕주 피츠퍼드의 로커스트힐 골프장에서 열린 웨그먼스 LPGA 챔피언십에서 카트리오나 매튜와 연장 끝에 우승했다. 6월 말엔 역시 뉴욕주 사우샘프턴의 세보낵 골프장에서 벌어진 US 여자오픈에서 8언더파로 우승했다. 나비스코 챔피언십까지 2013년 메이저 대회 3연승을 기록한 것이다.

　1930년 바비 존스 이후 83년 만에 그랜드슬램이 나오는 것 아닌가 하는 기대가 나왔다. 미국 여자 선수들의 부진 때문에 미국에서는 LPGA 투어에 대한 관심이 확 줄었는데 박인비 때문에 스포츠계가 들썩거렸다.

　메이저대회보다 상금이 많은 대회들이 있다. 그러나 일반 대회는 스폰서의 마케팅 정책 등에 따라 언제 어떻게 사라질지 모른다. 메이저대회는 역사와 전통 속에서 영원히 남는다. 우승자도 마찬가지다. 그래서 역사에 이름을 남기고, 골퍼로서 명예를 얻으려면 메이저대회에서 우승해야 한다.

　그레그 노먼이 "메이저대회에서 우승 못한 선수 중에도 위대한 선수가 여럿 있다"고 한 적이 있다. 한 기자가 "그렇다면 그 이름을 대보라"고 하자, 노먼은 한참 생각하더니 "당신 말이 맞다. 메이저대회에서 우승 못한 선수 중에도 '괜찮은' 선수가 여럿 있다"고 말을 수정했다. 톰 왓슨은 "메이저대회는 일반 대회처럼 1라운드가 시작되는 목요일이 아니라 월요일 아침 경기가 시작된다. 선수들은 월요일부터 코스와 그린에 신경을 집중한다. 일반 대회가 학기 중 보는 쪽지 시험이라면, 메이저 대회는 학기말 시험이라고 할 수 있다. 학생들은 학기 중 쪽지 시험도 잘 보기를 원하지만 학기말 시험은 당신의 성적을 결정한다"고 말했다.

골프의 메이저는 골프의 성인으로 불리는 바비 존스가 만들었다고 해야 할 것이다. 그는 프로로 전향하지 않고 1930년 가장 큰 골프 대회인 디 오픈, (브리티시) 아마추어 챔피언십, US오픈, US 아마추어 챔피언십에서 모두 우승했다. 주요 4개 대회 우승의 파장이 컸기 때문에 미디어에서는 그랜드슬램이라는 신조어를 만들어냈다.

잭 니클라우스는 존스를 추앙했다. 니클라우스를 목표로 하고 자란 타이거 우즈도 마찬가지다. 잭 니클라우스는 이전 프로들과 달리 한 시즌의 성패를 상금이 아니라 메이저대회 우승이라는 척도로 봤다. 항상 메이저대회 우승만을 이야기했고 메이저 우승 수만 셌다. 타이거 우즈도 그렇다. 그들은 메이저대회의 권위를 돈으로 살 수 없는 것으로 높였다. 메이저 우승자만이 진정한 챔피언으로 대접받는다.

학기말 고사의 압박감은 심하다. 선수들은 메이저대회에 나설 때 부담감을 줄이려 '여러 대회 중 하나'에 불과하다는 주문을 건다. 그랜드슬램에 다가선 박인비도 당연히 그랬다. 그는 리코 브리티시 여자오픈을 앞두고 교과서대로 '여러 대회 중 하나'라고 자신을 세뇌시키려 했다. 압박감도 인정하려 하지 않았다.

그는 미디어의 질문에 "골프가 가장 쉬운 것이다. 코스에 있을 때 가장 행복하다. 마지막 라운드에서 가장 첫 조로 나가 아무도 없는 골프장에서 치는 것보다 마지막 조로 갤러리의 속에서 치는 것이 좋은 것이다. 그게 내가 좋아하는 것이다"라고 말했다. 박인비는 또 "내가 올해 6승을 했고 그중에 3개가 메이저였으니 올해 이 정도만 해도 나는 아주 만족한다. 나한테 더 많이 우승하고 더 많은 메이저 트로피를 모으라고 한다면 아마 너무 욕심 많은 사람이라고 욕할지도 모른다"고 했다.

부담을 갖지 않겠다는 말이다. 그래도 메이저대회 혹은 그랜드슬램의 태산 같은 부담감을 이겨내기는 쉽지 않다. 메이저 대회는 다른 대회보다 코스를 어렵게 만들고, 선수는 학기말 고사의 중압감을 느끼기 때문에 코스는 훨씬 더 어려워진다. 최경주도 "잘못되면 어떡하나 하는 불안감을 아직도 지우지 못한다"고 했다.

반면 니클라우스는 "메이저 우승이 가장 쉽다"고 했다. 다른 선수들이 압박감 때문에 스스로 무너지는 경우가 많아서라고 한다. 골프라는 스포츠의 매력과 잔인함이 이 말에 녹아 있다.

- **제 5의 메이저**

2013년 LPGA 투어는 그 동안 '제 5의 메이저'라고 불리던 에비앙 마스터스를 에비앙 챔피언십으로 바꾸면서 진짜 메이저대회로 승격시켰다. 이전까지 스포츠에서 메이저대회는 4개였다. 그랜드슬램은 4개의 메이저대회를 한 해에 모두 우승하는 것이고, 커리어 그랜드슬램은 한 해가 아니라도 4개 대회를 모두 우승하는 것이었다.

LPGA가 메이저대회를 5개로 늘리면서 그랜드슬램 계산이 복잡해졌다. LPGA는 5개 중 4개 메이저대회에서 우승하면 그랜드슬램이고, 평생 4개 메이저대회에서 우승하면 커리어 그랜드슬램이라고 유권해석을 내렸다. LPGA 투어로서는 이렇게 주장할 근거가 있다. 3개 메이저 시절인 1950년 메이저를 싹쓸이한 베이브 자하리아스가 있었는데 4개가 아니라 3개라서 그랜드슬램이라고 인정받지 못했기 때문이다. LPGA 투어 측은 "메이저 대회 수에 상관없이 그랜드슬램은 4개 메이저 대회 우승을 의미한다"고 주장했다.

그럼 5개 메이저를 모두 우승하는 것은 뭔가. LPGA 투어는 슈퍼 그랜드슬램이라고 불러야 할 것 같다고 했다. 선례는 있다. 1988년 테니스의 슈테피 그래피가 4개 메이저대회와 서울 올림픽에서 우승했을 때 이런 말이 나왔다. 미디어는 그래피의 업적을 두고 슈퍼 그랜드슬램 혹은 그랜드 그랜드슬램이라는 용어를 붙였다.

LPGA 투어는 골프에서도 (커리어) 슈퍼 그랜드슬램이 있다고 했다. 카리 웹은 1999년 누보리에 클래식에서 우승했고, 이후 나비스코 챔피언십과 US오픈, LPGA 챔피언십 우승 트로피를 들었다. 웹은 2002년 브리티시 여자오픈에서도 우승했다. 5개 메이저대회에서 우승한 것이다.

이걸 슈퍼 그랜드슬램이라고 부르는 것은 논란의 여지가 있다. 브리티시 여자오픈은 일반 대회였다가 2001년 두모리에 클래식 대신 메이저대회가 됐다. 웹이 다섯 개의 다른 메이저대회에서 우승한 건 맞지만 두모리에 클래식과 브리티시 여자오픈은 같은 걸로 봐야 한다는 지적이 더 설득력이 있어 보인다.

현역 LPGA 선수 중 2013년 9월 현재 3개 메이저대회에서 우승한 선수는 박인비, 박세리와 더불어 청야니, 로라 데이비스다. 이 네 선수 중 누구라도 자신이 우승하지 못한 2개의 메이저 중 하나만 우승하면 모두 커리어 그랜드슬램을 기록하게 된다.

그래도 5개 메이저대회 중 4개에서 우승하는 것은 4개 대회 모두 우승하는 것보다 순도가 떨어진다. 우승 확률이 10%인 정상급 선수라고 가정할 때 4개 메이저대회를 모두 우승할 확률은 1만 분의 1이다. 5개 메이저대회 중 4개에서 우승할 확률은 그보다 4배 이상 높다. 메이저가 5개로 늘면서 그랜드슬램이나 커리어 그랜드슬램이 훨씬 쉬워지고 그만큼 희소성이 떨어져 가치가 낮아진다는 얘기다. 박세리를 비롯한 연륜이 많은 선수들은 지금 골프를 시작한 선수들보다 그랜드슬램 달성에서 훨씬 불리한 여건에 놓이게 된다.

5개 메이저대회의 문제는 이게 전부가 아니다. 이미 5개의 메이저대회에서 우승한 카리 웹이 새로 메이저가 된 에비앙 챔피언십에서 우승하면 뭐라고 부를까. LPGA는 "슈퍼 슈퍼 그랜드슬램이라든지, 리얼 슈퍼 그랜드슬램이라든지 어떤 식으로든 새로운 이름을 만들어야 할 것 같다"고 말했다. 곤혹스러운 답이다.

여자골프에서 커리어 그랜드슬램을 한 선수는 6명이다. 팻 브래들리, 줄리 잉크스터, 안니카 소렌스탐, 루이스 석스, 카리 웹, 미키 라이트 등이다.

한 해에 4개 메이저대회를 우승하는 진짜 그랜드슬램을 달성한 여자 선수는 없다. 바비 존스 이후 남자 선수 중에도 그랜드슬램은 없다. 1953년 벤 호건은 3개 메이저대회에서 우승했다. 당시 4개의 주요 대회가 있었지만 일정이 겹쳐 3개밖에 나갈 수 없는 때였다. 미디어에서는 그래서 1953년 호건의 메이저 3승을 '호건 슬램'이라고 부른다. 타이거 우즈도 2000년 US오픈부터 2001년 마스터스까지 4개 메이저대회에서 연속 우승했다. 이게 그랜드슬램이냐 아니냐 논란이 일었다. 골프계에서는 '타이거 슬램'이라고 정리했다.

국내 골프계에서 박인비의 그랜드슬램 도전을 두고 '캘린더 그랜드슬램'이라고 표현했다. 이 말은 2001년 타이거 슬램이라는 용어가 생기면서 파생되어 나온 말이다. 우즈가 1년이라는 기간 동안 4개의 메이저 대회에서 연속 우승한 것은 맞지만 한 해 Calender year에 그랜드슬램을 달성한 게 아니라 두 해에 걸쳐 만들어진 것이었기 때문에 그랜드슬램으로 인정받지 못했다. 캘린더 그랜드슬램은 타이거 슬램에 대응되는 말이었다.

박인비 때문에 한국에서 이 말이 일반화됐다. 이유는 이렇다. 1년에 4개 메이저대회에서 우승하는 그랜드슬램은 그대로 그랜드슬램으로 쓰고, 커리어 그랜드슬램은 커리어 그랜드슬램으로 쓰는 것이 맞다. 그러나 그랜드슬램이라는 것이 워낙 희귀하기 때문에 한국 미디어에서는 박세리의 커리어 그랜드슬램 도전을 그냥 그랜드슬램 도전이라고 쓰던 터였다. 박인비가 진짜 그랜드슬램에 도전하게 되자 그랜드슬램을 표현할 새로운 말을 찾아야 했고 캘린더 그랜드슬램이 한국에서 빛을 보게 된 것이다.

미국 언론은 LPGA 투어가 메이저대회를 5개로 늘렸을 때 거의 거론하지 않았다. 그러다가 박인비가 3개 메이저에서 우승하자 5개 메이저로 인해 발생하는 문제에 대해 얘기하기 시작했다. 대다수 미디어는 박인비의 도전에 그랜드슬램이라는 표현을 쓰지 않았다. 박인비의 업적을 '연속 메이저 우승' 정도라고 표현했다. 5개 메이저가 있는 것 자체가 문제라고 본 것이다. LPGA 투어가 메이저를 몇 개로 늘리든지 그건 협회의 자유지만 미디어로서는 그걸 그랜드슬램이라고 인정하지 않겠다는 말이다.

메이저대회 수를 늘려 비난을 받은 LPGA 투어는 박인비가 브리티시 여자오픈에서 그랜드슬램 달성에 실패하자 약간 발을 뺐다. 에비앙 챔피언십 직전 대회인 세이프웨이 클래식에서 마이크 완 LPGA 투어 커미셔너는 기자와 만났다. 그는 박인비의 에비앙 도전에 대해서 얘기하다가 "박인비의 올해 업적은 프로야구 투수가 한 시즌 3번의 퍼펙트게임을 한 것과 같다. 대단한 일"이라고 칭찬을 했다. 그랜드슬램 논란에 대한 질문에는 이렇게 답했다. "그랜드슬램에 관해서는 두 가지 답변이 있다. 4개 메이저에서 우승하는 것을 두고 커리어 그랜드슬램이라고 하고 연속으로 4개의 메이저대회에서 우승하면 그랜드슬램이라고 한다. 박인비가 첫 번째 메이저인 나비스코 챔피언십부터 4번째 메이저인 브리티시 여자오픈까지 4개 연속 우승하거나 2번째 메이저인 LPGA 챔피언십부터 5번째 메이저인 에비앙 챔피언십까지 연속 우승하면 그랜드슬램이 될 수 있었다"고 말했다.

박인비는 브리티시에서 실패했다. 에비앙에서 우승한다고 해도 1, 2, 3, 5번째 메이저대회를 제패하게 되는 것이다. 박인비는 4번째 메이저대회 우승이 빠졌기 때문에 그랜드슬램이 아니라는 말이다. 이전의 LPGA투어 입장과 달랐나.

기자는 귀를 의심했다. 그래서 다시 물었다. "박인비가 에비앙에서 우승해도 그냥 커리어그랜드슬램에 불과한 것인가?" 그의 말은 변함이 없었다. "박인비가 에비앙에서 우승한다면 이전에 없었던 새로운 기록을 달성하는 것이기 때문에 미디어가 뭐라고 부를지는 모르겠다. 그러나 연속 4개의 메이저대회에서 우승해야 그랜드슬램이라고 정의한 것이 LPGA 투어의 일관된 입장이었다"고 마이크 완은 말했다. 그 말을 LPGA 투어의 공식적인 답변으로 간주해도 되는가 라고 또 물었다. 완은 "에비앙 챔피언십을 앞두고 공식 발표하겠다" 고 했다.

LPGA 투어는 에비앙 챔피언십을 앞두고 에비앙에서 박인비가 우승하면 그랜드슬램으로 인정한다고 발표했다. 2주 사이에 입장이 다시 바뀐 것이다. LPGA 투어도 5개의 메이저 때문에 갈팡질팡하는 모습이 보였다.


- **금녀의 땅**


골프계의 관심을 한 몸에 받은 박인비는 8월 초 그랜드슬램을 위해 골프의 고향인 스코틀랜드 세인트 앤드루스에 발을 디뎠다. 전세계의 많은 미디어들도 박인비를 따라 올드 코스에 왔다.

세인트 앤드루스 올드 코스는 금녀의 땅이었다. 전원 남성으로 구성된 R&A 회원들은 올드 코스를 '올드 레이디'라고 부르지만 정작 올드 레이디는 금녀의 땅으로 만들었다. 여자는 R&A 클럽하우스에 들어갈 수 없다. 클럽하우스에는 '여자와 개는 출입 금지'라는 푯말이 있다. 2007년에야 올드 코스에서 처음 브리티시 여자오픈이 열렸다. 여자 대회 기간 중에는 이 푯말을 가려 놓는다고 한다.

여자가 이곳에서 골프를 치지 못한 것은 아니다. 1500년대 중반 스코틀랜드 여왕인 매리 스튜어트가 올드 코스에서 골프를 했다는 기록이 있다. 그러나 여왕이 클럽하우스에 들어갔는지는 확실치 않다. 당시 클럽하우스는 지금처럼 멋진 건물이 아니었기 때문에 아마 들어가지 않았을 것으로 추측된다.

세인트 앤드루스 올드 코스는 2003년까지 모두 아홉 차례 여자 아마추어대회를 열었지만 그때도 R&A 클럽하우스는 문을 열지 않았다. 600년 동안 굳게 닫혀 있던 문은 2007년 브리티시 여자오픈을 처음 개최하면서 열리게 됐다. 선수들에게 클럽하우스를 개방한 것이다. 2007년 소렌스탐은 "이건 엄청난 일이다. 올드 코스의 역사를 생각할 때 대회가 열리는 것은 여자 골프의 큰 발전이다"라고 했다.

여자 골프 대회의 시작은 1811년이다. 세인트 앤드루스에서 1시간 반 남짓 걸리는 에딘버러 인근 머셀버러 마을에서 어부의 부인 둘이 골프 경기를 했다. 기록으로 확인할 수 있는 가장 오래 전 여성의 골프 경기다. 200년이 약간 넘었다. 여자 골프 대회가 본격적으로 열린 건 그리 오래되지 않았다. 미국 LPGA 투어가 조직된 것은 1950년이다.

뒤늦게 출발한 LPGA 투어는 남자 골프를 보고 메이저대회라는 개념을 만들기는 했지만 처음엔 어설펐다. 메이저대회가 2개만 열렸던 때도 있고 메이저대회가 사정에 따라 없어지기도 했다. 그러나

LPGA 투어는 성장을 거듭해 메이저대회의 얼개를 잡아놓았다. 남자 메이저대회처럼 모두 4라운드 대회로 열린다. 역시 남자처럼 미국에서 3개 대회, 영국에서 1개 대회가 열린다. 마스터스 – 나비스코 챔피언십, US오픈 – US 여자오픈, 디 오픈 – 브리티시 여자오픈, PGA 챔피언십 – LPGA 챔피언십으로 짝도 보기 좋게 맞췄다. 그러나 아직 기반이 확고하게 뿌리내린 것은 아니다.

캐나다에서 열리던 듀모리에 클래식은 2001년 담배 회사의 스포츠 이벤트 스폰서가 금지되면서 중단됐고 당연히 메이저대회에서 제외됐다. 대신 브리티시 여자오픈이 메이저 지위를 획득했다. 2010년 LPGA 챔피언십의 스폰서를 맡던 맥도널드가 계약 연장을 거부하는 바람에 기존의 '웨그먼스 LPGA'라는 대회가 'LPGA 챔피언십 프리젠티드 바이 웨그먼스'라는 이름으로 급조됐다. 대회는 LPGA 챔피언십이라기보다는 오랜 역사를 가진 일반대회인 웨그먼스 LPGA의 향기가 훨씬 짙다.

LPGA 투어의 마이클 완 커미서니는 "LPGA 투어에서 많은 선수가 활동해 기반이 탄탄한 아시아에서 메이저대회 하나를 치르는 방법을 고려하고 있다"고 말했다. 비중으로 봤을 때 아시아에서 메이저대회가 열리는 것이 맞다. 한국 혹은 한국-중국-일본을 돌면서 열리는 메이저 대회가 추진되고 있다.

남자 메이저대회 4개 대회 중 3개 대회는 개성이 있다. 마스터스는 화원처럼 예쁜 코스인 오거스타 내셔널에서만 대회를 연다. 그래서 아멘 코너, 호건의 다리, 아이젠하워 나무 등 코스 곳곳에 전설이 서려 있다. US오픈은 장비 발전에 대항한 골프의 전통과 파Par의 수

호자로 자리매김했다. 최고의 난코스라는 특성도 있다. 미국에선 마스터스를 '정상에서의 즐거움'Fun at the Summit, US오픈은 '정상에서의 공포'Fear at the Summit라고 한다. 디 오픈은 골프 대회의 효시이자 자연이 만든 코스에서 비바람과 맞선다는 특성이 있다.

남자 PGA 챔피언십은 뚜렷한 개성이 없다. PGA 챔피언십의 짝인 LPGA 챔피언십도 마찬가지다. 국내에선 오랫동안 타이틀 스폰서를 맡았던 맥도널드의 이름을 붙여 맥도널드 챔피언십이라고 알려졌을 정도로 정체성도 부족한 편이다. 프로만 나오는 유일한 메이저대회라는 것이 특징이었는데 50주년을 맞는 2005년 당시 아마추어 신분의 슈퍼스타 미셸 위를 뛰게 하려고 정관을 변경했다. 이 때문에 흥행에는 성공을 거뒀지만 많은 프로 선수가 '근시안적인 정책'이라며 비난했다.

만약 메이저 중 하나가 아시아로 옮겨온다면 LPGA 챔피언십이 유력하다. 개성 없는 LPGA 챔피언십은 아시아에서 치러지는 유일한 메이저로 새 생명을 얻을 수 있을 것으로 보인다.

박인비가 두 번 우승한 US 여자오픈은 역사도 가장 깊고 상금도 가장 많으며 최고의 코스에서 열린다. 선수들은 나비스코 챔피언십과 더불어 US오픈 우승을 가장 큰 영예로 여긴다. 대회는 1946년 생겼다. 대회는 현재 US 여자오픈을 운영하는 USGA(미국골프협회)가 만든 것이 아니었다. USGA는 1895년부터 여자 아마추어 챔피언십을 개최했지만 프로도 참가할 수 있는 오픈 대회를 만들지 않았다. 여자 프로골프 신수가 사실상 없있기 때문이다. LPGA의 전신인 여자 프로골프협회WPGA:Women's Professional Golfers Association가 '여자오픈'이라는 대회를 만든 것이 기원이다. 3년간 대회를 운영하던 WPGA는 사라지고 새로 생긴 단체 LPGA가 4년간 대회를 더 운영했다. 힘에 부친 LPGA는 1953년 USGA에 대회를 맡아달라고 요청했다. USGA는 이 대회를 살려냈다. 어려움도 많았다. USGA는 남자 US오픈 중계권을 방송사에 팔면서 여자대회까지 끼워 팔고 코스도 그렇게 구했다. 연장을 18홀로 치르는 남자 US오픈과 달리 2007년부터 US 여자오픈은 연장전이 3홀로 치러진다.

브리티시 여자오픈은 영국에서 열리는데 전통을 보면 디 오픈(브리티시 오픈)과는 상반된다. 디 오픈이 가장 오래된 메이저대회인데 브리티시 여자오픈은 가장 역사가 짧은 메이저 대회다. 1976년에 생겼고 LPGA 투어에 합류한 것은 1994년이다. 2001년에야 메이저대회가 됐다. 그러나 디 오픈의 여성 버전이라는 장점을 잘 살려 짧은 기간 크게 발전했다. 세인트 앤드루스 올드 코스에 입성할 수 있었던 건 여자 골프의 큰 진보다. 이외에도 카누스티, 로열 리버풀 등 최고 명문 코스에 발을 디뎠다.

## I round
### 성지순례

성 베드로 성당이나, 성 가족 성당 같은 화려한 성당이 들어섰다고 해서 크리스천이 로마나 바르셀로나로 성지순례를 가는 것은 아니다. 거칠고 험해도 그들의 성지는 예루살렘일 뿐이다.

골프라는 신앙을 가진 사람들도 마찬가지다. 독실한 골퍼들은 융단 같은 페어웨이를 자랑하는 오거스타 내셔널이나 태평양 절경에 그림처럼 선 페블비치보다 황량한 스코틀랜드의 세인트 앤드루스 올드 코스를 최고로 친다. 골프의 고향이기 때문이다.

타이거 우즈는 19세이던 1995년 올드 코스와 30분 거리에 있는 카누스티에서 열린 스코티시 오픈에 참가했다가 링크스에 반했다. 그는 이렇게 말했다. "링크스는 창의성을 가지게 한다. 미국 코스는 러프 길이를 제외하면 실질적으로는 다 똑같은 골프장일 뿐이다. 공중전(장타)에 능하고 똑같은 샷만 쳐대는 선수가 미국에서는 상위권에 오를 수 있지만 링크스에서는 아니다. 바람과 땅의 굴곡을 잘 이용하고 항상 다른 샷을 쳐야 한다. 디 오픈에선 그린 밖 50야드에서 퍼팅을 해야 할 때도 있고 135야드에서 5번 아이언을 쳐야 할 때도 있다."

디 오픈의 특성 중 하나는 자연스러움이다. 언더파 우승자가 나오지 못하도록 페어웨이를 좁히고 그린을 시멘트처럼 단단하게 다져 선수들로부터 "우리 망신시키려 만든 대회"라는 불평을 받는 US오픈과 달리 모든 것을 자연에 맡긴다.

세인트 앤드루스 올드 코스는 진정한 퍼블릭 코스다. 한국의 골프장들은 퍼블릭이라도 플레이하는 사람만이 들어갈 수 있지만 올드 코스는 아무나 들어갈 수 있는 공원 같은 곳이다. 제 2차 세계대전의 명장인 드와이트 아이젠하워는 올드 코스 1번 홀의 티샷이 부담이 되어 첫 티샷을 2번 홀에서 했다고 한다. 그랜드슬램을 노리는 박인비도 큰 부담을 느꼈을 것이다.

박인비의 첫 드라이브 샷은 페어웨이를 갈랐다. 페어웨이 한가운데에서 박인비는 9번 아이언으로 핀 3m 옆에 붙여 버디를 잡아냈다. 동반자인 조디 에워트 셰도프와 베아트리체 레카리가 모두 보기를 한 2번 홀에서 박인비는 여유 있게 파를 잡았다. 박인비의 가장 큰 무기인 퍼터는 이후 밝게 빛났다. 3번 홀에서는 10m, 4번 홀에서는 7m 버디를 우겨 넣었다. 끝이 아니었다. 6번 홀에서는 13m, 8번 홀에서는 7m 퍼트를 넣었다. 동반자인 셰도프는 "인비의 퍼트가 너무 좋아 모든 퍼트가 다 들어갈 거라는 생각이 들었고, 인비가 너무나 쉽게 퍼트를 넣기 때문에 나는 왜 그렇게 하지 못할까라는 의문이 심하게 들더라"고 말했다. 전반 9홀에서 5타를 줄인 박인비는 10번 홀에서 어프로치샷을 핀 1.5m에 붙여 놓고 '당연히' 버디를 잡았다. 6언더파 단독 선두였다.

박인비의 기세는 무서웠다. 2000년 타이거 우즈가 이곳에서 열린 디 오픈에서 8타 차로 우승을 할 때처럼 완벽한 독주를 하는 것이 아닌가 하는 예상도 나왔다. 그 해 우즈는 디 오픈에서 우승하면서 커리어 그랜드슬램을 완성했다. 우즈는 커리어 그랜드슬램이었지만 박인비는 원조 그랜드슬램에 도전 중이었기 때문에 가치는 달랐다. 우즈

ⓒ민수용

가 하지 못한 진짜 그랜드슬램을 박인비가 눈앞에 두고 있다고 많은 사람들이 생각했을 것이다.

12번 홀. 헤더리heathery라는 잡초의 이름이 붙은, 그린 앞의 작은 항아리 벙커가 위협적인 이 홀에서 박인비의 드라이브샷 실수가 나왔다. 공은 오른쪽으로 슬라이스가 나더니 러프에 처박혔다. 박인비는 위기를 벗어났다. 5m 파 퍼트를 훅 집어넣었다. 역시 박인비라고 다들 생각했다. 그러나 박인비 자신은 이 홀의 아슬아슬한 파 세이브가 편하지 않았던 것 같다.

13번 홀은 가장 어려운 홀이다. 세인드 앤드루스 사람들은 올드 코스의 진짜 테스트는 13번 홀에서 시작된다고 한다. 13번 홀에는 사자의 입, 고양이 덫, 관 등 험악한 이름을 가진 벙커 11개가 있다. 최경주 등 뛰어난 골퍼들은 벙커샷에 자신이 있어 일부러 벙커에 공을 넣기도 한다지만 올드 코스의 샌드트랩은 벙커의 달인도 빠지면 안 되는 진짜 함정이다. 올드 코스의 벙커 대부분은 별로 깊지는 않다. 그러나 좁다. 페어웨이 벙커에서 한 번에 나오기는 어렵지 않지만 턱과 가까우면 원하는 방향으로 칠 수 있는 경우가 많지 않다. 그린을 직접 노리기가 사실상 불가능하다. 일단 한 타를 손해 보는 것으로 봐야 한다. 욕심을 부리다간 대형 사고가 터질 수 있다. 타이거 우즈는 올드 코스에서 경기할 때는 "한 번도 벙커에 빠지지 않겠다"는 다짐을 하고 경기를 한다. 13번 홀 박인비의 공은 벙커에 들어가지는 않았다. 러프에 갔다. 그나마 다행이었다. 조금만 더 길었다면 공을 찾지 못할 정도로 아주 깊은 러프에 들어갈 뻔했다. 여기서 첫 보기가 나왔다.

박인비는 15번 홀에서 한국인 갤러리의 사진 촬영 때문에 리듬을 잃었다. 카메라 소리에 어드레스를 풀었다가 티샷을 했다. 결과는 좋지 않았다. 멋진 쇼트게임으로 또 파를 잡았지만 아슬아슬한 파였다. 박인비는 12번부터 15번까지 4개 홀에서 3번의 티샷 실수를 했다. 박인비의 캐디인 브래드 비쳐는 12번 홀에서의 티샷 실수가 박인비의 평정심을 흔든 것 같다고 말했다.

박인비는 고교시절부터 드라이브샷이 좋지 못했다. 2012년 약혼자인 남기협 씨의 조언으로 드라이브샷의 불안증을 잡았다. 이후 성적도 확 올라갔다. 그런데 꾹꾹 눌러놨던 드라이버에 대한 불안감이 그랜드슬램을 눈앞에 두고 다시 나타난 듯했다. 박인비는 "지난 두 대회에서 드라이브샷이 좋지 않았지만 이번 대회를 앞두고 문제를 다 바로 잡은 줄 알았는데 나쁜 샷들이 나와 놀랐다"고 말했다.

16번 홀에서 박인비는 그린 옆 항아리 벙커에 빠졌다. 벙커의 턱이 아주 높지는 않았지만 벽과 공과의 간격이 너무 가까웠다. 그래도 박인비는 핀을 직접 노리며 두 발을 비벼 모래에 묻었다. 그때 캐디인 비쳐가 박인비에게 말했다. "100번 치면 99번 실패할 위험한 샷이다."

박인비는 잠시 생각하더니 어드레스를 풀었다. 박인비는 "99번 실패한다는 캐디의 조언에 동의했다기보다는 올드 코스 벙커에서의 샷은 자신감이 전부인데 캐디의 조언으로 약간 불안한 마음이 들어 생각을 바꾼 것"이라고 했다. 그는 홀 쪽이 아니라 홀에서 매우 먼 쪽 그린으로 공을 빼냈다. 홀까지 거리는 약 30m.

동료들 사이에서 퍼팅 귀신으로 불렸지만 박인비도 사람이었다. 박인비의 첫 퍼트는 7m가 짧았고 보기 퍼트도 홀을 스쳐 지나갔다. 그를 따라다니던 기자들은 10m가 넘는 거리에서도 한 번에 공을 쑥쑥 넣곤 하던 박인비가 3퍼트를 하자 매우 놀랐다. 3온, 3퍼트. 더블보기였다. 박인비는 17번 홀에서는 13미터 거리에서 또 3퍼트를 했다. 박인비는 이날 첫 4개 홀에서 모두 한 번에 퍼트를 끝냈는데 후반 마지막 3개 홀에서 3퍼트를 2번이나 하게 됐다. 박인비는 "연속 3퍼트를 한 것이 언제인가"라는 질문에 대답하지 못했다. 박인비가 기억하지 못할 정도로 오래된 일이었다. 박인비는 3언더파 69타로 1라운드를 마쳤다. 선두는 6언더파를 친 모건 프레셀이었다. 그러나 박인비는 5언디파를 기록한 세계 랭킹 2위 스테이시 루이스와 최나연이 오히려 더 거슬렸다.

**2 round**
## 강풍에 흔들리는 그랜드슬램

아침 일찍 부슬부슬 비가 내렸다. 가끔 폭우가 쏟아지기도 했다. 그러나 바람은 잠잠했고, 비 때문에 그린이 부드러워져 오전 조 선수들은 많은 타수를 줄였다. 일본의 사이키 미키는 두 번이나 페어웨이에서 친 샷이 홀에 들어가 이글을 했다. 자신도 믿겨지지 않는다는 표정이었다.

올드 코스는 바람이 불지 않으면 비교적 쉬운 코스다. 이날 골프 성지는 무장해제가 되어 전날에 이어 LPGA 투어 프로 골퍼들에게 완전히 제압당하는 것처럼 보였다. 오후 티타임을 받은 박인비는 빨간색 상의에 파란색 바지를 입고 연습 그린에 모습을 드러냈다. 태극문양이 연상되는 패션이었다. 박인비는 "기를 좀 얻어 보려고 태극기 색깔로 입어 봤다"고 했다.

박인비가 티샷을 할 때쯤 링크스는 서서히 이빨을 드러냈다. 북해와 잇닿은 포스 만Firth of Forth에서 부는 바람이 오전 11시가 넘어 올드 코스의 깃대를 흔들어대기 시작했다. 바람에 바짓단이 펄럭이면서 박인비가 친 첫 홀 티샷이 말끔하지는 않았다. 링크스에 부는 바람은 샷의 조그만 결점도 예리하게 찾아내 코스 구석으로 처박는다. 공은 왼쪽 18번 홀 페어웨이로 갔다. 두 번째 샷은 돌풍에 밀려 그린에 미치지 못했다. 칩샷까지 좋지 않아 박인비는 첫 홀을 보기로 시작했다. 올드 코스의 깊숙한 곳으로 들어갈수록 깃대는 더욱 강하게 흔들렸다. 미야자토 아이가 한 홀에서 5오버파를 치고, 전날 5언더파를 친 전미정이 이날 8오버파를 치는 등의 대형 참사 소식들이 바람 속에서 전해졌다. 유러피언 투어에서 뛰는 카멜라 레나스는 첫날 66타를 쳤는데 바람 속에서 80타를 치면서 컷탈락했다.

박인비는 그나마 잘 버텼다. 6번 홀에서 버디를 잡아 다시 3언더 파로 올라섰으나 10번 홀에서 벙커에 빠지면서 다시 한 타를 까먹었다. 무표정하기만 한 것 같던 박인비의 얼굴에 그늘이 드리워졌다. 바람은 점점 더 강해져 갤러리들이 들고 다니던 조 편성표 종이들이 바람에 날렸다. 11번 홀에서 박인비는 약 2m 버디 찬스를 잡았다. 퍼트의 달인 박인비여서 모두들 넣으리라고 예상했는데 놓쳤다. 강한 바람은 샷을 할 때보다 그린 위에서 더욱 위력을 발휘한다.

12번 홀에서 박인비는 기어이 버디를 잡아냈다. 상승세를 타는 듯 했다. 13번 홀에서는 이날 들어 가장 완벽한 드라이브샷을 쳐냈다. 그러나 불운하게도 공은 디봇에 들어가 있었다. 13번 홀에서 잘 친 티샷이 디봇에 빠진 것은 나쁜 징조였다. 13번 홀은 가장 어려운 홀이다. 올드 코스의 진짜 테스트는 13번 홀에서 시작된다고 한다. 다른 홀이라면 디봇이라도 파나 버디가 가능하지만 길고 함정이 많은 13번 홀에서 디봇에 들어가는 것은 좋지 않다. 골프 성지를 지키는 정령이 박인비에게 심술을 부린 것이다. 지난 1년 동안 고속도로를 달려온 그에게 이번 대회는 호락호락하지 않을 거란 계시로 보이기도 했다.

박인비의 아이언샷이 약간 짧았고 프린지에서 퍼트로 친 공은 씬을 많이 지나갔다. 12번 홀에서 어렵게 줄인 한 타는 13번 홀 보기로 날아가 버렸다. 17번 홀에서는 또 3퍼트가 나왔다. 이틀 동안 다섯 번째 나온 3퍼트였다. 박인비는 2타를 잃어 1언더파로 물러섰다. 1라운드 중반 6언더파까지 올라갔다가 5타나 밀려 내려온 흐름까지 감안하면 상황은 더욱 좋지 않았다.

올드 코스가 그랜드슬램으로 들뜬 건 이전에도 있었던 일이다. 2002년 타이거 우즈는 마스터스와 US오픈을 제패하고 그랜드슬램으로 행군 중이었다. 그러나 이곳에서 열린 디 오픈에서 예보되지 않은 폭풍이 갑자기 몰아치면서 황제는 추락했다. 81타. 꿈을 접기에 충분한 스코어였다. 박인비도 그런 기분이었을 것이다.

박인비는 2라운드까지 퍼트 수가 67개였다. 상위권 선수 중에서는 가장 많은 축에 들었다. 퍼트 수가 2라운드 합쳐 53개였던 이지영에 비해 14개가 많았다. 다른 선수라면 그린에서 부진할 수 있지만 퍼트 달인 박인비니까 그 차이는 엄청나게 크게 느껴졌다. 2라운드에서 박인비의 퍼트가 특히 나빴다. 퍼트 수는 37개였다. 브리티시오픈 직전까지 박인비는 남자와 여자를 통틀어 가장 퍼트를 잘했다. 그린 적중시 퍼트수가 1.703이었다. 이번 대회에서는 홀당 0.303이 늘어났다. 18홀로 치면 5.4타, 2라운드까지 10.8타가 늘어난 것이다.

박인비가 평소처럼 퍼트를 했다면 2타 차 단독 선두로 나설 수 있었다. 물론 숫자는 모든 것을 말해 주지 못한다. 박인비의 롱게임이 좋지 않기 때문에 핀 근처에 공을 세우지 못했고 이에 따라 퍼트수도 확 늘어났다고 봐야 한다. 그래도 박인비니까. 아쉬움은 더 컸다. 장판교에서 장팔사모 한 자루로 조조의 대군을 막아내던 삼국지의 장비처럼, 롱게임이 좋지 않을 때도 퍼터 하나로 다 막아내던 박인비니까.

박인비는 더 무너지지는 않았다. 오히려 18번 홀에서 버디를 잡고 경기를 마쳤다. 이날 1오버파 73타. 중간합계 2언더파였다. 그는 "바람이 많이 부는 날씨 등을 감안하면 오늘 내가 아주 경기를 못했다고 생각하지는 않는다"면서 "어제보다 샷이 전체적으로 나아졌다는 것에 위안을 하겠다"고 말했다. 날씨에 대한 질문에 박인비는 "경기 시간이 운이 좋지 않은 면이 있었는데, 그게 골프다"라고 했다.

분명 박인비는 브리티시 여자오픈에서 날씨 때문에 불리한 조건에서 경기했다. 박인비와 함께 오후에 경기한 선수들의 성적은 평균 75.4타로 오전 조에 비해 3타 정도 많았다. 박인비는 1라운드에서는 갤러리의 플래시에 방해를 받기도 했다. 그러나 박인비는 그 두 가지 모두에 대해서 불평을 하지 않았다.

오후 들어 분 바람과 가장 잘 싸운 선수는 최나연이었다. 바람을 어르고 달래며 완벽한 경기를 했다. 최나연은 첫날에 이어 2라운드에서도 5언더파 67타를 쳤다. 바람이 많이 분 오후에 경기한 것을 감안하면 눈부신 성적이었다. 비슷한 시간 경기한 선수들의 평균에 비해 최나연의 스코어는 8.4타가 좋았다. 최나연은 합계 10언더파로 단독 선두가 됐다.

선두 최나연과 박인비의 타수 차는 8이었다. 박인비로서는 버겁다. 여자 메이저대회에서 2라운드 후 가장 큰 타수 차이를 뒤집은 기록은 6이다. 2001년 브리티시 여자오픈의 박세리, 2005년 US오픈의 김주연(버디 김), 2011년 유소연 등 다섯 번 나왔다. 타수 차이보다 더 중요한 것은 선두와 쫓아가는 선수 사이에 있는 선수 수다. 숫자가 많을수록 그중 누군가 치고 나갈 가능성이 크다. 그래서 역전이 쉽지 않

다. 박인비와 친구 최나연 사이에는 20명의 선수가 있다. 수잔 페테르센, 폴라 크리머, 스테이시 루이스 등 쟁쟁한 선수들이 수두룩했다.

박인비는 공식 기자회견에서는 의연했으나 실제 마음은 그렇지 않았던 것 같다. 그는 한국 기자들과 만나 "부담감이 커서 쉽지 않았다"고 잠시 눈시울을 붉혔다. 박인비는 "대회가 시작된 뒤 압박감이 점점 너해지는 느낌이 들있다. 긍정직으로 해석히며 했지만 책임감과 부담감이 커진 게 사실이었다"고 말했다. 그는 "선두와 타수 차가 많이 나다 보니 이제야 마음을 비울 수 있을 것 같다"고 했다.

박인비는 숙소로 돌아가면서 역전이 불가능한 것만은 아니라고, 쫓아갈 수 있다고 주문을 외웠다. 운이 따라야 한다. 악천후가 될수록 박인비에겐 가능성이 커진다. 박인비는 약혼자 남기협 씨와 함께 내일도 바람이 많이 불기를 기대하면서 잠이 들었다.

### 3 round
### 올드 코스의 악몽

전날에 이어 3라운드가 열린 3일에도 바람이 더욱 기승을 부렸다. 전날까지 1오버파를 기록했던 모리타 리카코가 86타를 치는 등 대형사고가 속출했다. 아침 일찍 경기를 한 하위권 선수들에게 강풍보다 더 무서운 것은 '우리만 바람에 고생하는 것은 아닐까' 하는 피해의식이었다. 무빙데이인 3라운드에 치고 올라가야 한다고 기대하던 그들은 상위권 선수들이 경기하는 오후에도 바람이 계속, 혹은 더욱 강하게 불어줬으면 하는 바람을 가졌을 것이다. 그들의 기도는 들어맞았다.

오후에 바람이 더 거세졌다. 너무 강해진 것이 문제이긴 했다. 깃발이 뽑혀나가지 않을까 걱정이 될 정도로 바람은 셌다. 박인비도 혹독해진 바람 속에서 경기를 시작했다. 첫 홀과 둘째 홀 바람은 박인비의 공을 그린에서 밀어냈다. 그러나 박인비는 바람이 부는 것이 선두권을 따라잡기에 오히려 유리하다고 생각했기 때문에 잘 버텼다. 강풍 속에서도 장거리 퍼트감을 다시 찾았고 두 홀 모두 파 세이브에 성공했다. 3번 홀에서는 버디를 잡아냈다. 이때까지 경기를 시작한 51명 중 타수를 줄인 선수는 박인비와 안나 노르드크피스트 2명에 불과했다. 박인비가 4번 홀 그린에 있을 때 그린 위에 섰던 공이 바람에 움직였다. 박인비는 경기위원에게 이를 신고했다. 얼마 후 경기는 중단됐다.

일각에서는 "박인비가 기록을 세울 수 있도록 조직위가 경기를 중

ⓒ 박준석

단시킨 것이 아닌가"하는 의혹을 제기했다. 박인비의 신고 직후 경기가 중단되었기 때문에 사정을 잘 모르는 사람은 그렇게 의심할 수도 있을 것이다. 그러나 박인비는 경기 중단을 원하지 않았다. 악조건에서 경기해야 유리하다고 본 선수다.

　타이거 우즈나 미셸 위 같은 선수가 유리하도록 경기 시간을 조정하는 의심이 드는 예는 더러 있었다. 그러나 메이저대회에서는 한 선수의 기록을 만들어주기 위해 경기를 시작했다 중단했다 할 수 없다. 메이저대회는 천재지변 같은 특별한 일이 없다면 4라운드로 경기를 치러야 한다. 대회 관계자들의 숙박, 방송사 중계, 골프장의 재개장 등 다양한 일들이 얽혀있기 때문에 경기를 중단시키는 것은 조직위로서는 일종의 악몽에 가깝다. 미국 골프기자협회장인 론 사이락은 박인비를 위해 경기를 중단시켰다는 의혹에 대해 "공이 움직이는 정도가 아니라 미디어센터가 바람에 밀려 3~4m 움직인 것 같다"고 했다. 그만큼 바람이 강했다는 뜻이었다. 박인비 이외에도 여러 선수들이 동시다발적으로 그린에서 공이 서지 않는다고 보고했다. 선수들은 하루 종일 클럽하우스와 인근 숙소에서 경기 재개를 기다리다가 오후 숙소로 돌아갔다.

다음 날 바람은 여전히 불었다. 그래도 전날만큼은 아니었다. 박인비는 경기 중단이 두고 두고 아쉬웠다. 마지막날 3라운드 잔여경기를 하던 선수 중 바람이 더 불어야 한다고 생각한 선수는 박인비뿐이었다. 바람이 기대만큼 불지 않자 박인비는 쫓아가기 어렵다는 생각에 초조해졌다. 박인비는 6번 홀 벙커에서 한 타를 잃었다. 박인비는 3라운드에서 2오버파를 쳤다. 1라운드 중반 6언더파까지 갔던 그의 스코어는 이븐파로 내려왔다.

## 4 round
## 종착역

4라운드는 3라운드가 끝난 후 곧바로 시작됐다. 박인비는 첫 홀에서 4퍼트를 했다. 박인비라고 믿기 어려울 만한 것이었다. 박인비의 4개 대회 메이저 연속 우승도 이 4퍼트로 완전히 날아갔다. 박인비는 버디 2개, 보기 6개, 더블보기 1개로 6타를 잃어 최종합계 6오버파 294타, 42위로 경기를 마쳤다. 박인비는 "앞으로 골프 인생에 큰 도움이 될 경험이었다"고 했다.

계속된 바람 속에서도 최나연은 공을 제대로 컨트롤 했지만 스테이시 루이스가 마지막 2홀에서 버디를 잡으면서 우승컵을 가져갔다. 루이스는 최종합계 8언더파 280타, 최나연과 박희영이 6언더파 공동 2위였다.

### • 에비앙 챔피언십

마지막 메이저 대회인 에비앙 챔피언십 개막을 앞둔 9월 10일 박인비는 가족과 함께 알프스의 몽블랑 산에 올랐다. 박인비의 가족은 골프 가족이기 전에 산악 가족이기도 하다. 그의 부모는 대학 산악부에서 만난 사이다. 아버지 박건규 씨는 높은 산에 올라가면 딸이 부담감을 훌훌 털어버릴 수 있으리라고 기대했다.

박인비는 2012년 봄부터 자신감 속에서 살았다. 잘 치면 64타, 못 쳐도 69타 정도는 쉽게 기록했다. 고질병이었던 드라이버가 말썽을 일으키지 않았고 1년여 동안 마술사의 웨지와 컴퓨터 퍼터를 가지고 경기하는 듯했다. 그러나 박인비는 브리티시 오픈 1라운드 중반 6언더파를 치다가 추락하기 시작하면서 무념무상의 몰입경인 존에서 벗어났다. 4계절 내내 하얀색인 몽블랑도 박인비의 마음을 치유하지는 못했다.

박인비는 에비앙 챔피언십에서는 나비스코 챔피언십과 LPGA 챔피언십, US오픈에서 보여줬던 날카로운 감각을 보여주지 못했다. 운은 좋았다. 박인비는 첫 날 첫 홀 티샷이 나빠 보기를 할 상황이었는데 비 때문에 경기가 취소되면서 한 타를 벌었다. 그러나 다음 날 첫 홀에서 또 보기를 하고 말았다. 박인비는 합계 8오버파 공동 67위로 2013년의 화려했던 그랜드슬램 도전을 마무리했다.

박세리에게도 우승 기회가 있었다. 박세리는 최종라운드를 선두와 3타 차인 5언더파 공동 5위에서 역전을 노렸다. 우승한다면 커리어 그랜드슬램이었다. 박세리는 새로 메이저가 된 에비앙 챔피언십을 대단하게 생각하지는 않는다. 자신이 오랫동안 갈망했던 나비스코 챔피언십에서 우승해야 진짜 커리어 그랜드슬램이라고 여긴다. 그러나 검은 고양이든 흰 고양이든 목표에만 다다를 수 있다면 무슨 상관이겠는가. 우승 기회를 잡자 박세리는 보너스로 주어진 이 기회를 한껏 누리기로 다짐했다. 그러나 박세리도 마음먹은 대로 공을 보내지 못했다. 15년 전 맨발의 투혼으로 한국 선수의 LPGA 메이저 우승의 문을 열었던 박세리는 2013년에도 그 목표를 달성하지 못하고 시즌을 마감하게 됐다. 박세리에게 커리어 그랜드슬램으로 가는 길은 점점 더 좁아진다.

**에필로그**

미국 LPGA 투어 대회에서 한국 기자로 혼자 취재를 하다 보니 여러 해외 매체로부터 한국 선수들이 잘 하는 이유에 대한 질문을 받는다. 녹음기 재생하듯 대답하는 모범답안은 이런 거다. 박세리의 영향, 한국에서 남자 골프를 넘는 여자 골프의 인기, 유난히 재능 있는 1988년생 선수들(박인비, 최나연, 김인경, 신지애, 이일희, 오지영, 김하늘 등), 그리고 그들 간의 치열한 경쟁 등… 특수한 한국적 상황에 대한 나열.

이 대답에도 고개를 갸우뚱거리며 좀체 만족하지 못하는 사람들에게는 이렇게 얘기한다.

"두 부류의 선수로 나뉜다. 잘하는 선수, 그리고 위대해지길 꿈꾸는 선수."

LPGA 투어의 한국 선수들은 위대한 선수가 되기를 꿈꾼다. 조건으로 보면 그리 유리하지 않다. 특별히 체격이 좋아 장타를 치는 선수도 드물고, 어릴 적부터 퍼팅 그린이 딸린 집에서 자라 퍼트 감각이 천부적인 선수도 흔치 않다. 그러나 위대한 선수가 되려는 마음 하나로 그 어려움들을 모두 이겨내고 정상에 올랐다.

알프스만큼 무거운 그랜드슬램의 부담과 홀로 맞선 세계 랭킹 1위 박인비부터 미래에 대한 꿈으로 5년째 미국을 떠돌고 있는 조건부 시드 곽민서까지, LPGA 투어에서 뛰는 한국 선수들 대부분은 실력 좋은 선수를 넘어 위대한 선수가 되려 땀을 흘리고 있다.

　달콤한 승리가 아니라 엉엉 울게 만든 패배의 기억을 자신의 성장의 원동력으로 삼고 있는 최나연, 어머니 교통사고 사망 보험금을 종잣돈으로 랭킹 1위에 오른 신지애, 인내와 열정만 가지고 미국으로 건너가 밑바닥에서 최고무대의 떠오르는 스타로 성장한 최운정, 부러진 날개로 날아오르려는 검은 새처럼 메이저에서 받은 큰 상처를 가지고도 도전을 멈추지 않는 김인경, LPGA 투어 한국 선수 누구든 이런 마음을 가지고 스윙을 하고 있다.

　만약 그들의 목표가 그저 행복한 골퍼였다면 안락한 한국이나, 상대적으로 상금을 따기 쉬운 일본에서 뛰었을 것이다. 그들의 목표는 또 다른 맨발의 투혼, 또 다른 그랜드슬램 도전이다. 박세리의 '맨발의 투혼'이 2013년으로 꼭 15년이 됐다. 그동안 한국 선수들은 LPGA 투어에서 100승을 넘게 했다. 2013년 박인비의 그랜드슬램 도전은 그 중에서도 백미다. LPGA 투어에서 가장 화려한 꽃을 피운 해는 2013년이라고 본다.

　이걸로 끝이 아니다. 앞으로 또 다른 맨발의 투혼과 또 다른 그랜드슬램 도전이 나올 것이다. 그들은 뛰어난 선수가 되려는 사람들이 아니라 위대한 선수를 꿈꾸는 사람들이기 때문이다.